KAI

AMBOS

EDUARDO

MONTEALEGRE LYNETT
COMPILADORES

CONSTITUCIÓN Y SISTEMA ACUSATORIO

UN ESTUDIO DE DERECHO COMPARADO

UNIVERSIDAD EXTERNADO DE COLOMBIA

ISBN 958-616-931-6

© KAI AMBOS, EDUARDO MONTEALEGRE LYNETT (COMPS.), 2005
© UNIVERSIDAD EXTERNADO DE COLOMBIA, 2005
    Derechos exclusivos de publicación y distribución de la obra
    Calle 12 n.º 1-17 este, Bogotá - Colombia. Fax 342 4948.
    www.librosuexternado.com

Primera edición: septiembre de 2005

Diseño de carátula: Departamento de Publicaciones
Composición: Proyectos Editoriales Curcio Penen
Fotomecánica, impresión y encuadernación: Digiprint editores,
con un tiraje de 1.000 ejemplares.

Impreso en Colombia
Printed in Colombia

KNUT AMELUNG   PETER RIEß

ALBIN ESER   STEPHEN C. THAMAN

HEIKE JUNG   RICHARD VOGLER

OLIVER K. F. KLUG   KLAUS VOLK

JÜRGEN WOLTER

CONTENIDO

PRESENTACIÓN   9

ABREVIATURAS   17

Constitución y proceso penal en Alemania
   Knut Amelung   19

Un cambio en la función de las máximas del proceso penal:
¿hacia la "reprivatización" del proceso penal?
   Albin Eser   49

El proceso penal, conceptos, modelos y supuestos básicos
   Heike Jung   93

Sobre el proceso penal como proceso de partes
   Oliver K. F. Klug   109

Derecho constitucional y proceso penal
   Peter Rieß   123

La dicotomía acusatorio-inquisitivo en la jurisprudencia
constitucional de Estados Unidos
   Stephen C. Thaman   157

Adversarialidad y el dominio angloamericano del proceso penal
   Richard Vogler   177

Los principios del proceso penal y la sociedad
posmoderna: contradicciones y perspectivas
   Klaus Volk   203

Dignidad humana y libertad en el proceso penal
   Jürgen Wolter   225

LOS AUTORES   263

Es innegable que el proceso penal afronta en la actualidad uno de sus momentos más importantes. Existe una tendencia globalizante en este tema que permite, como nunca antes, un diálogo jurídico y filosófico no sólo entre diferentes países, sino entre diferentes tradiciones con raíces culturales e históricas diversas. Una de las características fundamentales que al derecho se asigna, es su capacidad de transformación y su deber de adaptarse a los requerimientos del cambio social; el que no exista un sistema procesal penal definitivo, ni mucho menos un orden de principios inamovibles e incuestionables a la hora de elaborar una reglamentación para un país, hace más valioso y útil el estudio de otras perspectivas y ordenamientos. Aunado a esto, el derecho penal en todos sus ámbitos ha sufrido la influencia del derecho constitucional, que juega un papel clave en el diseño y la aplicación de la estructura del proceso penal. En América Latina, la labor de la jurisdicción constitucional en el examen de la normatividad positiva ha iniciado un fenómeno necesario e interesante en este sentido[1].

Es por estas razones que se torna indispensable iniciar un estudio analítico, descriptivo y comparativo de los fenómenos planteados. El presente libro es un esfuerzo por acercar las experiencias de otros países de la mano de reconocidos autores del derecho procesal europeo y americano. Sin duda alguna, el lector de *Constitución y sistema acusatorio. Un estudio de derecho comparado* encontrará interesantes planteamientos en cada uno de los artículos de los profesores KNUT AMELUNG, ALBIN ESER, HEIKE JUNG, OLIVER KLUG, PETER RIEß, STEPHEN THAMAN, RICHARD VOGLER, KLAUS VOLK y JÜRGEN WOLTER sobre los distintos modelos procesales penales, su evolución y sus relaciones con la Carta Fundamental.

---

1   Por otro lado, existe la influencia del derecho internacional o regional de los derechos humanos sobre el proceso penal. Esto es particularmente relevante en el continente europeo con la influencia de la Convención Europea de Derechos Humanos y la jurisprudencia de la Corte de Estrasburgo sobre los ordenamientos nacionales. Este fenómeno se analiza en otro estudio sobre el proceso penal europeo publicado por la Colección de Estudios del Centro de Investigación en Filosofía y Derecho, bajo el título de *Principios del proceso penal europeo. Análisis de la Convención Europea de Derechos Humanos* (KAI AMBOS).

Inicia el estudio el profesor Knut Amelung (Universidad de Dresde) con un artículo en el cual se hace una detallada exposición de cómo eran las relaciones entre la Ley Fundamental y el proceso penal en Alemania, desde dos puntos de vista: activo y pasivo. El primero de ellos busca determinar la medida en que la Constitución influye en el proceso penal, a través de un análisis general de los derechos, principios e instituciones constitucionales involucrados, así como de los mecanismos de aplicación de los mismos dentro del proceso penal. La segunda parte de su texto se refiere a la manera en que el proceso penal alemán en concreto ha sido influido por la Carta Fundamental, en cuanto a la amplitud de los derechos de las partes intervinientes y al desarrollo de cada una de las etapas del proceso. Sobresale el abundante sustento normativo del documento, así como las importantes referencias a la jurisprudencia del Tribunal Constitucional alemán (*Bundesverfassungsgericht* –BVerG–).

En segundo lugar, el profesor Albin Eser (Universidad de Friburgo y antiguo director del Instituto Max Planck de Derecho Penal Extranjero e Internacional) realiza un estudio de la repercusión que ha sufrido el proceso penal alemán en su estructura, con la expedición de nuevas normas, particularmente en lo que se refiere a los fines y máximas del proceso. En efecto, se menciona que debido a la proliferación de procesos, a la aparición de la relación víctima-autor del hecho y al interés de los medios de masa en procesos sensacionalistas, la aplicación tradicional de las máximas del proceso se ve afectada, y con ello viene la alteración misma de los fines del proceso penal. Se analiza así el camino de la privatización del proceso penal como una solución a la problemática de la administración de justicia, no sólo desde una perspectiva sociológica, sino también normativa. Estudia temas, como la protección del derecho a la reserva de quienes participan en el proceso, la validez de los acuerdos entre el Estado y el acusado, el concepto de voluntad que estos comprenden y la capacidad de renunciar a derechos fundamentales, como también la participación de la víctima en el proceso penal. Se trata entonces de un balance entre la introducción de mecanismos privatistas al proceso penal, los efectos que estos ocasionan a las máximas y si esta fórmula logra materializar los fines del proceso penal alemán tradicional.

Por su parte, el profesor Heike Jung (Universidad del Saarland, Saarbrücken) analiza distintos modelos y nociones que ofrece el derecho comparado sobre el proceso penal, respecto de los cuales plantea su opinión y propone su manera de enfrentar las contradicciones entre modelos opuestos. Plantea en este sentido la necesidad de que el proceso penal cumpla una función de pacificación (mediante el respeto de los derechos individuales que defiende un *due process model*) para que pueda hablarse de efectividad (objeto del *crime control model*). Respecto de la clásica dicotomía entre *inquisitorial* y *adversarial model*, opina que en la actualidad no existe, ni conviene que exista ninguno de los dos modelos en forma pura, sino que convergen y toman elementos el uno del otro; lo que marca la diferencia, sin embargo, sigue siendo el punto de partida desde el cual se realiza la unión.

Del mismo modo, encuentra conveniente la introducción de fórmulas que involucren para algunos casos la participación y la mediación como herramientas idóneas para dar legitimidad y contribuir a la consecución de la paz social.

El artículo del Dr. OLIVER K.-F. KLUG (abogado en Düsseldorf) plantea un interesante enfoque de la evolución del proceso penal alemán, tanto en la legislación positiva como en la práctica judicial, con el ánimo de determinar si se han adoptado ya rasgos de un proceso de partes, y en qué medida. Para ello, examina detalladamente el papel que cumplen en la actualidad los acuerdos, la acción accesoria y el defensor dentro de la práctica del proceso penal. Con respecto a los acuerdos, aunque admite que comprometen algunos principios tradicionales del proceso penal, defiende su conveniencia y considera que contribuyen a la paz jurídica por medio de la descongestión de los despachos judiciales. Por otro lado, verifica que los titulares de la acción accesoria y el defensor no buscan necesariamente la verdad en el proceso, sino la satisfacción de intereses distintos, propios o de sus representados. Pero lejos de asumir una postura crítica e insistir en los deberes de objetividad de las partes, el autor propone aprovechar al máximo esta dinámica de intereses y propicia una reforma al procedimiento, hacia un verdadero proceso de partes. Esta propuesta se inserta en la discusión actual alemana, sobre un procedimiento preliminar participativo.

El profesor PETER RIESS (antiguo funcionario del Ministerio de Justicia federal y profesor honorario de la Universidad de Gotinga), estudia la relación que existe entre el derecho procesal penal y el derecho constitucional así como sus influencias recíprocas. Analiza el derecho constitucional como fuente jurídica y directriz de conducta del proceso penal, conexión que se logra gracias a la presencia de normas procesales con rango constitucional, derechos jurisdiccionales fundamentales, derechos fundamentales generales y un sistema elaborado a partir de la totalidad de la Constitución. Según el autor, de esta forma el derecho constitucional es "máxima, criterio de ponderación, decisión de valoración y determinante de los límites del proceso penal". Una vez establecida la relación desde esta perspectiva, se menciona cómo opera el mecanismo de control constitucional por parte del Tribunal Constitucional Federal –BVerG–, especialmente en lo que se refiere al método de ponderación de valores cuando se vulnera un derecho fundamental general, y también los problemas que se presentan en la jurisprudencia constitucional que aplica una interpretación del proceso penal conforme a la Constitución. Finaliza su artículo exponiendo la problemática que gira alrededor de la relación entre ambas ramas del derecho, como es la ausencia de una clara delimitación de competencias entre las jurisdicciones o la reducción de la efectividad para imponer penas por parte del Estado, entre otros aspectos.

El profesor STEPHEN THAMAN (Universidad Saint Louis, Estados Unidos) ofrece una visión a profundidad sobre un tema pocas veces tratado en nuestro medio y que cobra ahora una importancia mayor con las recientes reformas al procedimiento penal en América Latina: los aspectos constitucionales del derecho procesal de Estados Unidos bajo la perspectiva de los pronunciamientos de la Corte Suprema. A pesar de que siempre se ha tenido el proceso penal en los países del *common law* como algo eminentemente acusatorio, el análisis de THAMAN resalta un elemento inquisitivo como parte integrante del sistema penal anglosajón. Históricamente tal elemento se manifestó en cuerpos como la *Star Chamber* o la *High Commission*, abolidos posteriormente en aras de la supresión de arbitrariedades, pero de los cuales quedan aún rezagos en la fase investigativa, según se infiere de algunos de los principales pronunciamientos del máximo ente jurisprudencial de este país. Además, el autor estudia el papel de la quinta enmienda en el proceso penal como elemento desequilibrante en favor de las políticas de no autoincriminación, apoyado en la necesidad de una investigación completa y eficaz, y cómo ésta, junto con la cuarta enmienda, ha jugado un papel delimitador de las arbitrariedades en el proceso investigativo.

El componente histórico presente en esta investigación permite vislumbrar las diferentes tendencias que ha tenido la jurisprudencia anglosajona con respecto a la dicotomía de sistemas acusatorio-inquisitivo.

El profesor RICHARD VOGLER (Universidad de Sussex, Inglaterra), por su parte, presenta un importante estudio centrado en la influencia norteamericana en el desarrollo del derecho penal moderno. Incidencia que por razones históricas se ha extendido, sobre todo después de la caída del bloque comunista, y que sólo es comparable con la recepción que el derecho romano tuvo en Europa. El carácter "adversativo" del sistema es el tema central, y en el artículo se realiza una explicación exhaustiva del concepto, desde dos puntos de vista: desde una óptica angloamericana, estructurada en una concepción sistemática parsoniana, y desde el punto de vista europeo-continental, en que también se ha inspirado gran parte de América Latina. Todo esto conduce a una reformulación de la contraposición doctrinaria entre este sistema y los llamados sistemas inquisitivos, debido a una serie de complicaciones teóricas que no pueden ser ignoradas, y a partir de las cuales el autor plantea tres falacias comunes en el estudio de la supuesta contraposición mencionada. Otro punto de interés es el tratamiento de la diferencia histórica y material entre el carácter adversativo y el carácter acusatorio del proceso criminal americano, términos que suelen tomarse como sinónimos en el lenguaje jurídico contemporáneo, pero que en realidad responden a situaciones histórico-culturales diversas, por lo que su precisión resulta fundamental para llegar a un cabal entendimiento de las tendencias que han seguido diferentes naciones en materia procesal penal.

El profesor KLAUS VOLK (Universidad de Múnich), a su turno, expone el sentido en que algunos valores, principios e instituciones del derecho procesal penal han venido variando en la práctica alemana de los últimos años. Advierte sin preocupación alguna que ha dejado de ser un problema la dicotomía entre verdad real y verdad formal: manifiesta que nunca puede llegarse a una verdad material a través de procedimientos formales, que también las partes están en capacidad de buscar la verdad a través del debate (*adversarial system*), y que esta "privatización" del derecho procesal no es sino la contrapartida de una "individualización" del derecho sustancial. Pone en evidencia que figuras como la división del proceso en investigación y juicio, los principios de oralidad e inmediatez, y la posibilidad de practicar pruebas a petición de parte, concebidas originalmente como garantías de objetividad, han pasado a ser derechos a favor del inculpado. Asimismo, sostiene que postulados como el secreto de la etapa investigativa, la prohibición de ciertas pruebas, el derecho a callar y a no autoincriminarse, así como el *in dubio pro reo*, han perdido su valor absoluto y deben matizarse, según se ha venido dando en la práctica informal. Es enfático en afirmar que no hace falta democratizar el proceso penal a través de jueces legos, a pesar de que no cree nociva una colaboración diligente de ellos en el trámite del juicio oral. Finalmente, concluye el autor que en la actualidad el derecho procesal ha dejado su carácter instrumental al servicio del derecho sustancial, para resaltar su enorme importancia a nivel práctico y su influencia creciente sobre el derecho penal.

Finalmente, el profesor JÜRGEN WOLTER (Universidad de Mannheim, Alemania) examina la relación que existe entre la dignidad humana y el proceso penal, cuestión cada vez más relevante en la discusión actual sobre los límites que tiene éste frente a aquélla, en especial en un momento de influencia cada vez mayor del derecho constitucional sobre las demás ramas. Injerencia que suscita reflexiones acerca de la función del derecho penal respecto de los derechos fundamentales y la posición que corresponde al Estado de vigilancia y cuidado de la dignidad y libertad dentro del proceso. El alcance de un tema tan complejo como la dignidad humana se aborda a partir de una prolífica jurisprudencia y de los lineamientos que el Tribunal Constitucional ha expuesto para su determinación, tales como la fórmula del objeto o la teoría de las esferas. El sentido crítico de este escrito estudia el papel en el proceso penal de este derecho fundamental y de otros derechos fundamentales relacionados, en tanto se interrelacionan con la persecución penal y la funcionalidad que a la justicia penal se le atribuye dentro de la sociedad. Con fundamento en el principio de proporcionalidad o el derecho fundamental a la seguridad se ha venido resolviendo al conflicto.

Sea esta la oportunidad para reiterar nuestro agradecimiento a la Universidad Externado de Colombia y a su rector, Dr. FERNANDO HINESTROSA, por su apoyo incondicional. Asimismo, hacemos extensivos nuestros agradecimientos al Dr. ANTONIO MILLA, director del Departamento de Publicaciones de la Universidad, a la Dra. ÁNGELA DE LA TORRE, investigadora adscrita al Centro de Investigación en Filosofía y Derecho por su colaboración, y a NATHALIA BAUTISTA, NICOLÁS PÁJARO y CAMILO BURBANO, asistentes de investigación del mismo Centro. También muy especialmente a todos los autores y traductores que participaron en la realización de esta obra.

KAI AMBOS
Catedrático de Derecho Penal, Derecho Procesal Penal,
Derecho Comparado y Derecho Penal.
Director del Departamento de Derecho Penal Extranjero
e Internacional Universidad Georg August de Gotinga

EDUARDO MONTEALEGRE LYNETT
Catedrático de Derecho Penal.
Director del Centro de Investigación en Filosofía y Derecho
de la Universidad Externado de Colombia

AnwBl	Anwaltsblatt.
AöR	Archiv des öffentlichen Recht.
ARSP	Archiv für Rechts-und Sozialphilosophie.
BayObLG	Bayerisches Oberstes Landesgericht.
BGH	Bundesgerichtshof (Tribunal Supremo Federal).
BAGE	Entscheidungen des Bundesarbeitsgerichts (sentencias del Tribunal Federal de Trabajo).
BGHSt	Entscheidungen des Bundesgerichtshofs in Strafsachen (sentencias del BGH en materia penal).
BGHZ	Entscheidungen des Bundesgerichtshofs in Zivilsachen (sentencias del BGH en materia civil).
BVerfG	Bundesverfassungsgericht (Tribunal Constitucional Federal).
BVerfGE	*Entscheidungen des Bundesverfassungsgerichts* (sentencias del BVerfG).
BVerwG	Bundesverwaltungsgericht.
DJT	*Deutscher Juristentag.*
DriZ	*Deutsche Richterzeitung.*
DuR	*Demokratie und Recht.*
EGGVG	Einführungsgesetz zum Gerichtsverfahrensgesetz von 27.1.1877 (RGBl S. 77).
EMRK	Europäische Menschenrechtskonvention vom 4.11.1950 (BGBl I 1952 II S. 685).
EuGRZ	*Europäische Gründrechte Zeitschrift.*
Festg.	*Festgabe.*
Festschr.	*Festschrift* (Libro homenaje).
GA	*Goltdammer's Archiv für Strafrecht.*
Gedächtnisschr.	*Gedächtnisschrift.*
GG	Grundgesetz (Ley Fundamental).
GVG	Gerichtsverfassungsgesetz (Ley de la Organización Judicial).
JA	*Juristische Arbeitsblätter.*
JR	*Juristische Rundschau.*
Jura	*Juristische Ausbildung.*
JuS	*Juristische Schulung.*
JZ	*Juristenzeitung.*
KG	*Kammergericht.*
KJ	*Kritische Justiz.*
KMR	*Loseblattkommentar zur Strafprozessordnung,* begründet von Kleinknecht/Müller/Reitberg: *LG*: Landgericht.
MDR	*Monatsschrift für Deutsches Recht.*

MSchrKrim	*Monatsschrift für Kriminologie und Strafrechtsreform.*
NJW	*Neue Juristische Wochenschrift.*
NStZ	*Neue Zeitschrift für Strafrecht.*
OLG	Oberlandesgericht.
PolG	Polizeigesetz.
RuP	*Recht und Politik.*
NStZ	*Neue Zeitschrift für Strafrecht.*
RiStBv	Richtlinien für das Strafverfahren und das Bußgeldverfahren.
SK	*Systematischer Kommentar.*
StPO	Strafprozeßordnung.
StrafV	*Strafverteidiger.*
StVÄGE	Strafverfahrensänderungsgesetz.
ZRP	*Zeitschrift für Rechtspolitik.*
ZStW	*Zeitschrift für die gesamte Strafrechtswissenschaft.*

KNUT AMELUNG

Constitución y proceso penal en Alemania[*]

Se puede abordar el tema "Constitución y proceso penal en Alemania" en dos aspectos. Por una parte, se puede partir de la Constitución y examinarla preguntando por aquellas disposiciones que tienen influencia en el procedimiento penal. Asimismo, se puede centrar el análisis en las reglas del procedimiento penal y preguntarse en qué materias éstas caen bajo la influencia del derecho constitucional.

Me atendré a cada uno de esos dos aspectos. En la primera parte de mi exposición (I) presentaré brevemente la Constitución alemana y las reglas pertinentes que ésta contempla respecto del proceso penal. La segunda parte de la exposición (II) se centrará en el proceso penal alemán, y resaltaré algunas materias importantes que se enmarcan en exigencias impuestas por el derecho constitucional.

I. CONSTITUCIÓN Y PROCESO PENAL

A. INTRODUCCIÓN

En todo Estado liberal, la Constitución adquiere un significado particular, por razones tanto sistemáticas como históricas, en la formación de reglas de procedimiento penal. Desde el punto de vista sistemático, las relaciones entre el Estado y el individuo son un tema esencial en las constituciones liberales. De ello se sigue que éstas deben tener una incidencia significativa sobre el proceso penal, en cuanto constituye la mayor intervención del Estado en la esfera de derechos del individuo. Desde el punto de vista histórico, conviene subrayar que los redactores de las constituciones liberales frecuentemente tuvieron que defender sus ideas políticas en las luchas revolucionarias contra los gobiernos dictatoriales. En el curso de estas luchas, los revolucionarios liberales muchas veces fueron ellos mismos objeto de persecución penal y

---

*   Publicado originalmente en la *Revue de science criminelle et de droit pénal comparé* (3), juill.-sept. 1994, LUIS EMILIO ROJAS AGUIRRE (trad). Cfr. también, en derecho penal sustancial, KLAUS TIEDEMANN. "La constitucionalización de 'la materia penal' en Alemania", ibíd., 1994, pp. 1 y ss.

sufrieron la dolorosa experiencia de la tortura, de los arrestos arbitrarios y de otros abusos del procedimiento penal. Estas experiencias tienen su expresión en reglas protectoras muy concretas en las constituciones de inspiración liberal, en miras del proceso penal.

En todo caso, en Alemania, los vínculos que pueden establecerse entre la experiencia revolucionaria y un derecho constitucional liberal son menos inmediatos que en Inglaterra, Estados Unidos o Francia. La razón es que, en comparación con esos Estados, Alemania debe considerarse como una "nación atrasada". Inglaterra ha establecido disposiciones liberales de derecho constitucional en materia de proceso penal desde el siglo XVII, mientras que Estados Unidos y Francia la siguieron en el siglo XVIII. En cambio, en Alemania, no fueron establecidas constituciones liberales sino en el curso de la primera mitad del siglo XIX. De esta manera, los liberales alemanes se inspiraron frecuentemente en instituciones ya vigentes en el derecho constitucional de Francia, Inglaterra o Estados Unidos.

La Constitución liberal más importante del siglo XIX es la de 1848, la primera Constitución para toda Alemania. Como la Revolución de 1848 finalmente fracasó, esta Constitución no tuvo influencia directa en el proceso penal. En todo caso, numerosas ideas defendidas durante esta revolución y posteriormente dejaron su huella en las leyes ordinarias. Al respecto, es importante relevar la Ley de Enjuiciamiento Criminal de 1877, todavía aplicable hoy en día, no obstante haber sufrido numerosas modificaciones. En este código procesal los liberales, ya políticos duchos, pusieron en práctica las ideas que no habían podido incorporar al derecho constitucional cerca de treinta años antes, cuando eran jóvenes revolucionarios.

El segundo impulso liberal proviene de la experiencia que del nacional-socialismo tuvieron los alemanes. El régimen nazi había perseguido implacablemente a la oposición liberal y la socialista. Después de la victoria de los aliados, el oeste de Alemania estableció la Ley Fundamental de 1949 (*Grundgesetz*, GG) cuya idea matriz era impedir todo nuevo abuso de poder del Estado, como el que se había desarrollado en Alemania entre 1933 y 1945. De allí proviene el acento particular que la Ley Fundamental de 1949 pone en el Estado de derecho y la protección de los derechos del hombre. Para concretizar esta idea, los redactores se inspiraron sobre todo en la Constitución de 1848 y la de Estados Unidos, el más importante de los aliados vencedores.

B. REVISIÓN GENERAL DE LAS GARANTÍAS CONSTITUCIONALES EN EL ÁMBITO DEL PROCESO PENAL

I. LA GARANTÍA DE DERECHOS INDIVIDUALES

Entre las reglas de la Ley Fundamental que tienen incidencia sobre el procedimiento penal puede mencionarse, en primer lugar, a los derechos fundamentales y los derechos del hombre en general, que figuran en los artículos 1.° a 19. Este capítulo alude a derechos tales como la libertad de creencia y la de pensamiento, la inviolabilidad del domicilio y la protección de la propiedad privada. Estos derechos no se encuentran especialmente ligados al procedimiento penal, pero revisten allí de importancia, como en toda otra rama del derecho. Es así como, por ejemplo, el procedimiento penal debe asegurar que los interrogatorios se adelanten y las declaraciones se tomen con métodos que no sean contrarios a la dignidad humana. Asimismo, la protección de la libertad de creencia, que figura en el artículo 4.° GG, obliga al legislador a respetar el secreto de confesión y, en consecuencia, libera a los sacerdotes del deber de declarar.

Los derechos fundamentales llamados comúnmente "derechos fundamentales judiciales", que figuran en los artículos 101 a 104 GG, tienen un vínculo más estrecho con el proceso penal. Se trata de derechos fundamentales relativos al procedimiento ante los tribunales. La mayoría tiene relación con todo procedimiento judicial, es decir, además del procedimiento ante los tribunales criminales, también los procedimientos ante los tribunales civiles y administrativos. Entre estos puede mencionarse, por ejemplo, la garantía de ser juzgado "por un juez legal", prevista en la segunda frase del parágrafo 1 artículo 101 GG, y la garantía del derecho a ser escuchado por un juez, prevista en el parágrafo 2 artículo 103 GG. La prohibición de maltrato a personas detenidas, prevista en la segunda frase del parágrafo 1 artículo 104 GG, y la garantía del control jurisdiccional de la privación de libertad, contemplada en el parágrafo 2 artículo 104 GG, atañen, ciertamente, en especial al procedimiento penal, pero se aplican, por ejemplo, también a los enfermos mentales internados en un establecimiento hospitalario. La prohibición de una nueva condena por el mismo hecho, contemplada en el parágrafo 3 artículo 103 GG, interesa especialmente al proceso penal.

Nos damos cuenta, por otro lado, que la Ley Fundamental omite derechos fundamentales importantes en materia de proceso penal, que son incluidos en otras constituciones y en las declaraciones internacionales de los derechos del hombre. Es así como no hace ninguna mención expresa a los derechos de la defensa, de la presunción de inocencia y la prohibición de obligar a declarar en contra de sí mismo (*nemo tenetur se ipsum accusare*). En todo caso, estas omisiones no implican de ninguna manera que estos derechos no tengan valor constitucional en Alemania. Por el contrario, los tribunales los deducen de otras disposiciones más generales, supliendo así las deficiencias de los redactores de la Ley Fundamental.

2. LOS PRINCIPIOS FUNDAMENTALES DE RANGO CONSTITUCIONAL

Además de los derechos individuales, la Ley Fundamental alemana contiene principios generales que revisten cierta importancia respecto del procedimiento penal. En primer lugar, puede mencionarse el principio del Estado de derecho, previsto por el artículo 28 GG. Es prácticamente a partir de éste que han sido desarrollados importantes principios derivados, como la necesidad de una acción del legislador frente a todo atentado contra la libertad y la propiedad privada, la obligación de garantizar un proceso equitativo (*fair trial*) y la prohibición de toda intervención desproporcionada en la esfera de derechos del individuo.

Enseguida es preciso relevar el principio del Estado federal. Éste importa sobre todo respecto del trabajo legislativo. En virtud del derecho constitucional alemán, el poder central federal, el *Bund*, puede intervenir en materia de procedimiento penal, pero no en materia de policía; ésta depende de la autoridad de los Estados federados, los *Länder*. De ello se derivan espinosos problemas de delimitación de competencia y de divergencias estériles entre los distintos Estados federados.

El principio del Estado social ha tenido también influencia en la estructuración del proceso penal[1]. Se ha deducido un deber de asistencia

---

1   *BVerfG* 26/66(71); 30/1(27).

de los tribunales penales. Éste consiste sobre todo en permitir, a las personas perseguidas penalmente y que desconocen sus derechos, ejercer aquellos que les reconoce el procedimiento penal[2].

El sistema alemán reconoce poca importancia al cuarto principio constitucional, generalmente quizás el más importante respecto del proceso penal: el principio democrático. Numerosos Estados del mundo han deducido la necesidad de incluir jueces no profesionales a la administración del derecho penal y de hacer elegir en escrutinios populares a los jueces profesionales. Los jueces no profesionales están efectivamente incluidos en la administración del derecho penal en Alemania. En todo caso, esta inclusión busca más controlar al juez profesional que garantizar una decisión democrática. Es por ello que, en la Alemania actual, los jueces no profesionales no tienen más que excepcionalmente la mayoría en la formación de la sentencia en materia de derecho penal, lo que no provoca ninguna crítica desde el punto de vista del derecho constitucional. Ello no ocurriría en Estados Unidos, por ejemplo, si se pretendieran suprimir los tribunales con jurado popular. El sistema alemán no conoce tampoco las elecciones directas de jueces profesionales mediante escrutinio popular. Los jueces profesionales son designados en procedimientos que podrían calificarse de burocráticos más que de democráticos.

En conclusión, analizada desde la perspectiva del procedimiento penal, la Ley Fundamental muestra una de sus características, en todo caso igualmente determinante: los aspectos relativos al Estado de derecho se destacan más claramente que los democráticos.

3. LAS GARANTÍAS INSTITUCIONALES

Entre los derechos individuales del hombre y los principios constitucionales abstractos conviene mencionar, en derecho constitucional alemán, las "garantías institucionales". Éstas consisten en disposiciones de la Ley Fundamental relativas a la organización de ciertas áreas del Estado y de la sociedad. Conforme al carácter liberal de la Ley Fundamental, el objetivo de estas reglamentaciones organizacionales es frecuentemente la protección de la libertad.

---

2   *BGHSt* 25/235(329); 38/220 (222).

Respecto del proceso penal, lo que importa es la forma en que la Ley Fundamental organiza el poder judicial. En la medida que la Constitución reconoce la separación de poderes, establece primero que los jueces son independientes (§ 1 art. 97 GG). Asimismo, declara que la administración del derecho pertenece exclusivamente a los jueces (art. 92 GG). Esto importa especialmente respecto del derecho penal. No existe en Alemania ninguna facultad de la policía u otra autoridad administrativa para imponer penas sin control judicial[3]. En fin, el parágrafo 1 artículo 101 GG prohíbe todo establecimiento de tribunal de excepción para ciertas categorías de personas o de actos. Es así como, por ejemplo, habría sido inconstitucional, después de la unificación de las dos Alemanias, la creación de un "tribunal revolucionario" para determinar las responsabilidades de miembros del gobierno de la antigua República Democrática Alemana en los homicidios ocurridos en la frontera entre ambas. Es por esto que Honecker tuvo que ser juzgado ante un tribunal ordinario.

C. LOS MECANISMOS DE APLICACIÓN DE LOS PRINCIPIOS DE DERECHO CONSTITUCIONAL EN EL PROCEDIMIENTO PENAL

¿Cómo se aplica el derecho constitucional en un ámbito como el procedimiento penal, que se inserta en la competencia del legislador ordinario? Esta es una cuestión a la que el derecho constitucional alemán responde con mucho cuidado. Los padres de la Ley Fundamental querían concebir una Constitución que no sólo fuera escrita claramente sino también que tuviera una incidencia efectiva sobre la vida jurídica.

I. LOS MECANISMOS DE APLICACIÓN EN CUANTO AL FONDO

En primer lugar, el parágrafo 3 artículo 1.° GG establece que los derechos fundamentales garantizados por la Constitución son vinculantes para cada uno

---

3   *BVerfG* 22/49.

de los tres poderes del Estado. No son pues solamente la policía, el ministerio público y la magistratura quienes deben respetar los derechos fundamentales; el legislador igualmente debe velar por que no se violen los derechos enunciados. Una ley contraria a la Constitución es nula. Esto no vale sólo para las leyes contrarias a un derecho fundamental enunciado en la Constitución. El Tribunal Constitucional federal (*Bundesverfassungsgericht*), por ejemplo, ha declarado nula en 1967 una ley que otorgaba a la administración fiscal competencia penal administrativa y que, de hecho, era contraria a la garantía institucional contemplada en el artículo 92 GG[4]; como se había señalado, este artículo reserva la administración del derecho penal al juez.

Ciertas leyes pueden ser interpretadas de diferentes maneras, donde una es contraria a la Constitución y la otra es conforme a la misma. En ese caso, el juez debe respetar los principios que le impone interpretar todo texto legislativo conforme a las exigencias constitucionales. En virtud de ello, debe elegir aquella interpretación según la cual el texto a interpretar sea conforme a la Ley Fundamental.

Un ejemplo conocido de la obligación de interpretar todo texto legislativo conforme a las exigencias constitucionales en el ámbito del procedimiento penal tiene relación con las disposiciones relativas a la orden de detención provisional. Conforme al parágrafo 2 artículo 112 *Strafprozeßordnung* (StPO), tal orden no puede ser emitida sino contra el autor imputado de una infracción, respecto del cual existen elementos concretos que hacen prever que se fugue o destruya medios de prueba. El parágrafo 3 artículo 112 StPO establece que en caso de presunción de una infracción grave esta condición no debe cumplirse necesariamente. Esta disposición conlleva el riesgo que, en ciertas circunstancias, una orden de detención provisional sea emitida sin que ésta sea efectivamente necesaria respecto del procedimiento. En todo caso, toda orden de detención provisional que no fuera necesaria para preservar el normal desarrollo del procedimiento sería contraria a la prohibición constitucionalmente prevista de imponer medidas desproporcionadas; tal como se había mencionado, la Constitución prohíbe efectivamente todo atentado a la libertad

---

4   *B VerfG* 22/49.

del individuo fuera de lo estrictamente necesario. En consecuencia, el Tribunal Constitucional limita la interpretación del parágrafo 3 artículo 112 StPO a una interpretación ceñida a la Constitución. En virtud de tal interpretación, incluso en caso de infracción grave, la orden de detención provisoria no puede ser decidida sino en caso de riesgo de fuga o de destrucción de pruebas; en todo caso, los elementos tendientes a establecer un riesgo no deben ser igualmente concretos que en caso de infracción leve[5].

La interpretación de toda disposición conforme a las exigencias constitucionales es el instrumento por medio del cual los principios constitucionales, como especialmente el principio del Estado de derecho o sus principios derivados, tienen una incidencia directa sobre la aplicación del procedimiento penal. Se puede en todo caso preguntar acaso si los tribunales utilizan verdaderamente este instrumento con el solo objetivo de interpretar la ley penal o si no llegan a completar la ley penal en un sentido conforme a la Constitución. Esta última hipótesis es inadmisible, pues la Ley Fundamental no confiere al juez competencia para completar la ley. En todo caso, existen en Alemania ejemplos en los cuales el juez ha completado un texto legislativo[6].

2. LOS MECANISMOS PROCEDIMENTALES DE APLICACIÓN

La puesta en práctica de valores constitucionales en la vida jurídica cotidiana depende finalmente de mecanismos procedimentales que una Constitución establece al efecto. Es sintomático del objetivo de eficacia muy desarrollado en el pensamiento de los redactores de la Ley Fundamental alemana que ellos hayan prestado tanta atención a esta faceta. Conviene, a este respecto, hacer una distinción entre las reglas de procedimiento que se dirigen a los tribunales ordinarios y aquellas que conciernen al Tribunal Constitucional.

---

5   *BVerfG* 19/342 (350).
6   Cfr. LARENZ. *Juristische Methodenlehre*, 6.ª ed., 1991, 312.

a. LA APLICACIÓN ANTE LOS TRIBUNALES ORDINARIOS

En relación con los tribunales ordinarios, los artículos 104, parágrafo 2, y 10.°, parágrafo 4, GG revisten una importancia fundamental. En virtud del parágrafo 2 artículo 104 GG, quien ha sido detenido por la policía o una autoridad similar, debe ser presentado al juez dentro de un plazo de dos días; el juez examina entonces si la privación de libertad es justificada. El parágrafo 4 artículo 19 GG desarrolla esta vieja idea. En virtud de este artículo, quien es lesionado en sus derechos por la autoridad pública puede recurrir a los tribunales ordinarios y pedirles que revisen la decisión de la autoridad pública. La importancia de esta disposición respecto del procedimiento penal es clara. De acuerdo al parágrafo 4 artículo 19 GG, todo allanamiento domiciliario, toda aprehensión, toda escucha telefónica que la policía o el ministerio público haya ordenado puede ser objeto de un control de legalidad de parte de los tribunales ordinarios. Mientras la necesidad de un control judicial persista, esta disposición se aplica incluso después del fin de la intervención de la autoridad involucrada. Desafortunadamente, la aplicación del parágrafo 4 artículo 19 GG en el procedimiento penal ordinario no es satisfactoria. Falta una reglamentación precisa respecto del tribunal competente para examinar la legalidad de los atentados a los derechos fundamentales del individuo con motivo del procedimiento penal. Se presentan problemas de competencia que no contribuyen al prestigio del legislador alemán[7].

El segundo mecanismo de aplicación es más bien de naturaleza indirecta. De acuerdo al artículo 93 GG, todo acto de la autoridad puede ser diferido al Tribunal Constitucional en la medida que lesiona al autor del recurso en el ejercicio de sus derechos fundamentales. Entre los actos de la autoridad pública que pueden ser sometidos a un control por parte del Tribunal Constitucional con motivo de una *Verfassungsbeschwerde*, esto es, de un recurso constitucional, se encuentran las decisiones de los tribunales penales. En consecuencia, el juez penal debe velar por que su sentencia no se funde en una violación de

---

7   Cfr. AMELUNG. *Rechtsschutz gegen strafprozessuale Grundrechtseingriffe*, 1976; ROXIN. *Strafverfahrensrecht*, 23.ª ed., 1993, § 29 D.

un derecho fundamental. Esto conduce a los tribunales penales a omitir en sus sentencias los medios de prueba que han sido obtenidos mediante actos ilegales de la autoridad. De la misma manera como ha ocurrido en Estados Unidos, se ha producido una voluminosa jurisprudencia en materia de las llamadas "prohibiciones de uso de ciertas pruebas"[8]. Famosas sentencias del *Bundesgerichtshof*, el Tribunal Supremo (BGH) que corona los tribunales ordinarios en Alemania, han excluido, por ejemplo, la utilización en el juicio penal de registros encubiertos en magnetófono[9], diarios de vida[10] e interceptaciones ilegales de comunicaciones telefónicas[11].

En fin, el juez penal puede igualmente examinar la ley que le toca aplicar respecto de su sujeción a la Constitución. Si concluye que una disposición de procedimiento penal es contraria a la Ley Fundamental, no puede simplemente negarse a aplicarla. Conforme al artículo 100 GG, debe someter la ley al Tribunal Constitucional. Si éste llega igualmente a la conclusión de que la disposición es inconstitucional, la declara nula.

b. LA APLICACIÓN ANTE EL
TRIBUNAL CONSTITUCIONAL FEDERAL

Los mecanismos de aplicación del derecho constitucional a los que los tribunales ordinarios pueden recurrir atañen a la rutina del proceso penal. Mas los constituyentes no se quedaron ahí. Para los problemas más difíciles de derecho constitucional instauraron una jurisdicción más especializada, el Tribunal Constitucional federal.

El principal instrumento que permite asegurar la protección de derechos fundamentales por el Tribunal Constitucional es la ya mencionada *Verfassungsbeschwerde*. Ésta no puede ser presentada en principio sino una vez que las vías de los recursos ordinarios hayan sido rechazadas. Tal como

---

8   Cf. AMELUNG. *Informationsbeherrschungsrechte im Strafprozeß*, 1990, p. 83, KERCKHOFF. *Beweisverbote im französischen Strafprozeß*, 1992, p. 286; ROXIN. Ob. cit., § 24 D.

9   *BGHSt* 14/358.

10   *BGHSt* 19/325.

11   *BGHSt* 32/68 (70).

se había dicho, la sentencia penal puede igualmente ser atacada por la vía de la *Verfassungsbeschwerde*. Esto vale incluso para las sentencias del Tribunal Supremo federal, de suerte que en la práctica las cuestiones muy complicadas de derecho constitucional en materia de procedimiento penal son objeto, en Alemania, de dos decisiones de tribunales superiores: de una sentencia del Tribunal Supremo federal y de una de Tribunal Constitucional. El caso se ha presentado últimamente en relación con la cuestión de la utilización de diarios de vida en homicidios de varias mujeres, que las dos cortes supremas han admitido[12]. En el evento de que en tal caso las decisiones de los dos tribunales superiores se aparten una de la otra, la sentencia del Tribunal Constitucional tiene primacía.

Además, el Tribunal Constitucional puede examinar las reglas del procedimiento penal en el marco de lo que se llama la *Normenkontrollverfahren*, el procedimiento de control de disposiciones legislativas. Se ha hablado ya del control *in concreto*: es el caso en que el juez penal estima que una regla de procedimiento que debería aplicar es contraria a la Constitución y la somete en consecuencia al Tribunal Constitucional. Un control *in abstracto* puede ser provocado por una institución constitucional que estime que una ley es contraria a la Constitución, es decir, por ejemplo, por el gobierno federal si estima que una ley aprobada por el *Bundestag* viola la Ley Fundamental. Estos dos tipos de control son no obstante mucho menos frecuentes en el ámbito del procedimiento penal que la *Verfassungsbeschwerde*.

II. PROCESO PENAL Y CONSTITUCIÓN

Pretendo centrar la segunda parte de mi exposición en el proceso penal y mostrar ciertas materias fuertemente influenciadas por el derecho constitucional. Será analizada, en primer lugar, la influencia de la Ley Fundamental sobre el rol de las partes en el proceso penal, y luego su influencia sobre las diferentes etapas del procedimiento.

---

12 *BGHSt* 34/397; *BVerfG* 80/367.

A. LAS PARTES EN EL PROCESO
PENAL Y LA CONSTITUCIÓN

I. EL INCULPADO

El rol principal en el proceso penal corresponde al inculpado. En virtud de la presunción de inocencia, no puede ser castigado sino cuando se ha probado que ha cometido una infracción penal. Como se había señalado anteriormente, este principio no se contempla expresamente en la Ley Fundamental alemana, pero se deduce de la libertad general de acción en el sentido del parágrafo 1 artículo 2.º GG. El punto de partida de este razonamiento es el principio liberal según el cual toda intervención en la libertad del ciudadano no es legítima sino cuando las instituciones estatales pueden razonablemente justificarla. La más grave limitación de la libertad que el Estado puede imponer, la pena, no es razonable sino cuando se ha probado que el condenado amerita una pena. Generalmente, para fundamentar la presunción de inocencia no se alude para nada a la Ley Fundamental sino al parágrafo 2 artículo 6.º de la Convención Europea de Protección a los Derechos del Hombre y las Libertades Fundamentales, directamente aplicable en Alemania como ley ordinaria.

La necesidad de tener que probar que el acusado ha cometido la infracción que se le reprocha conlleva el riesgo de que las autoridades encargadas de la persecución penal coaccionen al inculpado, mediante la tortura o medidas similares, para que confiese. Es aquí donde, para proteger al inculpado, interviene el principio *nemo tenetur se ipsum accusare*. Curiosamente, este principio tampoco figura expresamente en la Ley Fundamental, no obstante que las experiencias ocurridas durante el período nacional-socialista ameritaban incluirlo. El principio se deduce de la necesaria protección de la dignidad del ser humano y de los derechos generales de la personalidad en el sentido del artículo 1.º, parágrafo 1, y del artículo 2.º, parágrafo 1, GG. Además, a nivel de las leyes ordinarias, el artículo 136 a StPO contiene una regla según la cual, al momento de la declaración del inculpado, su libertad de expresión no debe verse afectada por atentados físicos, malos tratos, fatiga, engaño u otros. Esta disposición es interpretada en un sentido amplio que concretiza la protección a la dignidad del ser humano impuesta por el derecho constitucional.

En la práctica, el artículo 136 a StPO prohíbe sobre todo, además de la tortura, la utilización de medios químicos y técnicos para obtener información del inculpado sobre la infracción cometida. Es unánimemente considerado como prohibido el recurso a lo que se llama narco-análisis[13]. No se puede tampoco recurrir, en Alemania, a un detector de mentiras para seguir un caso penal[14]. Como el detector de mentiras no coacciona a una sujeto para expresarse oralmente, sino que sirve únicamente para medir las reacciones incontroladas que acompañan la mentira, se puede ciertamente preguntar si el artículo 136 a StPO es directamente aplicable. En todo caso, la prohibición de utilizar un detector de mentiras se deduce directamente de la exigencia constitucional que asegura la protección de la dignidad del ser humano y la protección de los derechos de la personalidad en general. Según el Tribunal Constitucional, esto vale incluso respecto del inculpado, que frente a dificultades de prueba pide él mismo la utilización del detector de mentiras para establecer su inocencia[15]. En cambio, la doctrina plantea generalmente una solución diferente para esta cuestión específica[16].

En la práctica del proceso penal, lo que importa más son las prohibiciones de cansar y engañar al inculpado. Determinar los límites de estas prohibiciones provoca grandes dificultades y conduce, en la jurisprudencia, a soluciones caso a caso. Es así como el Tribunal Supremo considera inadmisible una declaración después de 30 horas sin dormir[17], pero en cambio la admite después de un lapso de 24 horas sin dormir[18]. La prohibición de engañar al inculpado plantea todavía más problemas, toda vez que, al contrario de lo que ocurre en Francia, se aplica plenamente también al interrogatorio de la policía[19]. Se

---

13   OLG HAMM DRZ 1950/212; KLEINKNECHT, MEYER y MEYER-GOSSNER. *Strafprozeßordnung*, 40.ª ed., § 136a, StPO, p. 10.

14   *BGHSt* 5/332.

15   *BVerfG NJW* 1982/375.

16   Cf. SCHWABE, en *NJW* 1982/367; PRITTWITZ, en *MDR* 1982/886; AMELUNG, en *NStZ* 1982/38.

17   *BGHSt* 13/60.

18   BGH *NStZ* 1984/15.

19   *BGHSt* 17/14 (18); KERCKHOFF. Ob. cit., 128, 132.

sostiene frecuentemente que, por cierto, se encuentra prohibido engañar al acusado, pero que una "táctica criminalística" es admisible[20]. La delimitación entre los dos permanece todavía muy poco clara en Alemania.

El principio *nemo tenetur se ipsum accusare* plantea también problemas en el ámbito del derecho penal económico. Así, para cumplir satisfactoriamente la misión de dirección de la economía que impone el principio del Estado social, el Estado moderno somete al operador económico a numerosas obligaciones de información. De ello se sigue la cuestión de saber en qué medida cabe que tal información sea obtenida mediante la coacción que puede utilizarse en el marco de un procedimiento penal. Numerosas leyes contemplan la obligación de entregar información económica o fiscal desaparecida desde que un procedimiento penal se ha iniciado contra al deudor de la información. Allí donde una tal reglamentación falta, se encuentra prohibido, después de una sentencia del Tribunal Constitucional relativa a la obligación de información en un procedimiento de quiebra, utilizar información obtenida por la coacción dentro del marco de un procedimiento penal[21].

La curiosa reserva que puede observarse en derecho constitucional alemán en cuanto a una reglamentación más concreta de los derechos del inculpado se prolonga a una omisión en la ley de una mención más expresa del derecho del inculpado a tener asistencia de un defensor. Es menester entonces el reenvío a la mención que hace el literal c parágrafo 3 artículo 6.° de la Convención Europea sobre Protección de los Derechos del Hombre. En todo caso, el Tribunal Constitucional lo deduce igualmente del derecho del inculpado a ser beneficiado por un proceso equitativo, cuya fuente es el principio del Estado de derecho previsto en Ley Fundamental[22]. En cuanto a las leyes ordinarias, el derecho a tener asistencia de un defensor figura en el artículo 137 y 148 StPO: el artículo 137 garantiza que en todas las etapas del procedimiento el inculpado puede recurrir a la asistencia de un defensor; el artículo 148 garantiza al inculpado la facultad de comunicarse libremente con

---

20 KLEINKNECHT, MEYER y MEYER-GOSSNER. Ob. cit., § 136a StPO, 15.
21 *BVerfG* 56/37 (51).
22 *BVerfG* 66/313 (318); 68/237 (255).

su defensor, incluso cuando se encuentra detenido. En todo caso, el legislador ha impuesto una limitación a ese derecho cuando terroristas, desde su lugar de detención provisoria, han intentado dirigir, con la ayuda de sus defensores, actos de homicidio terrorista[23]. El Tribunal Constitucional ha declarado que tal limitación es admisible con fundamento en que el derecho fundamental de protección a la vida tiene primacía sobre el derecho del inculpado de comunicarse libremente con su defensor[24].

Además, el artículo 148 StPO contiene implícitamente la prohibición de vigilar las comunicaciones entre el inculpado y su defensor. Cuando existen sospechas de que el defensor realiza actuaciones ilícitas con el inculpado, se presentan numerosos problemas.

No deseo en todo caso desarrollar este punto más que respecto al rol del defensor.

2. EL DEFENSOR

Originalmente, en la Ley de Enjuiciamiento Criminal de 1877, el rol del defensor estaba muy poco desarrollado, lo cual se explicaba por las tradiciones de pensamiento burocrático en Alemania. En la concepción alemana, la fiscalía tiene una obligación de objetividad y, en consecuencia, debe también reunir los elementos de hecho y de derecho que son favorables al inculpado. Como la fiscalía tiene que velar por los intereses del inculpado, durante mucho tiempo se creyó poder negar los derechos del defensor.

Bajo la influencia de la Ley Fundamental, la posición del defensor fue reforzada. Si bien la Ley Fundamental no contiene ninguna disposición que reglamente expresamente los derechos del defensor, éste tiene, como todo alemán, la libertad de ejercer la profesión de su elección en el sentido del artículo 12 GG y la libertad general de acción en el sentido del parágrafo 1 artículo 2.º GG. Los tribunales, y en primer lugar el Tribunal Constitucional, han deducido de estos derechos fundamentales la existencia de importantes derechos en el caso del defensor.

---

23 §§ 31-38 EGGVG ("Kontaktsperre-Gesetz" v. 30 septiembre 1977, *BGBl.* I 1877).
24 *BVerfG* 49/24.

Es así como, durante mucho tiempo, los tribunales penales alemanes han excluido del procedimiento, sin ninguna base jurídica, al defensor cuando sospechaban que éste abusaba de sus contactos con el inculpado. Es verdad que los tribunales penales hacían un uso prudente, aunque no siempre irreprochable, de la facultad que ellos se habían atribuido. En una sentencia que causó impacto, dictada en el marco de un proceso por terrorismo en los años 70, el Tribunal Constitucional puso fin a esta práctica[25]. Dedujo, de la protección constitucional a la libertad del defensor a ejercer su profesión, que éste no puede ser excluido de un procedimiento sino en uso de una facultad conferida al juez por la ley. Después de esta sentencia, el legislador estableció los artículos 138a y siguientes StPO que contienen las disposiciones precisas sobre las condiciones en las cuales un defensor puede ser excluido de un procedimiento, y establece que es competente para conocer de esto un tribunal superior, no involucrado en el caso de que se trate.

El libre ejercicio de una profesión en el sentido del artículo 12 GG contribuye igualmente a garantizar, desde el punto de vista constitucional, el derecho de libre comunicación entre el defensor y el inculpado, consagrado en el artículo 148 StPO, como se había mencionado anteriormente. Una vigilancia de las conversaciones, las comunicaciones y la correspondencia entre el defensor y su mandante es en consecuencia ilegal. En los procesos por casos de terrorismo, el parágrafo 2 artículo 148 StPO permite rechazar la recepción de cartas y paquetes destinados a una persona sometida a detención provisional cuando el remitente no acepta que puedan ser controlados por un juez. En consecuencia, el defensor tiene la opción entre admitir el control del envío por un juez o renunciar a esta comunicación y limitarse a una oral con el inculpado. Además, cuando se visita a una persona sometida a detención provisional el defensor debe aceptar que se verifique si porta consigo útiles aptos para facilitar una evasión o armas. Según la doctrina dominante en Alemania, este tipo de control no afecta el derecho específico del defensor de asesorar a su mandante en el procedimiento penal[26].

---

25 *BVerfG* 34/213.
26 *BVerfG* 38/26; BGH *NJW* 1973/1656; Roxin. Ob. cit., § 19 V 1.

3. EL TESTIGO

El rol cumplido por el testigo recibe también una fuerte influencia del derecho constitucional. Esta se muestra claramente en materia de excepciones a la obligación general de declarar, llamadas derechos de negarse a declarar. Se deriva del principio *nemo tenetur se ipsum accusare* que un testigo no puede ser coaccionado para hacer deposiciones susceptibles de proveer cargos contra sí mismo (art. 55 StPO). La protección constitucional del matrimonio y de la familia en virtud del artículo 6.° GG, una particularidad del derecho constitucional alemán, es el fundamento de la negativa a declarar de la cual pueden prevalerse los parientes y allegados (art. 52 StPO).

La facultad de negarse a declarar es además muy desarrollada en Alemania en tanto es el corolario de la protección constitucional a las actividades profesionales (art. 53 StPO). Por una parte, se ha buscado el fundamento en los derechos fundamentales específicos, que protegen el ejercicio de ciertas profesiones. Esto comprende la facultad de negarse a declarar que pueden ejercer los ministros de culto y los periodistas en virtud de la libertad de religión y de prensa (arts. 4.° y 5.° GG) cuando son interrogados respecto del contenido de una confesión o de la identidad de un informante de la prensa. En los demás casos, rige el principio general del libre ejercicio de la profesión, en el sentido del artículo 12 GG, que implica la posibilidad de negarse a declarar en relación con la profesión ejercida. Por ejemplo en el caso de los médicos y los abogados se reconoce la facultad de negarse a declarar, pues no podrían ejercer libremente la profesión si no pudieran garantizar confidencialidad a sus enfermos o mandantes. El interés profesional no es la única razón para admitir la negativa a declarar. Se suman intereses constitucionalmente protegidos de la clientela, a saber, en el caso del médico, la protección de la intimidad del paciente que es un derecho general de la personalidad, y el derecho fundamental a la integridad física en el sentido del parágrafo 2 artículo 2.° GG.

En la realidad social, el derecho de negarse a declarar reconocido a ciertas profesiones no sirve únicamente a la protección de derechos fundamentales sino también al poder político y al prestigio de una profesión, puesto que tales derechos permiten a los grupos privilegiados diferenciarse respecto a otras profesiones. Es por ello que numerosos grupos profesionales, a quienes hasta el momento la Ley de Enjuiciamiento Criminal no ha reconocido el derecho de negarse a declarar, buscan convencer al legislador y los jueces de permitirles el beneficio de tal derecho. Es lo que ha sucedido con los veterinarios y los psicólogos. En todo caso, el Tribunal Constitucional ha puesto un límite muy claro ante las presiones que han ejercido[27]. Si el legislador extiende demasiado el derecho de negarse a declarar actúa en vulneración del principio del Estado de derecho, puesto que, según el Tribunal Constitucional, éste exige también que la justicia penal sea administrada de manera eficaz[28].

Según los tribunales alemanes, el principio del Estado de derecho no limita solamente las facultades de las instituciones responsables de la persecución penal, sino también garantiza un piso mínimo de posibilidades de investigación. Legislar en el ámbito del procedimiento penal conduce pues, en Alemania, a construir un camino constitucional estrechamente delimitado: si el legislador consagra amplias facultades de intervención a las instituciones responsables de la persecución penal es posible que se vulneren derechos fundamentales, lo que hace necesario proteger al individuo; si se limitan demasiado las posibilidades de intervención, se corre el riesgo de violar el principio del Estado de derecho.

B. ETAPAS DEL PROCEDIMIENTO Y CONSTITUCIÓN

En la última parte de mi exposición, quisiera mostrar cuál es la influencia del derecho constitucional sobre la estructura de las diferentes etapas del procedimiento. El proceso penal alemán se desarrolla generalmente en tres fases: el procedimiento de instrucción, el procedimiento de apertura del proceso penal, lo que se llama la *Eröffnungsverfahren,* y el procedimiento principal. En su caso, estas tres fases son completadas por una cuarta, aquella donde se sigue la vía de los recursos.

---

27 *BVerfG* 33/367; 38/312.
28 ROXIN. Ob cit., § 14 A I.

I. EL PROCEDIMIENTO DE INSTRUCCIÓN

La influencia de la Ley Fundamental se hace sentir fuertemente en esta etapa del procedimiento, la instrucción. Existen dos razones para ello. En primer término, el objetivo de esta fase del procedimiento, el acopio y conservación de los medios de prueba, implica numerosas intervenciones en los derechos fundamentales. Basta pensar en la incautación de ciertos objetos o en la detención provisional por riesgo de destrucción de pruebas. A esto se suma que en Alemania el procedimiento de instrucción no es de responsabilidad de un juez, sino de una autoridad que se encuentra en una posición de subordinación jerárquica respecto de la judicatura, el ministerio público. En cuanto al fondo, el procedimiento de instrucción se considera como un procedimiento administrativo, y es precisamente contra los atentados a los derechos fundamentales de parte de la administración que la Ley Fundamental busca en la máxima medida posible proteger al ciudadano.

La influencia de la Constitución se manifiesta desde el inicio del procedimiento de instrucción. Conforme al artículo 152 StPO, el ministerio público debe proceder a la instrucción desde que tiene noticia de la comisión de una infracción. Esta obligación de iniciar la instrucción –denominado "principio de legalidad"– diferencia el derecho del proceso penal alemán del derecho de muchos otros países. Según la opinión dominante en Alemania, el principio de legalidad se fundamenta en el principio de igualdad de trato garantizado por la Constitución: quien es sospechoso de haber cometido una infracción penal debe ser objeto de persecución penal. De hecho, el legislador ordinario no tendría la posibilidad de derogar el principio de legalidad. Puede en todo caso limitarlo, pues el principio de igualdad de trato admite excepciones en la medida que existan motivos razonables para ello[29]. Es por eso que en el ámbito de la criminalidad leve y medianamente grave el principio de legalidad sufre numerosas excepciones. Son principalmente motivos tendientes a la economía del procedimiento los determinantes al respecto.

Más que a nivel del inicio de la persecución, la influencia de la Ley Fundamental es sensible a nivel de las diligencias de instrucción mismas. Estas afectan

---

29 *BVerfG* 46/214 (222); *BGHSt* 15/155 (159).

habitualmente derechos fundamentales, tales como la libertad individual, la propiedad, la inviolabilidad del domicilio o el secreto de la correspondencia.

En primer lugar, el principio del Estado de derecho admite que el Estado pueda atentar contra derechos fundamentales sólo cuando es habilitado para ello por el legislador. Ya fue mencionada en esta exposición esta reserva de ley. En virtud de ella, las condiciones bajo las cuales las autoridades pueden proceder a diligencias de instrucción que afectan derechos fundamentales deben estar predeterminadas con precisión en la Ley de Enjuiciamiento Criminal. En el caso de los actos de instrucción clásicos, tales como el arresto y los allanamientos domiciliarios, el estatuto procesal satisface esas exigencias desde el inicio de su existencia, puesto que –como ya fue mencionado– fue concebido al final del siglo XIX dentro de un espíritu liberal.

En todo caso, en 1983, el Tribunal Constitucional extendió de manera considerable el ámbito de aplicación de la reserva legal en virtud del Estado de derecho. En su famosa sentencia relativa al censo de población (*Volkszählungsurteil*), dedujo del derecho general de la personalidad en el sentido del artículo 1.º, parágrafo 1, y del artículo 2.º, parágrafo 1, GG lo que se denomina el "derecho del individuo a determinar por sí mismo las informaciones retenidas" (*Recht auf informationelle Selbstbestimmung*)[30]. Este derecho fundamental busca evitar que el Estado controle todos los comportamientos de sus ciudadanos con la ayuda del procesamiento automático de bases de datos. El "derecho del individuo a determinar por sí mismo las informaciones retenidas" prohíbe también a las autoridades encargadas de la persecución penal levantar y conservar, en ausencia de facultad legal, informaciones relativas a personas y utilizarlas con un objetivo distinto que aquél por el cual han sido obtenidas. Esta sentencia extendió así la reserva legal prevista en virtud del Estado de derecho, lo cual, en la práctica, ha comportado una aguda incertidumbre. Métodos de instrucción tradicionales y técnicas de instrucción modernas han llegado a parecer dudosos a la luz del derecho constitucional. Pueden citarse a título de ejemplo la elaboración y consulta de fichas de personas que han sido objeto de condenas anteriores y sobre personas sospechosas de

---

30 *BVerfG* 65/1 (42).

haber cometido infracciones, la observación de tales personas, el recurso a informantes de la policía para la desarticulación de organizaciones criminales y el uso de instrumentos electrónicos para registrar imágenes y sonidos. En 1992, el legislador completó la Ley de Enjuiciamiento Criminal con una ley que reglamenta gran parte de las medidas citadas acá y liga su aplicación a ciertas condiciones[31]. El análisis en profundidad, teórico y práctico, de esta nueva legislación está recién en sus comienzos.

El segundo principio constitucional que debe ser respetado en todo atentado a los derechos fundamentales es el llamado principio de proporcionalidad. Según este principio, el Estado no puede intervenir en los derechos fundamentales sino cuando estas intervenciones permiten realizar los objetivos buscados por la ley, son necesarias y no imponen a los interesados cargas desproporcionadas. Este principio se dirige por una parte al legislador. En todo caso, en los años 60 la doctrina estaba dividida respecto de si el principio de proporcionalidad se dirigía también directamente a las autoridades encargadas de la persecución penal. El problema estaba ligado a la cuestión de la relación entre el principio de proporcionalidad y el principio de legalidad de las intervenciones en los derechos fundamentales. EBERHARD SCHMIDT, renombrado especialista alemán en materia de procedimiento penal, era de la opinión que las autoridades encargadas de la persecución penal podían intervenir de cualquier manera en los derechos fundamentales desde que el legislador los había autorizado a ello. Según él, las autoridades encargadas de la persecución penal no estaban obligadas a examinar separadamente si su intervención era proporcional, el legislador había resuelto la cuestión previamente[32]. Sin embargo, la jurisprudencia no siguió ese punto de vista. Según la doctrina dominante en la actualidad, la autorización abstracta dada por el legislador de proceder a detenciones o a allanamientos domiciliarios no es suficiente para conferir a este tipo de actos carácter legal. El juez, miembro de la fiscalía o policía que interviene en los derechos fundamentales debe, por el contrario, preguntarse

---

31 "Gesetz zur Bekämpfung des illegalen Rauschgifthandels und anderer Erscheinungsformen der Organisierten Kriminakität", v. 15, julio 1992, *BGBl* I 1302.

32 SCHMIDT, en *NJW* 1968/2209 (2218); 1969/1137 (1141).

en cada caso si una diligencia en sí admisible desde el punto de vista legal no comporta *in concreto* una vulneración del principio de proporcionalidad[33].

Se plantea otro problema de derecho constitucional a propósito del hecho que las intervenciones en los derechos fundamentales de parte de las autoridades encargadas de la instrucción deben por regla general tener lugar por sorpresa si se pretende que logren su objetivo. El interesado no puede pues protegerse frente a las intervenciones no justificadas. La Ley de Enjuiciamiento Criminal busca superar este problema sometiendo las intervenciones en los derechos fundamentales, que por su naturaleza tienen lugar sorpresivamente, al control previo de un juez independiente y neutro. Sólo un juez puede ordenar mandatos en vista de la privación de libertad en el marco de un procedimiento penal, escuchas telefónicas, incautaciones, etc. A diferencia de lo que ocurre en el procedimiento penal francés, no es pues un juez quien dirige la instrucción, pero sí corresponde a un juez controlar las intervenciones en los derechos fundamentales respecto de los cuales el ministerio público y las fuerzas de policía quieran proceder.

Este control queda sin embargo incompleto, pues el juez no puede conocer de las objeciones que el interesado podría formular antes de emitir una orden para una intervención sorpresiva. Es por ello que en los años 50 se planteaba la cuestión de saber cómo conciliar las medidas que es necesario poner en práctica por sorpresa en el marco del procedimiento penal y el derecho de ser oído por un juez en el sentido del parágrafo 1 artículo 103 GG. Esta disposición constitucional es generalmente interpretada en el sentido de que todo individuo, contra el cual una decisión judicial que le perjudica es formulada, debe ser oído antes de pronunciar esa decisión[34]. En todo caso, en lo que dice relación con la puesta en práctica de diligencias de instrucción en el marco de un procedimiento penal, el Tribunal Constitucional ha introducido una excepción a esta interpretación. Ha dictaminado que el interesado afectado por tal tipo de diligencia no puede ser oído en la medida que tal exigencia ponga en riesgo el

---

33 *BVerfG* 67/157 (173); KLEINKNECHT, MEYER y MEYER-GOSSNER. Ob cit., Einführung 20-22.

34 *BGHst* 26/379.

éxito de la medida dispuesta[35]. En todo caso, debe ser escuchado a continuación sin demora. El legislador ha tenido en cuenta esta jurisprudencia introduciendo en la Ley de Enjuiciamiento Criminal disposiciones en este sentido (arts. 33, § 4, 33 a, 311 a StPO).

Los problemas de control aún no están resueltos en su totalidad, porque en los casos urgentes la Ley de Enjuiciamiento Criminal permite todavía al ministerio público y a la policía intervenir en derechos fundamentales sin control previo de un juez. La garantía constitucional de ser escuchado no se aplica más que respecto de los actos que emanan del juez. Es por ello que en relación con las intervenciones en los derechos fundamentales en el curso del procedimiento penal de parte del ministerio público o de la policía se debe remitir al parágrafo 1 artículo 19 GG en el caso de las diligencias aprobadas por la autoridad judicial. En todo caso, como se mencionó al inicio de esta exposición, una aplicación apropiada del parágrafo 4 artículo 19 GG por el legislador en la Ley de Enjuiciamiento Criminal hace falta todavía hoy, a casi 45 años de la entrada en vigencia de la Ley Fundamental[36].

2. EL PROCEDIMIENTO DE APERTURA DEL PROCESO PENAL

Cuando el ministerio público promueve la persecución penal en contra del autor de una infracción penal, el tribunal competente examina en primer término si efectivamente es posible proceder a un juicio penal público. Es lo que se llama en Alemania la *Eröffnungsverfahren*, el procedimiento de apertura del proceso penal. Esta fase del procedimiento busca proteger al enjuiciable contra quien los antecedentes parecen insuficientemente fundados de un atentado público a su reputación. El procedimiento de apertura del proceso penal busca pues la protección del honor, que se encuentra garantizado constitucionalmente en el marco de la protección de los derechos generales de la persona. Todo tipo especial de demanda judicial del inculpado en contra de las sospechas

---

35 *BVerfG* 9/89 (103,404).
36 Cfr. nota 7.

públicas provenientes de la fiscalía deviene así innecesaria. A este respecto, el procedimiento de apertura del proceso penal busca automáticamente asegurar la protección jurídica que el parágrafo 4 artículo 19 GG exige en caso de intervención de una autoridad pública como el ministerio público en los derechos fundamentales del individuo[37].

3. EL PROCEDIMIENTO PRINCIPAL

Cuando el tribunal decide dar curso a la acusación, la fase siguiente del proceso penal es la audiencia pública. El derecho constitucional alemán no incluye reglas específicas a este respecto. En este punto, se diferencia nítidamente del derecho norteamericano y de las declaraciones internacionales de los derechos del hombre que fueron concebidas bajo la influencia del pensamiento jurídico anglosajón. Es así como la Ley Fundamental no contiene garantías expresas relativas a la fijación rápida y a la publicidad del procedimiento principal, al derecho del inculpado de tener conocimiento del objeto de la acusación y a su derecho de interrogar a los testigos de cargo. Si bien es cierto que los tribunales alemanes deducen muchas de estas garantías de los principios generales de la Ley Fundamental, en particular del principio del Estado de derecho y del derecho a un proceso equitativo, esta interpretación a partir de principios generales conlleva como consecuencia que los tribunales formulan y aplican varias de las garantías mencionadas de una manera menos estricta que si estuvieran expresamente mencionadas en la Constitución.

Esto se denota en particular en el examen del derecho a ser beneficiado de un procedimiento rápido. La mención expresa de ese derecho hace falta no sólo en la Ley Fundamental, sino también en la Ley de Enjuiciamiento Criminal. Es por ello que los tribunales alemanes se demoraron en reconocerlo. A tal punto es así que hoy ellos lo tienen en cuenta a nivel de la determinación de la pena. Cuando el procedimiento ha tenido una duración anormal, la pena debe ser suavizada[38]. La doctrina llega generalmente más lejos[39]. En caso

---

37 *BVerfG NJW* 1984/1451.
38 *BGHSt* 21/81; 24/239; recientemente de un modo más profundo *BVerfG NJW* 1984/967; *BGHSt* 35/137; Dolg Stuttgart *NStZ* 1993/450.

de duración anormal de un procedimiento penal, ella estima que se está en presencia de un obstáculo que debe conducir al término de la persecución. La doctrina se basa a este respecto, entre otros, en el derecho a un procedimiento rápido previsto por el parágrafo 1 artículo 6.° de la Convención Europea de Protección a los Derechos del Hombre que, como se dijo, se aplica en Alemania en tanto es ley ordinaria.

Una situación similar se presenta con el derecho a interrogar a los testigos de cargo. Es verdad que la Ley de Enjuiciamiento Criminal alemán hace primar la declaración directa de los testigos sobre la lectura de sus deposiciones y el Tribunal Supremo exige a sus tribunales inferiores que no funden exclusivamente las sentencias en el testimonio de oídas[40]. En todo caso, las disposiciones legales contienen excepciones que permiten con frecuencia a las autoridades encargadas de la persecución penal no revelar en el curso del procedimiento la existencia de informantes de la policía y otros informantes[41]. Sobre este punto la doctrina formula numerosas críticas en contra de esa jurisprudencia, y hace valer que el derecho de interrogar a los testigos de cargo se encuentra expresamente previsto en el literal d parágrafo 3 artículo 6.° de la Convención Europea de Protección a los Derechos del Hombre[42].

En conclusión, conviene señalar que para el procedimiento penal principal no existen en Alemania más que exigencias constitucionales muy generales e imprecisas. Es la garantía del derecho a ser oído por un juez la que reviste mayor importancia. Sobre este principio es que se fundan los artículos 257, parágrafo 1, y 258 StPO, según los cuales el acusado debe tener la oportunidad de formular observaciones sobre cada una de las pruebas recogidas y el conjunto de la audiencia principal. La garantía del derecho a ser oído por un tribunal competente es completada por lo que se llama el deber de solicitud sobre lo que el tribunal debe rendir prueba, y que encuentra su origen último en el principio del Estado social. En el artículo 265 StPO aparece claramente

---

39 Cfr. Roxin. Ob cit., § 16 C.
40 *BGHst* 17/382; 36/166.
41 Cfr. *BVerfG* 57/250 (284); *BGHst* 32/115 (121).
42 Grünwald, en *JZ* 1966/494; Tiedemann, en *JZ* 1967/570; Lüderssen, en *Jura* 1985/113.

la conexión existente entre el derecho a ser oído por un juez y el deber judicial de solicitud. Esta disposición insta al tribunal a informar previamente al acusado cuando pretende calificar jurídicamente el acto criminal de un modo distinto a como lo hizo el ministerio público en su requisitoria. Esta obligación de informar al acusado debe permitir a éste organizar su defensa en función del nuevo punto de vista jurídico[43].

La conclusión del procedimiento penal principal reviste una importancia constitucional muy concreta, en todo caso, cuando consiste en una condena del inculpado. La sentencia penal es la base de la aplicación de la prohibición de doble condena en el sentido del parágrafo 3 artículo 103 GG. Esta prohibición tiene un rango igual a la autoridad de cosa juzgada. De hecho, la teoría de la autoridad de cosa juzgada conlleva implícitamente la obligación constitucional de concretización. Esto muestra que no sólo el derecho constitucional tiene influencia sobre el derecho contenido en las leyes ordinarias, sino que, a la inversa, la filosofía de la ley ordinaria tiene influencia en la interpretación del derecho constitucional. No puedo detenerme en los detalles de la teoría muy compleja de la autoridad de la cosa juzgada en la jurisprudencia y en la doctrina penal alemanas, teoría que, además, actualmente se encuentra en pleno cambio.

4. LA VÍA DE LOS RECURSOS

Cuando el inculpado o el ministerio público consideran que una sentencia penal es errónea, el derecho alemán ofrece dos tipos de vías de recursos: la apelación y la *Revision* (casación). La apelación permite revisar tanto el establecimiento de los hechos del caso como su calificación jurídica. La *Revision* permite, por el contrario, sólo permite atacar la calificación jurídica del hecho por parte del juez.

No existe ninguna garantía constitucional sobre esta vía de los recursos. El parágrafo 4 artículo 19 GG se preocupa de garantizar a los ciudadanos una vía de recurso contra las decisiones de la administración. No confiere por el contrario a los ciudadanos ningún derecho para controlar las decisiones judiciales.

---

43 *BGHst* 23/95 (96).

Como se subrayó en la primera parte de la presente exposición, la *Revision* es, no obstante, un instrumento muy importante pata garantizar la protección de los derechos fundamentales en el procedimiento penal[44]. Si en el curso del procedimiento hasta el juicio las autoridades encargadas de la persecución penal han violado derechos fundamentales y la sentencia se basa en estas violaciones, el tribunal de la *Revision* anulará la decisión adoptada. Es a nivel de la producción de la prueba que se encuentran frecuentemente violaciones a los derechos fundamentales que tienen influencia sobre el dictamen adoptado[45]. Puede citarse por ejemplo una sentencia penal fundada en una intervención irregular en el secreto de las comunicaciones telefónicas en el sentido del artículo 10.º GG. Es en razón de este tipo de casos que el derecho a la *Revision* se ha convertido en el campo elegido de aplicación de lo que se llaman "prohibiciones de pruebas", que descansan en amplia medida en el derecho constitucional. No puedo entrar acá en detalles. Este sólo tema ameritaría de por sí un libro entero.

---

44 Supra i.C.2.a.
45 Supra nota 8.

ALBIN ESER

*Un cambio en la función de las máximas del proceso penal:
¿hacia la "reprivatización" del proceso penal?*

Mientras se llevó a cabo hace unos años en Italia una reforma radical del proceso penal[1], en el proceso penal alemán se han ido produciendo muchas modificaciones parciales, que, sin embargo, únicamente han tenido un carácter puntual[2]. Mas, querer deducir de esto que el proceso penal alemán –prescindiendo de otras consideraciones– permanece en su esencia "intacto" sería ignorar que, detrás de esas aparentes modificaciones externas, probablemente se esconden profundas reformas en su estructura. Éstas podrían, por su parte, estar relacionadas con el hecho de que la concepción del proceso penal no es la misma que imperaba en el momento de la redacción de la conocida entonces como *Reichstrafprozeßordnung* (RStPO, Ley de Enjuiciamiento Criminal del *Reich*), del 1.º de febrero de 1877[3]. Porque, entre tanto, de forma más o menos intencionada, cuando no totalmente involuntaria, se han podido alterar los fines del proceso penal, así como la aplicación del derecho penal en la práctica.

Entre los síntomas que apuntan a un "latente" cambio en la estructura del proceso penal figuran, desde hace unos años, sobre todo los acuerdos y arreglos que tiene lugar en el proceso penal, justo en el núcleo donde operan los intereses públicos[4]. Mas, a este respecto, con vistas a un posible cambio

---

* Este artículo está dedicado con toda mi gratitud y admiración a quien fue mi profesor y director de tesis, profesor Dr. WALTER SAX, en su octogésimo cumpleaños el 15 de abril de 1992. Tiene su origen en una conferencia impartida en el simposio alemán-japonés en la Facultad de Derecho de la Universidad Albert-Ludwig de Friburgo y la Universidad Municipal de Osaka, que tuvo lugar del 4 al 7 de julio de 1991, sobre "Derecho y proceso". Quedo especialmente agradecida por su colaboración al licenciado D. JOCHEN GLÖCKNER. Traducción de MARÍA LUISA VILLAMARÍN LÓPEZ.

1 Cfr. AMODIO, en *ZStW* 102, 1990, p. 171.

2 Para una vista de conjunto de las reformas del proceso penal cfr. LÖWE y ROSENBERG. *StPO*, 24.ª ed., 1988, introd. cap. 3.

3 En general sobre este particular, EB. SCHMIDT. *Introducción a la historia de la administración de justicia penal*, 3.ª ed., 1965, pp. 345 y ss.

4 Cfr. a este respecto, LVIII Jornada de Juristas Alemanes (58. DJT), celebrada en 1990 en Múnich, con el informe de SCHÜNEMANN, las ponencias de BÖTTCHER, SCHÄFER y WIDMAIER, así como la discusión final; *Debate del 58. DJT*, vol. II "Acta de la sesión", parte L,

en la función de las máximas del proceso penal, habría que atender también a otros fenómenos.

Su análisis ha de abordarse en tres etapas: primeramente, mediante una mirada retrospectiva a los fines y principios del proceso en el momento previo y coetáneo a la elaboración de la actual Ley de Enjuiciamiento Criminal (StPO) (ii); a continuación, mediante el examen de los aspectos problemáticos del proceso penal actual (iii), para ocuparse, finalmente, de la cuestión de si en las recientes tendencias hacia una "reprivatización" del proceso penal cabría descubrir un modelo de futuro aceptable o si éste sería más bien un camino equivocado (iv).

I. EXAMEN RETROSPECTIVO DE LOS
FINES Y MÁXIMAS DEL PROCESO

A. FINES DEL PROCESO Y LOS
CONFLICTOS A LOS QUE DA LUGAR

Si se pregunta a qué fines debe servir hoy el proceso penal, deberían mencionarse los tres siguientes: a través del proceso penal debe decidirse (i) atendiendo a la verdad material, (ii) sobre la culpabilidad o la ausencia de culpabilidad del acusado, de la forma más adecuada desde el punto de vista procesal, (iii) para alcanzar con ello la paz jurídica[5]. Aunque en principio sería deseable que esta afirmación fuera así de indiscutible, surgen, empero, posibles puntos de conflicto ya que, fijados cada uno de estos fines, entran en contradicción unos con otros. Puesto que, mientras que la corrección material de una resolución sometida a condiciones presupondría eventualmente la búsqueda de la verdad "a cualquier precio", podrían oponerse a este fin exigencias de justicia formal. O si se llegare lo más pronto posible a un arreglo a través de una conciliación

---

1990, pp. 1 a 215; cfr. además el informe completado de derecho comparado de Weigend. *Abschprachen in ausländischen Strafverfahren*, 1990.

5 Pfeiffer, en *KK StPO*, 2.ª ed., 1987, introducción, nota marg. 2; Roxin. *Strafverfahrensrecht*, 22.ª ed., 1991, pp. 2 y ss. Cfr. también –en parte con distinto acento– Sax, en *DMR, StPO*, 7.ª ed., 1981, introducción, notas margs. 1 y ss.

conformada entre autor y víctima, esta decisión podría resultar contraria a los presupuestos de justicia material[6].

Cuando además se toman en consideración los cambios operados en los fines del derecho penal material, se precipita aún más la aparición de este conflicto: porque si tenemos en cuenta que desde hace poco tiempo se atiende a la resocialización de los autores del delito como un objetivo más del proceso[7], puede que la consideración individual de la personalidad del condenado resulte contraria al interés de prevención general de lograr un acuerdo sujeto a condiciones.

B. MÁXIMAS DEL PROCESO: CONDICIONAMIENTOS INTELECTUALES Y CAMBIOS POLÍTICO-JURÍDICOS

Esta antinomia subsiste cuando se pregunta por las máximas procesales con las que el proceso penal pretende alcanzar sus citados fines.

Para ello es preciso, en primer lugar, hacer una precisión terminológica: frente a la –habitual para los estudiosos– referencia indiferenciada a los "fines", "principios" y "máximas", aquí y en las siguientes páginas se entiende por "máximas" la unión estereotipada de principios y reglas, que no constituyen en sí mismas una meta del proceso, sino que sirven únicamente para que éste logre sus objetivos: en este sentido, el principio de verdad material, aunque a fin de cuentas es un "fin" del proceso, no quiere considerarse en sí mismo como tal, sino únicamente como medio para alcanzar la justicia material[8].

1. Cuando se sigue con detenimiento algunos de los pasos esenciales en la formación del proceso penal alemán tradicional, quizá es cuando mejor se puede comprobar que las máximas del proceso que sirven a la consecución de fines determinados del mismo no surgieron allí de repente, y menos aún se mostraron inicialmente como definitivas y sin contradicciones. La Ley de

---

6   También sobre esta inmanente conflictividad de los fines del proceso penal, cfr. ROXIN. Ob. cit., pp. 2 y ss.

7   Cfr. especialmente LENCKNER, en *JuS* 1983, 340; ROXIN. Ob. cit., pp. 4, 10 y ss.

8   Más próximo a este tipo de problemas de concepto y términos ALEXY. *Theorie der juristischen Argumentation*, 2.ª ed., 1991, p. 299 nota 81; ESSER. *Grundsatz und Norm in der richterlichen Fortbildung des Privatrechts*, 1956, p. 87.

Enjuiciamiento Criminal alemana proviene, como es sabido, del movimiento codificador liberal del siglo XIX, en el que, en particular, influyó especialmente la recepción del derecho italiano-canónico y anglo-francés[9]. La primera decisión tomada a favor del *principio de oficialidad* tuvo lugar, ya en los primeros años del siglo XVI, con la entrada en vigor de la *Constitutio Carolina* debido a la mala experiencia sufrida con la acción privada en el proceso penal alemán primitivo[10].

2. Como consecuencia de ello, se resolvió también a favor del *principio de legalidad*, de tal forma que el monopolio de la acción del Estado frente a sus ciudadanos sólo resultaría justificado cuando el Estado ejerciera su cargo de forma eficaz, tarea a la que quedaba obligado[11], porque, de no ser así, podría producirse un vacío en la persecución penal que traería como consecuencia que los ciudadanos, abandonados en su condición de víctimas, quisieran de nuevo satisfacer por sí mismos sus exigencias de reparación[12].

A este respecto fueron influencias filosóficas y políticas durante el curso de los siglos XVIII y XIX las que condujeron a reformar el proceso penal alemán sobre la base del derecho inglés y francés. En este sentido, el ideario racionalista liberal de la Ilustración del siglo XVIII impulsó esencialmente la evolución hacia un Estado de derecho de corte liberal, cuyo núcleo era la idea de libertad y seguridad de la esfera individual frente al Estado. El avance fundamental, que nuestra sociedad ha acogido de forma decisiva y cuya aceptación está hoy en

---

9   Cfr. ROXIN. Ob. cit., pp. 441 y ss.

10 Cfr. un resumen más detallado de esta evolución en LÜDERSSEN. *Die Krise des öffentlichen Strafanspruchs*, 1989, pp. 25 y ss.

11 Cfr. KLEINKNECHT y MEYER. *StPO*, 39.ª ed., 1989, § 152 nota marg. 2; PFEIFFER, en *KK StPO*, introducción, nota marg. 1, 4.

12 Sobre este particular, crf. más detallado en EB. SCHMIDT. *Lehrkommentar zur Strafprozessordnung und zum Gerichtsverfassungsgesetz*, vol. I, 2.ª ed., 1964, nota marg. 1-7. Que tal solución (del monopolio estatal de la acción al principio de legalidad) no es de ningún modo imperativa lo demuestra el ejemplo norteamericano, en el que, a pesar del principio de oficialidad, prevalece el principio de oportunidad, solución que responde al hecho de que el fiscal de distrito que hace las veces de acusador es elegido por el pueblo y debe presentarse siempre a una reelección –y con ello se da alas naturalmente a "su celo de perseguir delitos"–. Cfr. también a este respecto infra III.D.3.

el trasfondo del desarrollo político de los últimos años, reside en el reconocimiento y la garantía del derecho a la libertad. Esta concepción encuentra un
cierto reflejo en un modelo de personalidad caracterizada por un ser humano
con responsabilidad propia y una moralidad independiente: hasta el peor
delincuente ha de ser respetado como un ser racional[13]. Por este motivo, se
prohibieron las consideraciones de carácter preventivo, mediante las cuales
se hubiera degradado al delincuente a la condición de medio para alcanzar
un fin[14]. A este modelo corresponde, en primer lugar, la pena retributiva en
su "majestad sin fin"[15]. Todo hecho de carácter delictivo da lugar a una pretensión penal y también a la obligación de aplicación de una pena por parte
del Estado, como se apuntaba de forma extrema en el conocido ejemplo de la
"isla de Kant", según el cual, en caso de una ruptura voluntaria de la sociedad
humana, se debería castigar hasta al último asesino[16]. En este sentido, cabe
apuntar que el principio de legalidad adquirió un fundamento adicional a
través del idealismo alemán.

Finalmente, el principio de legalidad encontró un tercer y políticamente
quizá más importante apoyo en el seguimiento de los movimientos revolucionarios en Norteamérica y Francia, cuyo objetivo era, no en último término,
la abolición de los privilegios de clase[17]. El poder judicial debía atenerse al
principio esencial de igualdad incluso en la persecución penal[18], que, en

---

13 Hegel. *Grundlinien der Philosophie des Rechts*, vol. 7, "Der Theorie-Werkausgabe", 1970,
§ 99.
14 Kant. *Metaphysik der Sitten*, en Werke in Sechs Bänden, Weischedel (coord.), vol. IV,
1956, p. 453; con carácter, empero, restrictivo en la interpretación de Bielefeldt, en *GA*
1990, 108.
15 Maurach. *Allg. Teil*, 4.ª ed., 1971, p. 77.
16 Kant. Ob cit., p. 455.
17 Al respecto sólo Sieyès. "*Versuch über die Privilegien*", en *Politische Schriften 1788-1790*,
Schmitt y Reichardt (eds. y trad.), 1975, pp. 91, 105 y 111; así como en "Was ist der
Dritte Stand?", ibíd., pp. 117, 137 y 188.
18 Sobre este particular cfr. la interpretación de Sieyès. *Was ist der dritte Stand?*, p. 155, nota
17: "Cuando surge cualquier dificultad entre los privilegiados y un hombre del pueblo,
¿no resulta siempre de forma infalible el último quien es suprimido impunemente, precisamente porque debería haberse dirigido a los privilegiados si se hubiera atrevido a
reclamar justicia? ¿No disponen únicamente los privilegiados de todo el poder y no es su

consecuencia, iba en contra de un poder discrecional de persecución basado puramente en la oportunidad[19].

3. La *máxima de investigación de oficio* responde básicamente a la concepción iusfilosófica anteriormente descrita. Porque si el principio de justicia se basa en la verdad material, su descubrimiento debe también ser tarea del poder judicial[20].

4. Aunque no se pueda profundizar aquí sobre este particular, el pensamiento liberal de la Ilustración ha conducido finalmente a la consagración de las siguientes máximas del proceso: el principio acusatorio, para garantizar la imparcialidad del juez[21]; la publicidad, para evitar el secreto del proceso y con ello garantizar la corrección formal de las sentencias[22], así como las máximas de *inmediación* y *oralidad*, para evitar los inconvenientes que pudieran resultar de tramitarse el proceso por escrito, como podría ocurrir especialmente a la hora de la expedición de las actuaciones[23].

Por lo que concierne a la puesta en práctica de estas exigencias jurídico-políticas y, particularmente, a su consiguiente recepción en el territorio alemán, hay que señalar que los principales impulsos y etapas de su desarrollo proceden sin duda de Francia, de tal forma que especialmente en la parte alemana situada en la margen izquierda del Rhin, en particular en la zona prusiana de Renania, se introdujo el Código de Instrucción Criminal napoleónico de 1808, que siguió en vigor tras la Guerra de la Independencia de 1849. Este proceso se caracterizó por la separación de los órganos de acusación y del tribunal, la

---

primera reacción siempre aquella que considera la reclamación de una persona civil como una falta de subordinación? ¿Por qué los funcionarios ejecutivos de la policía y la justicia ejercen su cargo sólo con miedo frente al privilegiado incluso cuando le han sorprendido en flagrante, mientras que tratan con tanta brutalidad al pobre que de momento es acusado?".

19 Cfr. sobre los orígenes del ministerio fiscal en Alemania las claras palabras de Fuld, en Aschrott (coord.). *Reform des Strafprozesses*, 1906, p. 601.

20 Schäfer, en Löwe y Rosenberg. *StPO*, introducción al cap. 13, nota marg. 44; Eb. Schmidt. *Lehrkommentar*, notas margs. 363 y 364.

21 Schäfer. Ob. cit., nota marg. 3.

22 Eb. Schmidt. Ob. cit., nota marg. 401.

23 Ibíd., notas margs. 425 y ss.

tramitación de la fase de instrucción por un juez de instrucción independiente (*juge d'instruction*), así como el ajuste del proceso a las máximas de publicidad, oralidad e inmediación.

El éxito rotundo y prolongado de esta reforma tiene, después de todo, una fácil explicación: la situación política de ese tiempo, en que los movimientos liberales estaban cada vez más en auge, concuerda decididamente mejor con el proceso penal francés que con el proceso común de corte inquisitivo, de tramitación secreta y escrita. Por eso, dado que después de 1848 la mayor parte de los Estados alemanes habían aprobado nuevas leyes de enjuiciamiento criminal, en ellas se consagró la separación entre los órganos de acusación y los tribunales, así como la publicidad y la oralidad del procedimiento[24]. Esta particular modalidad de proceso penal ha pasado a la historia del derecho como "el proceso penal alemán reformado" y ha continuado sirviendo hasta hoy como fundamento para el proceso penal de la Ley de Enjuiciamiento Criminal del *Reich* (RStPO) de 1877[25].

C. VALOR ACTUAL DE LAS MÁXIMAS DEL PROCESO

Si la exposición previa pudiera generar la impresión de que la evolución de las máximas del proceso se ha caracterizado por su lógica desde el punto de vista conceptual o incluso por su claridad desde la perspectiva histórica –notas que han rodeado a todas estas máximas del proceso durante su evolución–, sin embargo, a renglón seguido ha de indicarse a este respecto que la aplicación práctica de estas máximas no resultó en todos los casos indiscutida, y que de ningún modo se logró sin fisuras. Esto se muestra a través de una breve exposición sobre el valor actual de las máximas del proceso recogidas en la Ley de Enjuiciamiento Criminal (StPO).

Lo que llama la atención en primer lugar si se examinan los escritos contemporáneos –en especial el manual de GLASER[26] y los comentarios de

---

24　Así, por ejemplo, Bayern, 1848 y 1861; Preussen, 1849; Baden, 1864; Württemberg, 1868.

25　Ya resumiendo, GLASER. *Handbuch des Strafprozesses*, vol. I, 1883, p. 214.

26　Ídem.

LÖWE[27]– es el carácter objetivo de los trabajos. Esto sugiere que, por lo que se refiere a la regulación del proceso en la Ley de Enjuiciamiento Criminal, uno se mueve, a título comparativo, en terreno fiable[28]. Aparte de eso, resulta claro que el desarrollo del proceso que tuvo lugar entonces no debe analizarse tanto desde una perspectiva histórica –como hoy sería posible gracias a las relativamente seguras reflexiones *ex post*–, sino que, claramente, ha de atenderse más al significado "político del momento" que pone especial acento en la oralidad y publicidad del proceso, así como en la cuestión –que aquí no ha vuelto a ser tratada– de la *participación lega*[29].

El *principio de legalidad* fue comentado más bien con cierta frialdad (§ 152.2 RStPO)[30]. Este tono reservado seguramente se correspondía con la situación de la administración de justicia. Dependiendo de si en la Ley de Enjuiciamiento de cada *Land* regía el principio de legalidad (como, por ejemplo, en Sajonia y Baviera) o el principio de oportunidad (como, especialmente, en Prusia), había también opiniones dispares. Mientras que los defensores de la legalidad apelaban a las "más altas bendiciones" para la puesta en práctica del principio de justicia (equidad)[31], e incluso se apoyaban en argumentos orientados a la práctica[32] –como necesidad de garantizar una práctica unificada–, los defen-

---

27 LÖWE. *Die Strafprozessordnung für das Deutsche Reich (1878)*, 5.ª ed., 1888.

28 En este sentido señalaba LÖWE en el prólogo a la primera edición de su comentario de 1878 –el año en que entró en vigor la *RStPO*– que no debieran dejarse apartadas tales reformas fundamentales.

29 Ya expuesto por GLASER. Ob. cit., pp. 209 y 246.

30 Cfr. LÖWE. Ob. cit., § 152 nota 4; STENGLEIN. *Die Strafprozessordnung für das Deutsche Reich*, 1884, § 152 nota 2.

31 Como ejemplo se muestra a favor de forma ejemplar el diputado STRUCKMANN. "Protokolle der Comision", p. 197, en HAHN. *Die gesammten materialen zu den reichs-justizgesetzen*, 3.ª ed., erste Abteilung: "Materialien zur Strafprozessordnung", 1880, p. 711: no sería una interpretación correcta, si se dijera que no existe ningún interés público en perseguir los delitos de bagatela. Porque mientras que la ley penal conmina un cierto comportamiento con una pena, ha de reconocerse que existe un interés público en su castigo; cfr. además HEINZE, en *GA* 24 (1876), p. 265, en especial pp. 275 y ss.

32 Ya el primer proyecto del Código Procesal Alemán de 1872 (R. VON DECAER) incluía la fundamentación del § 134 (que más tarde sería el §152.2 RStPO), en el sentido de que la decisión sobre si la investigación de los hechos delictivos ha de poderse dejar a cargo de

sores del principio de oportunidad se remitían al número de casos imposible de resolver de otro modo[33]. También podía, a la sazón, argumentarse que gran parte de las ventajas que presentaba el Ministerio Fiscal desaparecían cuando se le obligaba a intervenir en asuntos insignificantes únicamente por causa de la armoniosa expresión "principio de legalidad"[34]. Pero no sólo la administración de justicia se mostraba escéptica frente al principio de legalidad. También la doctrina contemporánea había puesto en duda el carácter absoluto de su formulación, a la que la, por así decirlo, profética visión de GLASER presta una especial atención, ya que en su concepción predijo los rasgos esenciales de la situación jurídica actual[35]. Por eso –dicho brevemente–, como se ha puesto

---

cada funcionario de policía o de las autoridades locales, sobre todo teniendo en cuenta que en los pueblos la autoridad (de las juntas locales) se encuentra normalmente en manos de personas cuyo nivel cultural no es garantía suficiente para una valoración justa de la cuestión de si la sospecha de la comisión de un hecho delictivo resulta fundada. En sentido similar se manifestó en las deliberaciones de la Comisión el diputado SCHWARZE ("Protokolle" cit., pp. 196, 710 y ss.): en caso de que rija el principio de oportunidad, se confía al poder discrecional del ministerio fiscal una decisión trascendental que propiamente le corresponde sólo al órgano principal del Estado. Además el principio de oportunidad conduce a una gran diferencia en la práctica en cada una de las circunscripciones del ministerio fiscal, porque todo depende de la personalidad, de la opinión del ministerio fiscal. También se escandaliza el público de que el ministerio fiscal no intervenga en todo caso, porque no conocen los motivos de sus diferentes resoluciones.

33 Considerando la situación de Prusia, cabe temer que el ministerio fiscal, si hubiera regido el principio de legalidad, hubiera intervenido el doble de ocasiones, si bien a la sazón el número de denuncias que han quedado desatendidas se cifra anualmente en 140.000.

34 GNEIST. *Protokolle der Kommission*, p. 196, en HAHN. Ob. cit., p. 710.

35 Cfr. la crítica de GLASER. Ob. cit., p. 218, así como su propio planteamiento (ibíd., p. 224), con el que anticipa numerosos casos en los que el principio de legalidad, según opiniones hoy consolidadas, no resulta afectado (§ 170.2 StPO: archivo por imposibilidad de prueba: ibíd, nota 14; intensidad ponderada de la persecución: ofrecimiento de posibles limitaciones para evitar costosas medidas dirigidas a alcanzar insignificantes resultados clarificadores: ídem), así como otras limitaciones de la persecución que han sido entre tanto acogidas legalmente (§ 153d StPO: archivo de delitos de naturaleza política: ibíd., p. 219, nota 7; §§ 154 y 154a StPO: archivo del proceso por hechos que no tienen importancia ibíd., p. 224; § 31 BtMG, art. 4.° Ley para la Lucha contra Bandas Terroristas, "Ley de arrepentidos": ibíd., p. 225, nota 14).

de relieve más tarde, la razón de la aplicación y la fuerza persuasiva interna del principio de legalidad no debería haber sido considerada de forma tan absoluta en el momento de su entrada en vigor.

En comparación, es, con mucho, todavía más discutida la máxima de investigación de oficio. Como ha señalado especialmente LÖWE, puesto que la tarea del proceso penal es "la investigación y la determinación de la verdad material", el juez no debe contentarse con la declaración del acusado manifestando que ha cometido el hecho, sino que debe probar la verdad de dicha declaración y, eventualmente, absolverlo a pesar de su confesión inculpatoria. El enjuiciamiento de un inocente tampoco deja de ser una prevaricación con tal de cumplir el deseo del mismo[36].

También a las máximas de oralidad y publicidad se les ha concedido un significado que va más allá del proceso penal individual, cuando, por ejemplo, GLASER no apunta tanto que cada caso particular se haga público y se someta hasta cierto punto a la crítica de la "opinión pública", sino que se propaguen las ideas correctas sobre la observancia de un proceso legal justo, imparcial, humano, que respete las cautelas, que se corresponda con el ejercicio ideal de la justicia legal estatal, incluso también en la elección de los medios, y que asegure en lo posible la victoria de la verdad y de los derechos[37].

D. LIMITACIONES PROVISIONALES DE LAS MÁXIMAS DEL PROCESO

Teniendo en cuenta tales ambivalencias de carácter parcial, no puede sorprender que ninguna de las máximas del proceso cuestionadas fuera aplicada con el mayor rigor posible o que, entretanto, no haya experimentado ciertas

---

36 LÖWE. Ob. cit., § 153 nota 4a; en sentido similar GLASER. Ob. cit., p. 242; HEINZE, en *GA* 24 (1876), pp. 265 y 287.

37 GLASER. Ob. cit., p. 257. Todavía mucho más agudo y yendo más allá sobre el particular, en el sentido de impulsar la publicidad de las deliberaciones, señalaba FEUERBACH en sus *Betrachtungen über die Öffentlichkeit und Mündlichkeit der Gerechtigkeitspflege* (1821): "Un juez que no deposita mucha fuerza y mucho cariño en las garantías y los derechos, respecto de los que se declara no muy partidario, se ha condenado a sí mismo".

limitaciones. Sin ánimo de ser exhaustivos, cabe mencionar al menos algunas restricciones de mayor o menor trascendencia:

El principio de oficialidad, que ya había sido suavizado desde el inicio debido a la existencia de los delitos perseguibles a instancia de parte y de los delitos privados, ha experimentado una nueva restricción a través de la consolidación de la posibilidad de que intervenga la víctima[38].

El principio de legalidad, que ya en el texto original del § 152.2 RStPO se encontraba sometido a las reservas de otras disposiciones legales, se convierte casi en una excepción debido a la consolidación de las posibilidades de sobreseimiento previstas en los §§ 153 y 154e StPO, especialmente aplicables en el campo de la criminalidad de bagatela[39] –por lo que no es del todo correcta la denominación que se da a la limitación del principio de legalidad como "principio de oportunidad"[40]–. A pesar de esto, estos dos conceptos han sido objeto de discusión aproximadamente desde 1860-1861[41].

Las máximas de la investigación de la verdad y de la instrucción, tal y como hoy se encuentran reflejadas principalmente en los §§ 155.2 y 244.2 StPO, no están sujetas de momento a más limitaciones legales que las ya existentes desde un principio en materia de reglas de prueba y de prohibición de prueba[42]. Más tarde, con la introducción en 1950 del § 136a StPO, previsto como contrapartida a la justicia sin razón de la época nacionalsocialista, frente a los métodos de interrogatorio contrarios a la dignidad humana, se puntualizó inequívocamente que no debe tener lugar la "búsqueda de la verdad a cualquier precio"[43] y, con ello, la máxima de la verdad no debe gozar de un valor absoluto.

---

38 Básico para las relaciones entre monopolio de la acusación y el ejercicio forzoso de la acción Niese, en *SJZ*, 1950, 889.

39 Cfr. cada una de las justificaciones en Schoreit, en *KK StPO*, § 152, nota marg. 21-26.

40 Porque cuando un principio sólo opera con limitaciones, éstas resultan ser como excepciones al principio y, por su parte, no principios independientes. Por eso el principio de oportunidad debiera entenderse correctamente como el antónimo teórico del "principio de legalidad".

41 Con detalle sobre la evolución cfr. Kapahnke. *Opportunität und Legalität im Strafverfahren*, tesis doctoral, Tübingen, 1982, pp. 3 y ss.

42 Eb. Schmidt. *Lehrkommentar*, nota marg. 363, habla de "límites y reglas de juego"; en sentido similar Schäfer, en Löwe y Rosenberg. *StPO*, introd. cap. 13, nota marg. 44.

43 Por primera vez se pronunció enérgicamente el BGH en la sentencia 14, 358 y 365, contra el empleo de grabaciones magnetofónicas obtenidas en secreto.

El principio de publicidad (§§ 169 a 175 Ley de Organización Judicial, GVG) ha experimentado también sucesivas limitaciones, sobre todo en interés de las víctimas[44].

También las máximas de la inmediación y de la oralidad fueron limitadas desde un inicio, sin que con ello haya sido afectada sensiblemente su función[45].

Mas, pese a estas limitaciones respecto de las distintas máximas del proceso, que no han de pasarse por alto, hay que señalar que la concepción original de la StPO, que fue acuñada bajo la triada de la verdad material, la máxima de investigación de oficio y la ausencia del principio dispositivo (de acusados y acusadores) sobre el objeto del proceso, ha permanecido en esencia invariada[46].

II. focos de crisis en el proceso penal actual

Si se atiende únicamente al aspecto normativo, la concepción del proceso penal alemán parece, ahora como antes, equilibrada. Pero si se observa también la realidad, no cabe pasar por alto ciertos focos de crisis. De forma breve se esbozará la cuestión de su influencia, centrándonos al menos en los tres ámbitos en torno a los que surgen los problemas que éstos pueden tener en el funcionamiento de las tradicionales máximas del proceso.

A. la no superada proliferación de procesos

La complejidad de las condiciones de vida ha llevado al derecho penal sustantivo más allá del campo de los "clásicos" delitos hacia una criminalización que se extiende a distintas formas de comportamiento socialmente lesivas, entre las que aquí sólo recordamos el ámbito del tráfico vial, de la economía y del

---

44 En sentido similar Jung, en *Gedächtnisschrift für Hilde Kaufmann*, 1984, p. 891; cfr. además Sax, en KMR, introd. II, notas margs. 4 y ss.

45 Cfr. en particular Eb. Schmidt. *Lehrkommentar*, notas margs. 425 y ss., en especial 436, 446 y 456.

46 Así también el resumen de Schünemann, en *Festschrift für Pfeiffer*, 1988, pp. 461 y 462.

tráfico de drogas[47]. Necesariamente esto trae como consecuencia una sobre-carga cuantitativa de trabajo para los órganos encargados de la persecución penal. Ésta únicamente puede combatirse si, paralelamente al aumento del número de procesos, se reforzara también el personal de la administración de justicia, si bien sólo puede llevarse a cabo de forma limitada. Porque, aunque de hecho la mayor parte del crecimiento en el número de procesos resulta más o menos compensada por un aumento proporcional del personal al servicio de la administración de justicia, ello no obstante se produce una sobrecarga del trabajo de los órganos de persecución penal, ya que el aumento del personal no consigue adaptarse de forma paralela al incremento de la duración media de los procesos, debido especialmente a la prolongación excesiva de los días de vistas[48]. Se producen así perceptibles defectos en la aplicación del dere-cho penal debido a la ya citada escasez de "recursos"[49], situación que puede poner en peligro la paz jurídica y socavar la confianza en la obligatoriedad del derecho penal.

De este modo, si se quieren mantener en pie los actuales objetivos y formas del proceso penal sólo parece posible conseguirlo mediante un considerable aumento de los medios personales y materiales de la administración de justicia. Mas, siendo realistas, esta solución no sólo resulta escasamente viable desde el punto de vista económico[50], sino que también sería ciertamente inconve-niente si establecemos comparaciones desde una perspectiva internacional. Por ejemplo, en 1980 en la República Federal Alemana a cada juez penal le correspondían 13.000 habitantes[51], mientras que en Estados Unidos en 1985

---

47 Cfr. en concreto LÜDERSSEN, en *STtV* 1990, 415 y 416; SCHÜNEMANN, en *Gutachten B zum 58. DJT*, 1990, p. 28.
48 Cfr. SCHÜNEMANN, en *Festchrift für Pfeiffer*, 1988, p. 470.
49 BENDA, en *Deutscher Richterbund, Kurskorrekturen im Recht*, 1980, pp. 256 y ss.
50 Dado que esta hipótesis empírica necesita de una prueba cierta, tal empresa, como quizá pudo ocurrir al principio en el derecho penal con el todavía más abandonado análisis económico del derecho, es aguardada con expectativas dispares.
   Para un examen más detallado sobre los riesgos y posibilidades de tal "conocimiento científico del derecho", cfr. OTT y SCHÄFFER, en *JZ* 1988, 212, en respuesta a y con réplica de FEZER, en *JZ* 1986, 817, o ÍD., en *JZ* 1988, 223.
51 Cfr. los datos en RIEß, en *DriZ* 1982, 201 y 213.

justo el doble de ciudadanos debían contentarse con un juez[52]. Cuando no es fácil hacer frente a la cantidad de delitos cometidos mediante un aumento del personal, deviene entonces inevitable operar reformas en la configuración legal del proceso.

De hecho, ya se han propuesto soluciones dirigidas, sobre todo, a la *disminución de las posibilidades de obstrucción* del acusado, especialmente con relación a su derecho a solicitar la práctica de pruebas en todas las instancias judiciales[53]. Prescindiendo absolutamente del hecho de que difícilmente puede trazarse una frontera nítida entre la "obstrucción" y la salvaguardia del derecho de defensa y de otros derechos del proceso, cabe señalar que la credibilidad en la justicia penal puede resultar ligeramente perjudicada cuando, por mor de un dudoso ahorro de tiempo y medios, quiere renunciarse a posiciones del acusado conquistadas con dificultad. Además, mediante tal desplazamiento del peso del acusado a su juez podría volverse nuevamente al modelo de juez inquisidor y, en su virtud, rebajar al acusado de sujeto a objeto.

Otra posible solución mencionada arriba consistiría en que los *interesados en el proceso penal* llegaran a *transacciones*[54]. Pese a que en un primer momento parece que de esta forma la situación del acusado –a diferencia de la reducción de sus derechos mencionada arriba– resulta revalorizada, ya que, en cierto

---

52 Datos extraídos de JAMIESON y FLANAGAN (coords.). *Sourcebook of Criminal Justice Statistics 1986*, U.S. Department of Justice, 1987, cuadros 1.21. y 1.27.

53 Cfr. en especial la propuesta de la LII Conferencia del Ministerio de Justicia sobre medidas para descargar a los tribunales y al ministerio fiscal de asuntos penales, en *StV* 1982, 325 y 331. Para más propuestas de simplificación como reacción al problema de carga de trabajo de la justicia como consecuencia de la reunificación alemana, cfr. el Borrador de la Ley para Descargar la Administración de Justicia del 27 de septiembre de 1991 (BT-Drucks. 12/1217). En tanto que aquí se aborda en menor medida la justicia, el problema de la superación de la cantidad, y se centra más en una crisis de la justicia "sin precedente", puede aquí quedar desatendida esa –aun cuando a corto plazo, de todo punto dramática– agudización del problema.

54 Sobre los distintos aspectos de tal modelo "consensuado" cfr. en particular los informes de SCHÜNEMANN. Ob. cit. Por todos, cfr. BUSSMANN, en *Kritische Vierteljahreszeitschrift* 1989, 376 y 379, que pone de manifiesto cómo el término usado cada vez para describir este fenómeno depende de la actitud favorable o desfavorable de su autor.

modo, se convierte en "parte contratante" al lado del juez, debe, sin embargo, evitarse la euforia, porque la posibilidad de colaboración del acusado mediante convenios se alcanza, en parte, violentando determinadas máximas del proceso que, en realidad, debían redundar en su beneficio.

Sin ánimo de ser exhaustivos, cabe mencionar únicamente algunas de las máximas y otros principios procesales que pueden resultar afectados, cuando no totalmente vulnerados, por los arreglos en el proceso penal:

– El principio de legalidad, si el ministerio fiscal y el tribunal se abstienen de la persecución o de la condena de los hechos particulares mediante la imposición de medidas autorizadas *ex* §§ 153 y siguientes StPO, como parte de la "contraprestación" por la cooperación del acusado.

– La máxima de investigación de oficio, si el tribunal, como "contraprestación" por la confesión del acusado, renuncia a una ulterior búsqueda de la verdad.

– La presunción de inocencia, cuando el tribunal, pese a la falta de madurez de la decisión, dicta una sentencia basándose en la confesión (posiblemente falsa).

– La máxima de la lealtad (*fairness*) en el proceso penal, cuando el tribunal "engatusa" al acusado con la promesa de una reducción de la pena en la condena.

– El principio de justa aplicación de la pena, si el tribunal califica la confesión de forma atenuada, sin considerarla como arrepentimiento.

– El principio de igualdad (de trato), cuando el autor que ha llegado a un acuerdo con el tribunal es castigado con menos severidad que quien se empeña en la defensa de sus legítimos derechos procesales, o cuando sólo puedan beneficiarse del arreglo un determinado grupo de autores –como, sobre todo, los delincuentes de alto nivel económico (*Wohlstandskriminelle*)–.

Como ya expuso SCHÜNEMANN con relación a éste y otros puntos de conflicto en su dictamen para las LVIII Jornadas Alemanas de Juristas, será difícil poder poner fin a la gran proliferación actual de procesos sin una cierta reforma de la estructura y de las máximas legadas[55]. La mayor parte de los juristas

---

55 Cfr. en especial SCHÜNEMANN, en *Gutachen*, cit., p. 166.

participantes en las Jornadas, contrariamente optimistas, pese a que entendían en esencia que la práctica de los arreglos era compatible con el proceso penal actual[56], tuvieron recientemente que avenirse a otra posición con ocasión de una sonada resolución del Tribunal Federal: en virtud de ésta, al margen de la Administración Central difícilmente sería posible alcanzar arreglos[57].

Dado que no se conocen otros caminos viables para superar la actual proliferación de procesos, no queda más que admitir que el proceso penal que ha llegado hasta nosotros ha debido alcanzar los límites de su capacidad de desarrollo.

B. LA CRECIENTE CONSIDERACIÓN DE LA VÍCTIMA

Dado que la víctima –prescindiendo del estrecho ámbito de aplicación de la acusación privada y accesoria (*Nebenklage*)– debía contentarse, en la concepción procesal de la Ley de Enjuiciamiento Criminal del *Reich*, con el papel de un mero testigo, recientemente está a la vista que su posición ha resultado fortalecida: y eso no sólo en el derecho procesal penal, en donde se han reforzado los derechos de intervención de la víctima en virtud de la Ley de Protección de las Víctimas de 1986[58], sino también en el ámbito del derecho penal material, en el que, bajo la voz "arreglo víctima-autor" (*Täter-Opfer-Ausgleich*), se presta también una atención más intensa a la noción de reparación[59].

Pese a este "renacimiento" del arreglo víctima-autor (*Tatopfer*)[60] –por algunos tildado de forma algo despectiva como "euforia del perjudicado"[61]–, todavía no es posible una adecuada integración de la víctima en el proceso penal. Además, no se trata en este sentido únicamente de que las pretensiones

---

56 Cfr. en *NJW* 1990, 2991 y 2993, publicada la resolución del 58. DJT.

57 *BGHSt.* 37, 298, con comentarios de BÖTTCHER y WIDMAIER, en *JR* 1991, 353; WEIDER, en *StV* 1991, 241. Cfr. también ZSCHOCKELT, en *NStZ* 1991, 305.

58 También a este respecto WEIGEND, en *NJW* 1987, 1170.

59 Cfr. sobre este particular, entre otros, ESER, KAISER y MADLENER (coords.). *Neue Wege der Wiedegutmachung im Strafrecht*, 1990.

60 Cfr. ESER, en *Gedächtnisschrift für Armin Kaufmann*, 1989, p. 723.

61 HIRSCH, en ibíd., p. 699.

materiales del perjudicado sean conducidas del proceso civil al penal, como habría de esperarse de la simple mejora del proceso de adhesión; antes bien, esos esfuerzos deben ir dirigidos en el sentido de una prevención general integradora, que restablezca la paz jurídica, de tal forma que resulte reforzado el aspecto psicológico de las relaciones entre "culpa y conciliación" –o, mejor, "acto de reconciliación"–[62].

Ya los primeros esfuerzos para el anclaje legal de la reparación en el proceso penal han demostrado que tal reorientación es difícilmente viable sin una reforma legal de los aspectos fundamentales[63]. Y tampoco podría salir bien sin ciertas modificaciones de las máximas del proceso penal ya consagradas.

C. DE LA PERVERSIÓN DE LA PUBLICIDAD DE LOS ÓRGANOS DE CONTROL A POTENCIAL AMENAZA

Cuando en el siglo XIX se consagró la publicidad en el proceso penal[64], se hizo conforme a las exigencias del Estado de derecho: tanto el acusado, la víctima, como, no en último término, la generalidad de los ciudadanos pueden tener un interés en que la justicia penal no se desarrolle detrás de muros opacos, sino ante los ojos de la publicidad para que –aunque sólo sea también de forma parcial y fragmentaria– pueda ser comprendida y controlada. De todos modos, esta publicidad permanecía naturalmente limitada, porque quedaba esencialmente restringida a los asistentes locales o a la posible prensa local (en la mayoría de los casos censurada).

Con los medios de comunicación actuales se ha producido un cambio fundamental: no es sólo que el hecho cometido en el más lejano rincón de un pueblo de montaña y anunciado en un primer momento sólo en el periódico

---

62 Sobre este aspecto, cfr., por ejemplo, el sugestivo informe del proceso de un lego con preparación: MAIZ. *Die justiz vor Gericht - Macht und Ohnmacht der Richter*, 1990; así como MARKS y RÖSSNER (coords.). *Täter-Opfer-Ausgleich*, 1989.
63 En particular, cfr. SCHÖCH, en ESER, KAISER y MADLENER. Ob. cit., p. 73.
64 Sobre la evolución hasta ese momento, cfr. ALBER. *Geschichte der Öffentlichkeit im deutschen Strafverfahren*, 1974.

local llegue a ser conocido gracias al encadenamiento de órganos de prensa y de su fijación en los periódicos "sensacionalistas" nacionales, cuando no mundiales; en este sentido, pueden también los autores, así como las víctimas, cuando no incluso algunos testigos, convertirse en objeto de las pesquisas e investigaciones, cuya publicación oficial no sólo puede perjudicar la apariencia y las relaciones interpersonales de los afectados, sino que también puede poner en peligro la independencia del tribunal[65]. Como ejemplo especialmente espectacular basta con recordar la condena previa pública a políticos impuesta en la resolución penal del caso Flick, en el que el tribunal se tuvo que enfrentar a la cuestión de si la forma y el alcance de un reportaje en los medios de comunicación no constituye un óbice procesal[66].

Tales adelantos sociales y técnicos no podían ser previstos con certeza por los legisladores históricos a la hora de concebir la máxima de la publicidad. Ni siquiera mediante ciertas cautelas provisionales –como la prohibición de información radiofónica o televisiva durante el proceso (§ 169 GVG)– se puede garantizar a los interesados protección satisfactoria alguna a sus amenazados derechos de la personalidad. Por eso cabe afirmar que aquí, tras el principio de publicidad, se oculta otra máxima procesal tradicional en profunda crisis.

III. "REPRIVATIZACIÓN" DEL PROCESO PENAL: ¿MODELO DE FUTURO O CAMINO EQUIVOCADO?

A. LA "NOCIÓN DE PRIVATIZACIÓN" COMO TENDENCIA PERMANENTE

A primera vista puede parecer que en las áreas ya mencionadas en donde surgen los problemas relativos a la proliferación de procesos, a la relación víctima-autor (*Tatopfer*) y a los procesos sensacionalistas, se abarcan fenómenos

---

65 Cfr. VON BECKER. *Straftäter und Verdächtige in den Massenmedien*, 1979; SCHERER. *Gerichtsöffentlichkeit als Medienöffentlichkeit*; MARXEN, en *GA* 1980, 365.

66 Cfr. a este respecto ESER y MEYER (coords.). *Öffentliche vorverurteilung und faires strafverfahren*, 1986. También SAX, en *KMR*, introd. II, nota marg. 6.

absolutamente heterogéneos. Pero si uno se fija bien, y en este sentido piensa especialmente en posibles vías de solución, sale a relucir una idea directriz: en las tres áreas se trata –aun cuando se concrete de forma muy distinta– de tener muy en cuenta los intereses individuales, es decir, se tiende hacia una forma de proceso más informal-privado en lugar de un proceso formal-público[67].

Si se piensa en superar el problema de la proliferación de los procesos mediante transacciones que acortan su duración, celebrados entre los interesados en el proceso, puede terminarse en una *privatización del proceso penal en beneficio del autor del hecho*. En cuanto se persiga la intervención reforzada de la víctima o se aspire a mejores arreglos autor-víctima, la privatización tendría lugar *del lado de la víctima*. Si debe recortarse la publicidad para proteger los derechos de la personalidad del acusado, podría hablarse entonces de *privatización del proceso*.

Aunque hubiera sido posible que, en un primer momento, este cambio de tendencia se hubiera impuesto en la práctica, sin embargo sorprende poco, de hecho, que deba también estar respaldado desde el punto de vista ideológico por una reforma de las nociones fundamentales iusfilosóficas penales. Sobre todo (como ya se mencionó en la primera parte) por la concepción del idealismo alemán, que establece que toda injusticia en el campo del derecho penal ha de ser reparada[68], criterio que hoy ya no cabe sostener de ningún modo de forma categórica. Por consiguiente, las teorías penales "absolutas" han retrocedido en mayor o menor medida[69]. Con ello también el principio de legalidad ha perdido

---

67 Con certeza ha de discutirse sobre si este fenómeno –en los siguientes ejemplos abordados con un poco más detenimiento– está transcrito terminológicamente de forma acertada con el término "privatización" o si en su lugar no podría mejor hablarse de "despublicitación" del proceso. Mas con estos términos sólo quedan comprendidos aspectos parciales de lo aquí mencionado y, si se trata sobre todo de poner de manifiesto el cambio hacia la publicidad en un ámbito de negociación interna entre las partes y de reforzar las relaciones individuales autor-víctima ante el retroceso de la pretensión penal estatal, me parece que la expresión que mejor señala esta tendencia es la de "reprivatización", antes que la terminología que en un primer momento se entendió adecuada.

68 Cfr. supra I.B.2 sobre KANT y HEGEL.

69 Cfr. en su lugar JESCHECK. *Allg. Teil*, 4.ª ed., 1988, pp. 62 y ss.

cuando menos parte de su base teórica inicial[70], con total independencia de que ya el gran número de excepciones al § 153 StPO resultaba dificilmente compatible con la pretensión absoluta de castigar todas las injusticias.

Mas no sólo por estos motivos hubo de desistirse de las exageradas consideraciones metafísicas sobre la pretensión penal estatal; porque, dado que la injusticia en el derecho penal era concebida como lesión de los bienes jurídicos desde el prisma del interés de la protección general del Estado, la persecución penal pública se fue alejando cada vez más del interés de la víctima[71]. Así, esta evolución debe dar lugar también a un cambio de rumbo favorable al reconocimiento del valor intrínseco del componente personal de la injusticia, que, en abstracto, brota casi por entero de la lesión de los bienes jurídicos[72].

Esta reorientación respecto de lo que es objeto de protección, pasando de preocuparse más por la víctima individual afectada que por la poderosa comunidad, parece, no en último término, motivada constitucionalmente. Porque si la Constitución ha puesto al individuo a la cabeza de su escala de valores, el Estado debe considerarlo no como finalidad del proceso penal, sino sólo como medio para el fin (el cuidado de la persona y de sus fundamentos individuales y sociales). Por este motivo, el proceso penal no tiene que servir al interés de autosatisfacción del Estado como tal sino, después de todo, al bienestar individual de sus ciudadanos[73], no sólo cuando se trate de la satis-

---

70 ROXIN. Ob. cit., pp. 68 y ss.
71 En particular cfr. a este respecto LÜDERSSEN. *Die krise des öffentlichen srafanspruchs*, 1989.
72 SCHÜNEMANN, en *NStZ*, 1986, 193 y 194.
73 Clásico del pensamiento de HOBBES en *Leviatán* –EUCHNER (trad.), FETSCHER (coord.), 1966–, cap. XVII, p. 131; ÍD., en *Von Menschen. Vom Bürger* –GAWLICK (coord.) 1959–, *Vom Bürger*, cap. XIII, 6, pp. 206 y ss., que entiende que el objetivo del Estado reside en asegurar la vida, la propiedad y la libertad de sus súbditos frente a abusos de terceros. Se trata con esto de una tarea clásica del Estado, que nunca se ha puesto en duda; cfr. EB. SCHMIDT. *Lehrkommentar*, nota marg. 353; la moderna doctrina procesal acude al sistema de derechos fundamentales, que implica una regulación objetiva de los valores, de los que se infiere una obligación del Estado de protección frente a ataques de terceros. Cfr. en términos generales, aun cuando sus fundamentos y resultados sean dudosos en el caso particular, *BVerfGE* 39,1.

facción de la víctima directamente afectada, sino también cuando se refiera al interés de seguridad de la generalidad y, no en último lugar, a la reinserción del autor en la comunidad jurídica[74].

Mas, aunque este propósito pueda ser tan claro y, como espero, indiscutible, queda sin respuesta la pregunta de si éste puede conseguirse con la planteada "tendencia a la privatización", y qué consecuencias debe tener esto en las máximas del proceso. Aunque en este contexto sólo pueda responderse de forma aproximada a estas cuestiones realmente fundamentales, cabe, al menos, exponer algunas consideraciones a favor y en contra de una "privacidad" reforzada del proceso (B), de una atención más fuerte a los intereses "privados" de la víctima (C), así como de un refuerzo de la "autonomía privada" de los autores en el proceso penal (D).

B. ¿REPLIEGUE DEL PROCESO PENAL DE LA PUBLICIDAD HACIA UNA MAYOR PRIVACIDAD?

Como ya se señaló al apuntar los actuales focos de crisis del proceso penal tradicional, la publicidad es de entre todos la que ofrece mayores dudas.

Ciertamente pueden tenerse en cuenta los derechos generales de la personalidad del acusado, así como los de los testigos y, en especial, los de las víctimas, en tanto que durante el juicio oral resultan afectados intereses dignos de protección relativos al ámbito personal de la vida de las partes procesales; por eso, el Derecho actual trata de evitar tal afección de los derechos de la personalidad mediante la exclusión de la publicidad (cfr. principalmente §§ 171a, 170d, 172 n. 2-4 GVG).

Con ello las partes del proceso quedan protegidas sólo frente a *la publicidad directa del juicio oral* y, con ello, sobre todo durante la recta final del proceso. Porque mediante la exclusión de la publicidad en el juicio oral no se descarta una posible amenaza de la esfera privada e íntima proveniente de una información intensiva emitida por los *medios de comunicación públicos* con carácter previo o posterior al juicio. Igualmente difícil resulta combatir tales

---

74 Por todos, cfr. sobre este particular LENCKNER, en *JuS*, 1983, 340.

amenazas en la esfera privada mediante la existente protección del honor *ex* § 185 StGB, así como también a través de los instrumentos sancionadores civiles, en especial mediante las pretensiones de revocación, rectificación o resarcimiento por lesiones de los derechos generales de la personalidad[75].

Con todo, si se quiere reforzar todavía más la protección de la personalidad frente a agresiones especiales del tipo antes mencionado, la publicidad del proceso puede mostrarse como amenazadora especialmente de los dos modos siguientes.

La carga que para el acusado supone un *proceso público* puede convertirse en un problema. *The process is the punishment*[76] no es sólo una consecuencia inevitable, sino quizá incluso conocida determinación de un fin del proceso penal que, en todo caso, puede llegar a pervertirse, convirtiéndose en una victoria pírrica (del Estado de derecho) cuando el reproche social derivado de un juicio público no sea para nada proporcionado con la insignificancia del hecho ilícitamente cometido por el acusado. Por eso, no en último término, ha devenido tan exitoso el procedimiento de mandato penal (*Strafbefehl*) no público[77], en sentido similar a la enmienda sobre un proceso penal con un juicio oral no público propuesta por los "profesores alternativos" para el caso de que el acusado confiese en lo esencial y convenga con el resultado de la instrucción, motivado, no en último término, por las preocupaciones del Estado social de derecho con relación al acusado[78].

Pero, aunque resulte fácil de comprender tal retroceso del proceso penal desde la publicidad durante el juicio oral hacia la privacidad en la sede del juez, tales afanes han sido acotados en consideración a otros fines del proceso.

---

75 Cfr. este respecto RICKER, en *NJW* 1990, 2097; MAUZ. Ob. cit., en especial pp. 227 y ss.; BURGSTALLER. *Der einfluß der Medien auf das Strafverfahren*, 1990, en particular p. 59.

76 Así el título de una obra de FEELEY, 1979.

77 Cfr. MEYER-GOSSNER, en *KK StPO*, antes del § 407, nota marg. 3; DAHS. *Handbuch des Strafverteidigers*, 5.ª ed., 1983, nota marg. 95.

78 Cfr. el proyecto alternativo: Ley Complementaria al Código Penal –proceso penal sin juicio oral, editado por un grupo de trabajo de profesores de derecho penal alemán y suizo (*Arbeitskreis AE*), 1980, en especial pp. 6 y s. Cfr. también para la reforma del proceso penal español el documento de SCHÜNEMANN, en *Gutachten*, cit., p. 153.

Porque, ¿no puede desearse incluso socialmente, desde el punto de vista de la prevención general, que el proceso ejerza cierta eficacia de "reproche social"? ¿O no constituye la pena un cierto grado de estigmatización característico cuando se quiere poner de manifiesto una cierta censura ética-social? Esta relación de tensión entre los fines y las máximas del proceso resulta especialmente clara cuando –por ejemplo, en los casos de fraude fiscal cometidos por los que colaboran con partidos políticos o de infracciones contra las normas de control del comercio exterior o del armamento bélico–, por un lado, con objeto de reestablecer la confianza en el ordenamiento jurídico, subsista un elevado interés público en mostrar a todo el mundo la inadecuación social de tal comportamiento, y, por otro lado, haya de conseguirse, sin embargo, esta finalidad de integración preventiva precisamente mediante la revelación de ámbitos de la esfera privada y profesional que, por lo demás, gozan de una protección especial.

Este conflicto puede todavía agravarse por la concurrencia de otro factor adicional: la emisión de informaciones y de la *condena previa en público*, sobre todo si el acusado finalmente resulta absuelto. Aun cuando el Tribunal Constitucional Federal haya concedido el derecho de resocialización a un sujeto condenado por resolución firme[79], esto debería valer tanto más para quien todavía no ha sido condenado. Pero, hasta la fecha, el proceso penal apenas da una respuesta justa a ello. La propia presunción de inocencia puede ayudar poco a este respecto, en tanto en cuanto no se ve como deber de este principio clarificar las dudas existentes, de modo que quede probada la inocencia del acusado[80]. Si se deben evitar perjuicios tan irreparables que podrían producirse durante el juicio oral tanto para el acusado finalmente absuelto como, posiblemente en una medida excesiva, también para el acusado condenado, así como, no en último término, para la víctima, obligada a revelar sus circuns-

---

79 *BVerfGE* 35, 202, 235.
80 Cfr. BGHst 7, 153 y 154; FROWEIN, en *Festschrift für Hans Huber*, 1981, pp. 553 y 560; SCHUBARTH. *Zur Tragweite des Grundsatzes der Unchuldsvermutung*, 1978, p. 26; ROXIN, ARTZ y TIEDEMANN. *Einführung in das Strafrecht und Strafprozeßrecht*, 2.ª ed., 1988, p. 131; SCHÄFER, en LÖWE y ROSENBERG. Ob. cit., introd. al cap. 13, nota marg. 57.

tancias, parecen ineludibles las correcciones legales mediante la ocultación de determinados datos, como, por ejemplo, la identidad de testigos, o en caso de peligro de serios perjuicios en los negocios para el acusado.

Pero, frente a estos comprensibles esfuerzos, cabe apuntar de nuevo algunas ideas desde otra perspectiva: si desaparece la función de control que desempeña el principio de publicidad, el derecho del acusado a un proceso justo debería asegurarse de otra manera. Si se quiere mejorar la protección de testigos, a lo que se aspira desde el Gobierno Federal en virtud de un acuerdo de coalición[81], esto acarrearía las mismas dificultades que desde hace tiempo se conocen bajo el término de *V-Mann Problematik* (problemática del confidente)[82]. Teniendo en cuenta todas estas preguntas sin respuesta, cabe afirmar que una "privatización" mayor del proceso constituiría un paso precipitado, cuando no incluso un error.

C. ¿REFUERZO DE LAS CONSIDERACIONES SOBRE
LOS INTERESES "PRIVADOS" DE LA VÍCTIMA?

Pese al justificado escepticismo frente a los deseos de privatización en el sentido antes referido, sería igualmente desconsiderado rechazar por este motivo todo incremento de lo privado apreciado en la fijación de los fines del proceso penal. Porque estas tendencias tienen en todo caso valor como apoyo, allí donde el proceso penal ha ido, por su parte, demasiado lejos en su "proceso de hacerse público" y en donde, por ende, podría necesitar un correctivo. En concreto, esto resulta aplicable para los intereses de las víctimas que –salvo en el ámbito de la acción civil y de la acción accesoria– prácticamente han sido preteridos en el proceso penal.

---

81 Apartado IV.19 del acuerdo de coalición para el duodécimo periodo de la legislatura del Parlamento alemán, al que se llegó el día 16 de diciembre de 1991; cfr. también el "Proyecto de Ley para la lucha contra el delito de drogas y otros aspectos de la criminalidad organizada (*OrgKG*)" del 25 de julio de 1991 (BT-Drucks. 12/899).

82 Sobre las limitadas posibilidades de defensa, que trajeron como consecuencia la aprobación de la Ley de Protección de las Víctimas de 1986, cfr. SCHÜNEMANN, en *NStZ* 1986, 193; KEMPF, en *StV* 1987, 215.

Esto se debería haber reclamado en realidad desde hace tiempo por motivos constitucionales; porque cuando, y en tanto en cuanto se trate de bienes jurídicos penales, éstos –como cuerpo, vida, libertad, patrimonio u honor– están al mismo tiempo garantizados constitucionalmente o, en todo caso, han de ser entendidos como parte del orden objetivo de valores constitucional, y por tanto han de tenerse debidamente en cuenta en cada ejercicio del poder público y, de este modo, también en el curso de la justicia penal[83]. Aparte de esto, la consecución de la paz jurídica, que no presupone al final la satisfacción de los intereses de la víctima, es un momento esencial del Estado de derecho[84]. Ahora bien, en verdad la idea de una compensación a la víctima no era de ningún modo ajena al proceso tradicional, ya que desde 1943 existía el proceso de adhesión, introducido conforme el modelo austriaco, dirigido a la indemnización de los perjudicados (§§ 403 a 406c StPO)[85]. Pero independientemente de que en la práctica este procedimiento de indemnización vinculado al proceso penal no se pudiera llevar a cabo[86] y de que difícilmente se espera un grado de eficiencia mayor[87] de la Ley de 1986, sobre protección de las víctimas, tales modelos de reparación adolecen ya en su concepción básica de un problema más grave, ya que el interés de la víctima se mantiene como una mera "cosa accesoria" –junto a los intereses penales públicos primarios–. Por eso, la víctima únicamente podrá sentir que es tenida en cuenta de forma seria y global cuando, al menos, la satisfacción de los intereses individuales lesionados sean comprendidos y tratados como elementos integrantes de la pretensión penal pública.

Para impulsar esto no se puede, desde luego, ordenar otra cosa que reorientar esencialmente el derecho penal y el proceso penal en lo que se refiere a su finalidad y forma: y así, en el ámbito del derecho penal *material*, habría

---

83 Cfr. sobre este particular también supra III.A, en especial en notas 69 y ss.

84 Riess, en *Jura* 1987, 281 y 284.

85 A este respecto Jescheck, en *JZ* 1958, 591; Scholz, en *JZ* 1972, 725.

86 Schäfer, en Löwe y Rosenberg. Ob. cit., introd. al cap. 5, nota marg. 123; Riess, en *Jura* 1987, 281 y 289; Dahs. Ob. cit., nota mar. 957; Schöch, en *NStZ* 1984, 385 y 389.

87 Cfr. Weigend, en *NJW* 1987, 1176 ; Krey. *Strafverfahrensrecht*, 2.ª ed., 1990, nota marg. 142; también escéptico Schäfer, en Löwe y Rosenberg. Ob. cit., introd. cap. 7, nota marg. 8.

que equiparar la reparación de la víctima a los fines de prevención general y especial; y en el ámbito *procesal* el perjudicado, caso de que tomara parte de forma decisiva sobre el tipo y alcance de su reparación, debiera pasar de ocupar su actual posición accesoria a jugar un auténtico papel principal junto al acusador público. Este creciente poder creador del proceso penal daría naturalmente lugar a su mayor "privatización".

Esta revalorización de la posición del perjudicado es ciertamente difícil de evaluar cuando no se tiene en mente su correspondiente contrapunto –la posición del autor en el proceso penal–.

D. ¿MÁS "AUTONOMÍA" PARA EL ACUSADO?

Lógicamente una revalorización de la víctima no tiene efectos únicamente en el papel del acusador público, sino también en la posición del acusado: ya sea debilitándola de forma correspondiente e incluso manteniéndola así, o revalorizándola, por su parte, de forma correspondiente –con lo cual lo último puede conducir claramente a un mayor debilitamiento de las partes procesales públicas (ministerio fiscal y/o tribunal)–. Por eso, no puede sorprender de ningún modo que la discusión sobre el fortalecimiento de la posición de la víctima venga acompañada de un apasionado debate sobre las posibilidades de intervención del acusado en la tramitación del proceso penal. Ahora bien, sin que se pueda plantear aquí por completo esta problemática sobre los arreglos que ponen fin al proceso penal, y, menos aún, sin que se pretenda resolverla de forma definitiva, trataremos de aclarar la inclusión del acusado en el proceso penal partiendo del principio de la autonomía privada, fijándonos al menos en sus posibles consecuencias en las máximas básicas del proceso.

I. CONSENSO Y PROCESO PENAL

Si se plantea en términos generales la pregunta sobre si el consenso y el proceso penal son en realidad compatibles entre sí, parecería que en un proceso al que, caso de que se demuestre la culpabilidad, se le pone fin con una medida coercitiva, cualquier consenso estaría excluido por definición. Sin embargo, quienes no se dejan influir por los referentes de derecho comparado, en los que no es inusual que el proceso penal se configure como proceso de partes, guiados por la tradición jurídica anglo-americana y, en especial, también por el derecho procesal penal japonés[88], debe disponerse que no tiene por qué excluirse totalmente en el proceso penal el ejercicio de la libre voluntad orientada a llegar a un consenso. Pues el hecho de que con la calificación jurídico-penal le espere un mal al autor no va a restar libre voluntad a su colaboración, si con ello al menos puede evitar un mal mayor o, al menos, puede esperar que esto suceda.

Tampoco se excluye un "consenso penal" ya que supone un pacto de sujetos jurídicos iguales, mientras que la relación entre el Estado y los ciudadanos en que se apoya el enjuiciamiento penal supone un ejemplo claro de subordinación. Porque, desde el momento en que en otras relaciones de subordinación, como las que tienen lugar entre el Estado y los ciudadanos en el ámbito de la administración, ya no puedan excluirse los pactos y acuerdos[89] cabe pensar que estas consideraciones son igualmente aplicables al proceso penal, también perteneciente al campo del derecho público[90]. Así, cuando se enfrenta al resto del derecho público el derecho penal, que se entromete de la forma más duradera en los derechos de los ciudadanos, como "espada de la justicia" con sus medios de coerción y que va acompañada de una crítica ética-

---

88 Cfr. OHNO. *Das Gestädnis als Kernproblem des japanisches Strafprozesses*, SENSHU-HOGAKU-RONSHU 1990, n.° 3, p. 1, 7.

89 Así, por ejemplo, SEIER, en *JZ* 1988, 683 y 684.

90 Durante más de cien años fue característico recurrir al argumento de la subordinación para motivar la inadmisibilidad de los acuerdos públicos de subordinación: cfr. O. MAYER, en *AöR* 3 (1888), p. 3, en especial pp 27 y 42. Entretanto, no sólo se ha superado esta opinión en la doctrina administrativista, sino que este tipo de contratos administrativos se han convertido en ley (cfr. § 54.1 Código de Enjuiciamiento administrativo). Como ya explicó el Tribunal Constitucional en 1966 (*BVerwGE* 23, 213 y 216), la admisibilidad de este tipo de actos consensuados deriva de la aventajada posición del Estado que, con el interés de encontrar soluciones justas, principalmente a través de la cercanía a los ciudadanos, ha autorizado a negociar en materia de relaciones de igualdad. Por eso el Estado debería estar habilitado para acoger estas formas de actuación cooperativas en el ámbito de su actuación soberana, cuando con ellas no se perjudique la consecución de los fines que persiguen las medidas.

social, que resulta ajena a otros medios de coerción jurídico-públicos, no es evidente la razón por la que se entiende que la posición del acusado, sin duda, especialmente amenazada y tanto más protegida, puede empeorar mediante su intervención en la toma de decisiones. Siempre que resulte esencial para el enjuiciamiento penal, tampoco se suprimirá el juicio de desvalor ético-social, por la mera participación del acusado. Por consiguiente, por parte del Estado no podría en ningún caso excluirse a priori la intervención del acusado en el proceso penal.

Con todo, pese a la compatibilidad conceptual del consenso y el proceso penal, no deben, sin embargo, desconocerse de ningún modo conflictos inmanentes que traen causa de situaciones de desigualdad: por un lado, el Estado punitivo debe tener en su poder una amplia e ilimitada potestad punitiva para poder castigar al acusado en caso de que fuere necesario; por otro lado, existe un acuerdo con cesiones mutuas, al que el Estado debe al menos en parte poder forzar con el ejercicio de su potencial potestad punitiva. Debido a esto, resultan en todo caso tocados tangencialmente el principio de legalidad y el de oficialidad.

2. BARRERAS CONSTITUCIONALES A LA LIMITACIÓN DE LAS MÁXIMAS DEL PROCESO

Mas, aun cuando la justicia penal esté dispuesta a renunciar al empleo de su fuerza y a la aplicación de determinadas máximas procesales, se mantiene la pregunta de hasta qué punto las fórmulas consensuales son válidas desde el punto de vista constitucional. En particular, pueden establecerse barreras en dos sentidos: por un lado, las de las máximas del proceso que sirven en cierto modo para proteger al acusado frente a lesiones importantes; por otro, a aquéllas que han de asegurar intereses sociales de carácter público.

Por último, puede oponerse a cargar al acusado con transacciones el hecho de que a través de ellas se pongan en peligro los fines del proceso penal. Esto es especialmente relevante si se atiende a la importante *función de paz jurídica* que desempeña el derecho penal, que se ocupa realmente menos de la "paz" entre el Estado y el acusado y más de la relación entre el Estado y el resto de la sociedad y, en especial, la víctima: esta función habrá fracasado cuando, debido a una excesiva práctica flexible o voluntaria de acuerdos, el Estado perdiera el poder punitivo –o, al menos, diera esa impresión de cara al público–.

Yendo un poco más lejos, también pueden plantearse cuestiones críticas desde el punto de vista del *imperativo de igualdad de trato* como elemento del orden de valores constitucionales –es decir, no sólo respecto a la decisión de hasta qué punto debe ser preferido el acusado dispuesto a conformarse frente al acusado que quiere hacer valer sus derechos procesales, sino a que también ha de plantearse la cuestión sobre la licitud de una preferencia fáctica de determinados grupos de acusados hacia una sentencia consentida.

Por último, puede plantearse la cuestión de los límites a los acuerdos tanto en perjuicio como en beneficio del acusado desde el punto de vista del principio fundamental de *reserva de ley* (art. 20.3 GG), que naturalmente también rige para los tribunales penales. En primer lugar, en el sentido de que no se puede renunciar a medidas legales necesarias ni se pueden ordenar las que están prohibidas; y, además, en el sentido que el acusado no puede renunciar arbitrariamente a los derechos procesales garantizados constitucionalmente que le corresponden –como su derecho de audiencia (art. 103.1 GG)– sino sólo bajo la salvaguarda de una esencial restricción para una renuncia de sus derechos constitucionales[91]. Lo que esto puede significar en particular, será a continuación aclarado en relación a algunas máximas del proceso afectadas por los acuerdos.

3. EL PRINCIPIO DE LEGALIDAD Y LA FUNCIÓN DE PAZ JURÍDICA

El deber de persecución del ministerio fiscal[92], derivado del mandato del Estado de derecho, no sólo ha perdido ciertamente su fundamento original iusfilosófico, sino que, entre tanto, también ha experimentado numerosas quiebras[93], de modo que no cabría descartar alguna otra excepción[94]. Sin

---

91 Cfr. con más detalle ROBBERS, en *JuS* 1985, 925.
92 Cfr. *BVerfG NStZ* 1982, 430.
93 Sobre esta cuestión supra I.B.2.
94 Por esta razón nada se opone a que la práctica actual en materia de acuerdos, que opera

embargo, han de cubrirse lo antes posible dichas lagunas, que han provocado un vacío en la persecución penal debido a las excesivas o arbitrarias concesiones a la policía o al ministerio fiscal y que, en consecuencia, han desvirtuado la función de paz jurídica ejercida por el Estado de derecho. Y cabe sospechar que eso pudiera conducir a la, de hecho o potencial, frustración de la víctima debido a la lesión de los bienes jurídicos individuales, desde el momento en que los órganos de persecución penal dan un trato liberal a la pretensión penal, porque la "obligación de garantía de la justicia" atribuida al Estado, y para ello su correlativo monopolio estatal, habrían perdido su legitimidad interna[95]. Por el contrario, no habría que temer este peligro cuando se hiciera posible una reparación de la víctima, que permitiera la introducción de un "procedimiento de reparación"[96].

Desde luego, la función de tutela de la paz jurídica que desempeña el principio de legalidad no sólo puede quedar vacía de contenido a través de una *excesiva* renuncia a la persecución, sino también a través de una *desigual* renuncia a la misma, sin que esto pueda ser impedido mediante los derechos procesales de restitución de la víctima, porque éstos pueden tener, aunque de distinta forma, una gran disposición o fuerza para la aplicación de la persecución. Por eso, no sin razón, hace tiempo que el Tribunal Federal ha llamado la atención sobre el progresivo vacío experimentado por el principio de legalidad a través de la discrecionalidad de los acusadores públicos: esto rompe con la unidad en la aplicación del derecho, elimina la igualdad ante la ley y frena el curso legal de la persecución penal[97]. Yendo un poco más allá, se piensa que la decisión del ministerio fiscal sobre el archivo del proceso o sobre el ejercicio de la acción únicamente constituye uno de los muchos escalones dentro de un

---

conforme a una interpretación generosa de los §§ 153a y 154.1 n.º 2 StPO, se funde en una –de todos modos bien necesaria– base legal; cfr. SCHÜNEMANN, en *Gutachten*, cit., pp. 90 y ss.

95 Cfr. GÖSSEL, en *Festschrift für Dünnebier*, 1982, pp. 121 y 128, en referencia a HENKEL. *Strafverfahrensrecht*, 2.ª ed., 1968, p. 15, y EB. SCHMIDT. *Lehrkommentar*, nota marg. 5, 6.

96 Como ya fue anticipado públicamente en el modelo de SCHÖCH, en *NStZ* 1984, pp. 390 y s., y seguido por el círculo de trabajo del borrador alternativo.

97 *BGHSt* 15, 155 y 159. Cfr. también ULRICH, en *ZRP* 1982, 169.

proceso de selección, en el que hay que tener en cuenta las fases preprocesales de carácter policial y posteriormente judicial que gozan respectivamente de espacios de arbitrariedad[98], por lo que la igualdad en la persecución penal se muestra como un problema general poco susceptible de ser sometido a un tratamiento uniforme.

Teniendo en cuenta este malestar, que ya se atisba sutilmente mediante las limitaciones descubiertas al principio de legalidad, resulta interesante saber cómo se las arreglan en realidad los países que no conocen el principio de legalidad y que, en su lugar, actúan bajo los dictados del principio de oportunidad: de forma ilimitada opera el principio de oportunidad en Estados Unidos, en Gran Bretaña y en Holanda, y, en particular, también en Japón, y además en Francia, al menos por lo que se refiere a la decisión de si las autoridades actúan o no penalmente[99]. De hecho, en estos países el problema de la seguridad se entiende como un ejercicio de ponderación de intereses[100], con lo cual se intenta conseguir un control, o sea, una limitación del margen del ejercicio del número de archivos de causas penales de la administración de justicia sobre la base de una mejor información y coordinación de las autoridades de persecución penal[101]. A ello atendía la asamblea de los fiscales generales, así como sus instrucciones y líneas directrices para sus subordinados, en tanto que un control judicial sólo sería eficaz en contadas ocasiones[102].

---

98 KERNER, en *Kriminologische Gegenwartsfragen* 12 (1976), pp. 137 y 146.
99 Cfr. los informes estatales sobre Estados Unidos, Gran Bretaña, Holanda y Francia en JESCHECK y LEIBINGER (coord.) *Funktion und Tätigkeit der Anklagebehörde im ausländischen Recht*, 1979; sobre Japón cfr. KÜHNE, en *ZStW* 85 (1973), pp. 1079, 1086 y ss.
100 Cfr. LEIBINGER, en JESCHECK y LEIBINGER. Ob. cit., pp. 681 y 700.
101 Cfr. sobre Holanda SCHAFFMEISTER, ibíd., pp. 83 y 144; sobre Gran Bretaña, HUBER. Ob. cit., pp. 545 y 569.
102 Precisamente en Holanda se ha aceptado un compromiso de las autoridades con la teoría de la arbitrariedad, desarrollada en el derecho administrativo, o se ha considerado posible un control judicial para los casos en que se produzca un atentado contra la interdicción de la arbitrariedad o bien contra la prohibición de discriminación (cfr. sobre Estados Unidos, WEIGEND. Ob. cit., pp. 587 y 611; además, sobre Gran Bretaña, cfr. HUBER. Ob. cit., pp. 545 y 570). En lo que resulta visible, esta forma de control no parece, sin embargo, que haya adquirido hasta el momento proporciones notables.

Ahora bien, en suma, parece que los posibles falsos desarrollos del principio de oportunidad son paliados en menor medida mediante un control arbitrario de carácter formal y, en mayor medida, a través de otros mecanismos legales o de naturaleza político-social: así, el propio perjudicado puede en Francia hacer valer su pretensión civil mediante el ejercicio de la *action civile* ante los tribunales penales y con ello promover la *action publique*, es decir, la acción penal, y de ese modo forzar el ejercicio de la acción penal si el ministerio fiscal hubiere renunciado a la acusación[103]. En Estados Unidos se garantiza un celo suficiente para el ministerio fiscal, puesto que es elegido por el pueblo en su puesto, y por esta razón debe hacer un buen papel[104]. En Gran Bretaña resulta manifiesta tradicionalmente una elevada confianza en el trabajo de la policía y, de hecho, en ella recae el peso como principal órgano de acusación[105]. En Japón, finalmente, la cifra extremadamente baja de delitos[106] y la cultura y la mentalidad japonesa[107] podrían explicar porqué la sociedad puede vivir con una cuota de archivos del 5% de las causas penales, incluso en casos de homicidio imprudente[108].

También se piensa entre nosotros que si se debe socavar todavía más el principio de legalidad, no debe hacerse sin que previamente se hayan arbitrado mecanismos de compensación para una defensa proporcionada de la función de paz jurídica[109].

---

103 Grebing, en Jescheck y Leibinger. Ob. cit., pp. 13 y 49; Stefani, Levasseur y Bouloc. *Procédure pénale*, 12.ª ed., 1984, nota 184.

104 Weigend, en Jescheck y Leibinger. Ob. cit., pp. 587 y 592.

105 Con lo cual, junto al ausente monopolio estatal de la acusación, ha de atenderse a un complicado sistema de distribución de competencias entre el servicio encargado en la policía de la ejecución, los policías (a cuya cabeza está el *Chief Constable*), el director del ministerio fiscal a la orden del fiscal general (*General Attorney*), que es responsable, por su parte, ante el Parlamento (y desde 1985 también el CPS) y, finalmente, la *Home Office*; cfr. Huber, en Jescheck y Leibinger. Ob. cit., pp. 545 y 570.

106 Según Ohno, en Senshu, Hogaku y Ronshu. Ob. cit., n.º 3, pp. 1, 4 y 14.

107 Cfr. Kühne, en *ZStW* 85 (1973), pp. 1079 y 1099.

108 Ohno. Ob. cit., n.º 3, pp. 1 y 2.

109 Así también Zipf, en Ministerium für Justiz, Bundes- und Europaangelegenheiten (coord.). *Ist das Legalitätsprinzip noch Zeitgemäß?*, 1990, pp. 29 y 50.

4. LA MÁXIMA DE INVESTIGACIÓN DE OFICIO Y LA CONFESIÓN

Conforme a la máxima de investigación de oficio orientada a la búsqueda de la verdad material, el tribunal tiene la obligación de ofrecer una explicación completa de los hechos, sin que en el ámbito de la acusación dependa de que las partes soliciten más pruebas o sin que éstas estén limitadas[110]. A diferencia del proceso civil, el juez penal no queda vinculado en una determinada dirección simplemente por la confesión del acusado (aunque eso le evitara una investigación adicional). Por otro lado, es evidente que no tendría sentido que hubiera que probar laboriosamente la veracidad de una confesión creíble o que hubiere de despreciarse la confesión en caso de que hubiera que absolverle por falta de pruebas. Frente a esto, los defensores apasionados de la máxima de investigación de oficio han procurado siempre justificar la posibilidad de tener en cuenta la confesión[111].

En este sentido, hasta hoy la jurisprudencia también cuida de *no* contentarse con la mera confesión allí donde se aprecia esa falsedad o –dicho a la inversa– donde, tras hacer una valoración crítica de la confesión, quedan dudas sobre su veracidad[112]. Consecuentemente, los participantes en las LVIII

---

110 Cfr. en particular Roxin. Ob. cit., pp. 76 y ss.; Schäfer, en Löwe y Rosenberg. *StPO*, introd. al cap. 13, rdn. 45.

111 Postura típica a favor es la de Heinze, en *GA* 24 (1876), p. 265, cuando, por un lado, estableció que una confesión tiene "valor únicamente en tanto en cuanto el acusado esté capacitado y, al mismo tiempo, dispuesto a decir la verdad" (ibíd., p. 290), mientras que, por otro lado, ofrecía un indicio de credibilidad a favor del interés del acusado: "la declaración, que vaya en contra del interés del acusado tiene derecho a ser creída, precisamente porque una discrepancia entre lo que el que manifiesta da por cierto y lo que hace pasar por cierto sólo será pensable cuando el intérprete cree necesario el descubrimiento de la verdad. Si la manifestación de la verdad se opone a sus intereses, es fundada la sospecha de que el poder de la verdad se ha alzado con el triunfo sobre otros intereses opuestos" (ibíd., p. 294).

112 Expuesto con la mayor claridad en la resolución correspondiente a las LVIII Jornadas de Juristas Alemanes, en *NJW* 1990, 2991 y 2992 (Beschlüsse B. II, 7, 9). Según Herdegen, en *KK*, *StPO*, § 244, nota marg. 1, 20, y Gollwitzer, en Löwe y Rosenberg. *StPO*, §

Jornadas de Juristas Alemanes abogaban unánimemente para que no debiera existir ninguna duda razonable sobre la culpabilidad del acusado, incluso en los casos en que existiera un previo acuerdo. Aun con esta reserva –en particular que una confesión no deba *per se* ser tenida en cuenta para el veredicto de culpabilidad, sino únicamente ante la falta de "duda razonable"–, es manifiesto que la medida de apreciación de la duda razonable sobre la culpabilidad del acusado ha de ser distinta según si él lo niega o si se declara culpable[113]. Siendo esto así, cabría plantearse a fondo si no tendrá verdaderamente sentido que la máxima de investigación de oficio fuera concebida como un derecho fundamental del acusado de carácter renunciable. Las consecuencias no serían particularmente dramáticas ni para él ni para otras partes del proceso.

Con la disposición sobre la máxima de investigación de oficio no se le negaría al *acusado* ninguna protección, puesto que él podría reactivar en cualquier momento el amparo del proceso que a él le compete mediante la negación de hecho que se le imputa. Incluso en caso de una confesión falsa, no quedaría sin protección o peor de como hoy está situado; porque, con apoyo en la obligación de asistencia del tribunal que sigue en pie, en caso de una confesión vacilante o incluso increíble, habría una mayor obligación de aclaración respecto al acusado[114].

Tampoco afectaría en nada al *Estado*, que debe interesarse durante la instrucción por la verdad material, para, por un lado, no dejar al culpable sin

---

244, nota marg. 68, basta una declaración creíble para condenar sin llevar a cabo ulteriores búsquedas de pruebas. También la controversia mantenida entre Schmidt-Hieber (*Die Verständigung im Strafverfahren*, 1986, p. 83) y Schünemann (en *Gutachten*, cit., p. 81, nota 207) en relación con la valoración de las declaraciones en la práctica de acuerdos, les debió llevar únicamente a formulaciones distintas, mientras que sobre el asunto ambos pensaban lo mismo, en el sentido de que una confesión vacilante y, en lo demás, increíble (como, por ejemplo, la confesión llamada "débil") no tiene ningún significado, mientras que, de otro lado, el "crítico examen" de una confesión no significa que el tribunal quede obligado por una contundente y creíble confesión a verificar su contenido mediante la obtención de pruebas.

113   Cfr. *NJW* 1990, 2991, 1992 (Beschluß B. II.9.1 a) (votación: 128: 1: 2).

114   Schäffer, en Löwe y Rosenberg. *StPO*, introd. al cap. 6, notas margs. 23 y ss., con numerosos apoyos en nota 47.

castigo ni, por otro, castigar al inocente; porque la obligación del tribunal de conocer la verdad no cesaría como tal, sino que, antes bien, se le reconocería únicamente al acusado la posibilidad de renunciar a nuevas investigaciones en su perjuicio, sin que con ello se viese afectado el derecho a investigar del tribunal. Por eso la renuncia a la máxima de investigación de oficio por el acusado no debe en ningún modo equipararse a la introducción del principio dispositivo (del proceso civil), en el sentido de que el tribunal quede vinculado por la confesión del acusado o por el informe concordante de acusadores y acusados.

Tampoco resultaría afectada en lo fundamental la *víctima* mediante la renuncia a la máxima de investigación de oficio. Porque hasta ahora los tribunales civiles deben decidir de forma independiente hasta qué punto las confesiones les resultarían suficientes para basar su sentencia[115].

Mas, aun cuando mediante la renuncia a la máxima de investigación de oficio no resulte amenazada la paz jurídica ni del lado del acusado ni de la sociedad, no quedan, sin embargo, despejadas todas las dudas sobre la viabilidad de este camino. Porque, ¿bajo qué presupuestos y dentro de qué límites debe ser posible? Con ello se responde al mismo tiempo a un problema esencial y general.

5. LA POSIBILIDAD DE RENUNCIAR A LAS MÁXIMAS DEL PROCESO

Esta cuestión presenta dos caras: una de naturaleza normativa –dirigida principalmente a analizar la licitud de la renuncia a los derechos fundamentales– y otra de carácter empírico –ordenada al examen de la posibilidad de determinar sus presupuestos de admisibilidad–.

Por lo que se refiere a la faceta normativa de la posibilidad de que el acusado renuncie a la máxima de investigación de oficio, lo que realmente re-

---

115 Ninguna vinculación de los tribunales civiles respecto de las declaraciones de las sentencias penales; así en una sentencia de casación civil BGH *NJW* 1983, 230; en todo caso existe la posibilidad de suspender el proceso civil si concurren los presupuestos de los §§ 148 y 149 ZPO.

sulta problemático es la cuestión de los acuerdos en el proceso penal. Porque, mientras que en los asuntos penales "normales" una confesión "sincera" es más fácil de reconocer como tal, cabe tener la leve sospecha de que en situaciones típicas de conciliación penal –como, por ejemplo, en una confesión respecto de un determinado delito de fraude fiscal como contraprestación por el archivo de un proceso a causa de otro delito– la confesión puede no haber sido completa o puede haberse llevado a cabo bajo una considerable coacción.

Se piensa que, por un lado, con una confesión (autoinculpatoria) del acusado no sólo se afecta a su libertad de intervención en el proceso amparada en el § 136a StPO, sino también a los principios de la culpabilidad material y, de otra parte, mediante una confesión insensata se menoscaban los principios fundamentales de verdad y justicia, lo que demuestra que la renuncia a los principios del proceso, si es que se lleva a cabo, no es admisible en ningún caso sin adoptar determinas cautelas. Esto vale también, y quizá con mayor razón, cuando y en tanto las máximas del proceso tengan naturaleza constitucional. Sin querer atribuirme como penalista una competencia propia sobre la problemática planteada en torno a la admisibilidad de la renuncia a los derechos fundamentales, puede establecerse a continuación lo siguiente, teniendo en cuenta la jurisprudencia y la doctrina relativa a este punto: mientras que la doctrina mayoritaria se muestra muy restrictiva respecto a la renuncia a los derechos fundamentales[116], el Tribunal Constitucional ha evitado hasta ahora hacer una clara manifestación a este respecto[117]. Con todo, también resuenan en la doctrina otras voces para las cuales una renuncia a los derechos fundamentales no resulta en cualquier caso en principio –si bien en todo caso bajo determinadas excepciones– ineficaz[118].

---

116 Cfr. Pieroth y Schlink. *Staatsrecht II - Grundrechte*, 6.ª ed., 1990, notas margs. 163 y ss.
117 En verdad, ahí es donde se le ofrecía la posibilidad de una toma de posición; así, por ejemplo, a propósito de la inconstitucionalidad de un proceso de adhesión en el ámbito del proceso administrativo, únicamente estaba fundado en el "monopolio judicial" del § 92 GG (*BVerfGE* 22, 49), además con motivo de la desestimación de un recurso de amparo constitucional planteado ante la negativa al empleo del llamado "detector de mentiras" en el proceso penal, por violar el derecho de la personalidad del afectado, amparado por la Ley Fundamental, y por no ser digno de consideración siquiera su consentimiento con este procedimiento, dado que de hecho no fue voluntario.

Como ejemplo de dichas reservas y en relación con esto, pueden tenerse en cuenta los dos aspectos siguientes: por un lado, el interés estatal superior en la capacidad de actuación de la justicia penal y, por otro, el interés del acusado en que se preserve el ejercicio de su libre voluntad. Pues bien, en todo caso la primera no debería ser amenazada en la medida en que, incluso en el caso de una confesión del acusado, no se impiden ulteriores investigaciones por parte del tribunal y, para ello, el proceso penal alemán ha dejado con mucho más espacio para la consecución de la verdad y la justicia en el proceso penal que en el caso del *guilty plea* de origen anglo-americano, frente al que, por el contrario, no puede formularse públicamente ninguna objeción esencial[119]. También la existencia del procedimiento de mandato penal, que hasta el momento ha sido capaz de resistir todos los ataques[120] –incluso desde el punto

---

118 Cfr. la visión panorámica y la justificación ofrecida por ROBBERS, en *JuS* 1985, p. 925.

119 Cfr. la justificación ofrecida por SCHÜNEMANN, en *Gutachten*, cit., p. 104. En relación con esto puede también resultar de interés saber que la Comisión Europea de Derechos Humanos (en una decisión del 23 de marzo de 1972, n.° 5076/71) desestimó por manifiestamente infundada la pretensión de un nacional británico, que se sintió condenado injustamente por un *guilty plea* en su opinión llevado a cabo de forma ilícita, y en este sentido la Comisión estableció que, en consideración a las normas a las que está sujeta la finalización del *guilty plea*, así como a los dispositivos de seguridad previstos para evitar un posible abuso, no se había producido infracción alguna del artículo 6.2 CEDH (presunción de inocencia), para lo que la Comisión partió básicamente de la disponibilidad de la presunción de inocencia inmanente al sistema en el derecho británico. De aquí también parece que procede la posibilidad que existe en Suiza de que en algunos cantones se pueda comenzar la ejecución antes de la condena del sujeto, a modo de una "ejecución provisional".

120 Así el Tribunal Constitucional, que ha tenido ya más oportunidades de pronunciarse sobre la constitucionalidad del proceso penal (*BVerfGEn* 3, 248; 65, 377), ha afirmado hasta ahora que el procedimiento de mandato penal (*Strafbefehlverfahren*) [nota del trad.: se trata de un procedimiento similar al monitorio, pero en el orden penal, con el que se intenta obviar la celebración del juicio oral, de modo que las consecuencias jurídicas del delito se plasman en un escrito (denominado *Strafbefehl*) emitido por el tribunal a instancia del fiscal] resulta inofensivo respecto de las posibilidades de impugnación y que no se echa en él nada en falta dentro del marco del sistema procesal penal alemán (*BVerfGE* 3, 248 y 253).

de vista de la presunción de inocencia–, sirve como justificante, ya que no se aprecia que ponga públicamente en duda la aptitud de la administración de justicia el que en un proceso sumario salga a la luz sólo parte de la verdad y con independencia de que en un caso concreto el peso recaiga sobre una u otra parte.

Seriamente problemática resulta la renuncia a las máximas del proceso por el acusado, en primer lugar y ante todo por lo que se refiere a los presupuestos y a la declaración de voluntad de su renuncia. La pregunta es muy difícil de contestar tanto desde la perspectiva normativa como empírica, porque nunca puede comprenderse la voluntad como categoría absoluta, sino siempre relativa, en función de la influencia de las consecuencias de las propias opciones de actuación. Así será difícil poder partir de un concepto unitario de entre las distintas nociones jurídico-penales de voluntad –como las empleadas en la renuncia, en la delimitación del delito de fraude y hurto o de extorsión o de robo, o como en la eliminación de la imputabilidad objetiva a causa de haberse expuesto a un riesgo de forma voluntaria–. Es más, la definición tenderá hacia puntos de vista valorativos, a través de los cuales la presión motivadora, que excluye la voluntad de una decisión, no depende al fin y al cabo de las expectativas normativas depositadas por la sociedad en el sujeto jurídico. Parece haberse llegado a este grado de presión en relación con el aquí contemplado "acuerdo jurídico-penal", allí donde la presión de un castigo más severo e importante infligido tras la celebración de un proceso penal "contencioso" ("látigo") está unido a la oferta de acuerdo favorable lanzada por el Estado ("pastel").

Constituiría una empresa arriesgada, difícil de equilibrar, el hecho de encontrar en la práctica los límites adecuados. De un lado, el Estado punitivo debe ofrecer "rebajas penales", para dar incentivos para renunciar a las oportunidades procesales; cuanto más privilegios se eliminen, más eficientes resultarán los modos de concluir el proceso mediante transacción. Si bien, por otro lado, si se conceden demasiados privilegios, no sólo quedará amenazada la función del proceso penal como instrumento al servicio de la paz jurídica, sino que también se correría el riesgo de que un acusado culpable pero experto en derecho pudiera sacar ventaja del Estado, o incluso que el acusado inocente prefiriera por precaución una condena segura más suave que una posible más severa[121]. Por eso recientemente el ejercicio de la libre

voluntad por el acusado únicamente se acepta en tanto que se entienda que
él ha ejercido la presión motivadora respecto de la rebaja ofrecida –por lo
cual esto no depende ni de probabilidad de una condena, de un lado, ni de la
medida esperada, de otro–.

Mas, por si no fuera bastante con el problema de ponderación (de intereses), el equilibrio presenta un riesgo específico con ocasión del acuerdo
penal, ya que el juez somete la propuesta de acuerdo no como un sujeto
"neutral", con la que ambas partes pueden o no estar de acuerdo, sino como
aquél que además tiene en su mano, a través de su descripción del estado de
la cuestión litigiosa, el poder de manipular de forma más o menos consciente
ante los ojos del acusado la magnitud de la "inversión" (*en forma de confesión*)
y de su correspondiente "rendimiento" (mediante el abono de la rebaja de la
pena), así como del dictamen sobre las posibilidades de éxito. Quizá puede
salvarse este peligro mediante la separación del "tribunal penal para llegar a
acuerdos" y el verdadero "tribunal penal". Pero, con total independencia de
si se llevan a cabo estas reformas en la organización de los tribunales, debería
tomarse una decisión previa de arreglo, basándose en la existencia de algún
elemento indiciario.

6. IGUALDAD DE TRATO Y FUNCIÓN DE PAZ JURÍDICA

El peligro de discriminación que ya abordamos en relación con el principio
de oportunidad y que ahora también ha aparecido en relación con la práctica
de acuerdos, resulta problemático también en otro sentido. Ya en una mirada
superficial a los supuestos de acuerdos resulta evidente que el delincuente que
procede de forma sofisticada, que emplea las técnicas modernas o los enlaces

---

121 Que tales ideas que han sido expuestas hasta la saciedad, especialmente en la jurisprudencia (cfr. SCHÜNEMANN, en *Gutachten*, cit., pp. 36 y 151; SEIER, en *JZ* 1988, 683), no
son infundadas, lo demuestra un vistazo a Estados Unidos, en donde la práctica del *plea
bargaining* y del *guilty plea* ha dado lugar a que la cantidad de penas conminadas bajo
circunstancias en casos de procesos contenciosos no guarde ninguna relación con la
culpabilidad del hecho (cfr. alguno de los supuestos referidos por SCHÜNEMANN. Ob. cit.,
p. 37, nota 65) y, por consiguiente, prácticamente se impone la opción del *guilty plea*.

económicos y que, con ello, oculta mejor su actuación, puede beneficiarse de los acuerdos o forzarlos directamente (por la fuerza), mientras que el criminal "sencillo", respecto de quien es fácil probar su culpabilidad, difícilmente llegará a disfrutar de tales privilegios. Por eso, dado que el "delincuente de alto nivel económico", situado de todos modos en una mejor posición, puede una vez más sacar provecho de la posibilidad de los acuerdos, no resulta ni mucho menos incomprensible lanzar un reproche subliminal de "justicia de clases". Con ello resulta de nuevo amenazada la función de paz jurídica y, de este modo, se consigue directamente lo contrario de lo que debería alcanzarse con los acuerdos: porque si logra encontrarse de nuevo su legitimidad, en el sentido de que un consenso rápido y de común acuerdo sirve mejor a la paz jurídica que un posible tedioso proceso, entonces se tendrá infinitamente más cuidado que antes para que la práctica de acuerdos no funcione respecto de la "justicia de clases" como un peligroso bumerán[122].

CONSIDERACIÓN Y PANORÁMICA FINAL

Sin haber podido tratar aquí todos los posibles desfases respecto de la función de las máximas del proceso, cabe hacer quizá una consideración sobre las tendencias existentes.

Así, aunque las máximas del proceso penal han conservado su vieja denominación, su función ha variado con más o menos fuerza. Esto es debido a que su fundamentación iusfilosófica original –como, por ejemplo, respecto del principio de legalidad– ha desaparecido; y, por otra parte, a que –como ocurre con el principio de oficialidad– se ha reforzado la regulación constitucional.

Mientras que de tales reorientaciones fundamentales se han extraído desde hace tiempo consecuencias en otros campos –de todos destaca la doctrina del fin del proceso–, semejante reflexión esencial no ha llegado todavía en gran medida al terreno de las máximas del proceso. Desde luego que dichas consideraciones

---

122 Es un mérito de SCHMIDT-HIEBER, en *NJW* 1990, 1884, así como en *DriZ* 1990, 321, haber puesto de manifiesto la existencia de este "flanco abierto" de la práctica de la conformidad como un instrumento esencial de las transacciones penales.

tendría un escaso seguimiento si se pretendiera mandar a la "basura" de la historia del derecho penal las máximas del proceso hasta ahora consagradas, a no ser que con ello únicamente se esperara cierta modificación.

Así, en concreto, respecto del principio de legalidad, habría que esperar de dicho principio, en menor medida, que se dirija al establecimiento de la justicia "absoluta", y, sin embargo, en mayor medida, que sirva para reforzar la garantía de la igualdad de trato y asegurar con ello la paz jurídica.

La máxima de investigación de oficio ha de resultar compatible con la posibilidad de añadir una mayor carga de significado a la confesión del acusado. Con ello, su reforzada "autonomía" serviría también de correctivo suficiente en el proceso penal respecto del deber permanente de protección del tribunal.

También el papel de la víctima precisa de un esfuerzo, sin que, sin embargo, con ello deban menoscabarse los derechos de defensa del acusado.

La observada y continuada "tendencia hacia la privatización" es completamente comprensible desde el punto de vista de la evolución histórica: en un primer momento de la evolución, del derecho romano al derecho germano, la satisfacción de la víctima, como es sabido, se había depositado de forma elemental en sus manos. En la Edad Media, en un segundo momento, la evolución continuó en dirección hacia un derecho penal público, en el que el Estado como acusador y juez asumió cada vez con más fuerza el primer plano a costa de la víctima. Ahora parece que, en una tercera etapa, el movimiento del péndulo retrocede nuevamente, de tal forma que la víctima resulta reactivada en su posición y el autor puede oponerse de nuevo directamente.

Ulteriores investigaciones habrán de mostrar si la actual "reprivatización" del proceso se descubre como un modelo a seguir en el futuro o más bien como un camino equivocado del que hay que huir. En todo caso, habría de aspirarse a que –mediante la superación de la, difícilmente comprensible para los ciudadanos, reparación de una lesión jurídica a través de dos procesos totalmente distintos (penal y civil)– tanto la satisfacción de la víctima individual como el restablecimiento de una paz jurídica general tenga como efecto, en cuanto sea posible, una única "unión de procesos"[123]. En comparación con este objetivo

---

123 Cfr. sobre la fijación de este objetivo de forma básica y a largo plazo, ESER. *Gesellschafts-*

lejano –que quizá a muchos les parezca utópico– se defienden también desde hace poco propuestas de reforma, como las de Roxin[124] y Wolter[125], si bien en algunos puntos concretos continúan estos autores en su marco tradicional del derecho penal como algo inmanente[126].

---

gerichte in der Strafrechtpflege, 1970, p. 51, así como en Eser, Kaiser y Madlener. Ob. cit., pp. 1 y ss., 399; en igual sentido también Schöch, en *NStZ*, 1984, 391.

124 Roxin, en *Festschrift für Jauch*, 1990, p. 183.

125 Wolter. *Aspekte einer Strafprozeßreform bis 2007*, 1991.

126 También Sax –aun cuando en su día en su obra orientadora *Grundsätzen der Strafre-chtpflege* (en Bettermann, Nipperdey y Scheuner [coords.]. *Die Grundrechte*, vol. 3/2, 1959, pp. 909 a 1014) simpatizaba de forma manifiesta con el proceso de parte anglo-americano– finalmente se pronunció a favor del mantenimiento de la estructura del proceso penal alemán (cfr. en especial pp. 989 y ss.).

HEIKE JUNG
El proceso penal, conceptos, modelos y supuestos básicos[*]

El proceso penal es, a su vez, un objeto del derecho comparado difícil y tentador[1]. Las particularidades de los diferentes sistemas de derecho se hacen
patente acá de modo mucho más claro que en el derecho material. Esto tiene
que ver, en parte, con la longevidad de las estructuras procesales y, en parte,
seguramente también, con que los procesos transmiten una forma más concreta de la concepción, de la puesta en escena de la estructura de la regulación
jurídica[2]. Una cultura de los derechos humanos, que en su génesis se orienta
en el proceso penal, entrega un sistema referencial común. A su vez, la sociología del proceso ayuda en la determinación de los puntos neurálgicos. No
obstante, las dificultades no deben subestimarse. En primer lugar, a partir
de una lectura positivista de las regulaciones, no resulta fácil descubrir las
estructuras de los correspondientes ordenamientos procesales que la mayoría
de las veces ya son suficientemente difíciles por razones lingüísticas. A su vez,
resultará prácticamente imposible descubrir y valorar equivalencias funcionales
sin recurrir a la práctica procesal. Principalmente escasean investigaciones
sobre la teoría del proceso penal que pudieran entregar orientaciones desde
la meta-perspectiva[3].

Ahora bien, por cierto mi esbozo del problema no parte de un punto cero.
Precisamente en tiempo reciente han aparecido varios volúmenes compila-
torios, que no sólo entregan una fundamentación de derecho extranjero sino
que también se esfuerzan por hacer valer perspectivas globales[4]. Por cierto, el

---

* RODRIGO ALDONEY RAMÍREZ, LL.M., Friburgo de Brisgovia-Gotinga (trad.).

1 En general, sobre el derecho comparado JUNG. *Grundfragen der Rechtsvergleichung*, Juristische Schulung, 1998, p. 1.

2 Acá viene a la memoria el modelo hassemeriano del concepto escénico del proceso penal; cfr.
HASSEMER. *Einführung in die Grundlagen des Strafrechts*, 2.ª ed., München, 1990, p. 135.

3 Constituyen excepciones dignas de destacar ASHWORTH. *The Criminal Process. An Evalua-
tive Study*, 2.ª ed., Oxford, 1998; SALAS. *Du procès pénal*, Paris, 1992; PIZZI. *Trials without
Truth*, New York y London, 1999.

4 Cfr., por ej., JUNG (ed.). *Der Strafprozeß im Spiegel ausländischer Verfahrensordnungen*,
Berlin y New York, 1990; VAN DEN WYNGAERT et ál. *Criminal Procedure Systems in the*

plano previo teórico-conceptual del proceso penal, el plano de los modelos de procedimiento, es tratado en esas reflexiones aún de un modo muy conciso. Pues bien, tal vacío no se puede llenar en el marco de un trabajo como éste. Sin embargo, quisiera indicar, a manera de esbozo, en qué direcciones se pueden repasar los conceptos y modelos de procedimientos. Mi esquema de clasificación se construye sobre categorías y dicotomías conocidas y probadas en la discusión procesal penal. Se basa, en tal sentido, sobre elementos de nuevas observaciones sobre la justicia penal y sus bases estructurales. Al mismo tiempo también aparecerán brevemente modelos alternativos de justicia penal, sin que me sea posible, por supuesto, entrar en el tentador análisis de otras formas completamente diversas de solución de conflictos con las que se conecta preferentemente el arsenal de investigaciones procesales etnológicas[5].

I. EL PROCESO PENAL COMO TAREA DEL ESTADO

La justicia penal forma parte de las áreas clásicas de aplicación del monopolio de la fuerza estatal[6]. El desarrollo del proceso penal moderno se encuentra ligado, por ende, al desarrollo del Estado[7]. El proceso penal se encuentra integrado en la forma de organización de aquél. En especial, deben probar su eficacia en el proceso penal las vinculaciones constitucionales a las cuales se encuentra sometido el Estado como portador del monopolio de la fuerza. Desde una perspectiva histórica, el concepto de los derechos humanos ha

---

European Community, London, 1993; DELMAS-MARTY (ed.). *Procédures pénales d'Europe*, Paris, 1995; FENNELL, HARDING, JÖRG y SWART (eds.). *Criminal Justice in Europe. A Comparative Study*, Oxford, 1995; HATCHARD, HUBER y VOGLER (eds.). *Comparative Criminal Procedure*, London, 1996; BRADLEY (ed.). *Criminal Procedure. A Worldwide Study*, Durham, N. C., 1999.

5   Para una profundización ROBERTS. *Order and Dispute: an Introduction to Legal Antropology*, Harmondsworth, 1979; ROULAND. *Aux confins du droit*, Paris, 1991.

6   En general, respecto de estas relaciones, JUNG. "Anmerkungen zum Verhältnis von Strafe und Staat", en GA, 1996, p. 507.

7   Más general aún acerca del nacimiento de la pena pública, el trabajo de igual nombre de WADLE en JUNG, MÜLLER-DIETZ y NEUMANN (eds.). *Perspektiven der Rechtsvergleichung*, Baden-Baden, 1996, p. 9.

alcanzado su configuración en la confrontación del particular con el poder punitivo estatal[8]. En tal sentido, el derecho procesal penal siempre es derecho constitucional aplicado.

A la inversa, esto significa que la constitución orgánica procesal-penal sigue la constitución estatal[9]. Eso, sin embargo, implica que, en el fondo, cada Estado genera su propio tipo de proceso penal. A través de la tradicional conexión entre justicia penal y Estado reconocemos también las propiedades constitucionales del ordenamiento procesal respectivo: así no sorprende que Francia, como modelo de un Estado centralizado jerárquico, ya haya formado en la Edad Media formas incipientes de una fiscalía mientras que Inglaterra, un país con una estructura administrativa más bien horizontal[10], haya introducido esta institución recién en 1986. En general, el estatus y la posición jurídica de la fiscalía permiten obtener conclusiones interesantes[11]. Piénsese solamente que en algunos estados federados de la República Federal de Alemania el cargo de fiscal general aún se configura como empleado público de carácter político. ¿Quién debe, con carácter definitivo –bajo la égida del principio de oportunidad– definir en forma abstracta, y en el caso concreto, qué es de interés público: la justicia o el poder político, vale decir, el ministro de Justicia?[12]. ¿Debiera el fiscal ser completamente independiente como en Italia (*inamovibilità*)?[13].

---

8   Descrito atinadamente por el libro de culto de la criminología de Beccaria. *Die delitti e delle pene*, Livorno, 1764.

9   Roxin. *Strafverfahrensrecht*, 25.ª ed., München, 1998, p. 9, denomina el derecho procesal penal como el sismógrafo de la constitución estatal.

10   Cfr. en general, para las relaciones entre justicia y estructura estatal, el análisis comparado de Damaska. *The Faces of Justice and State Authority*, New Haven, 1986.

11   En general, respecto de la institución de la fiscalía, Jung. "Le ministère public: portrait d'une institution", *Archives de politique criminelle*, 1993, p. 15.

12   Cfr. también Ellscheid. "Rechtsstaatliche Defizite in der Stellung der Staatsanwaltschaft", en Jung, Müller-Dietz y Neumann (eds.). *Perspektiven der Strafrechtsentwicklung*, Baden-Baden, 1996, p. 79.

13   Respecto de las diversas opciones Favoreu. "Bréves observations sur la situation du parquet au regard de la Constitution", *Revue de Science criminelle et de droit pénal comparé*, 1996, p. 675.

Aquí también se trata de determinar el equilibrio interno entre democracia, Estado de derecho y profesionalismo.

II. "CRIME CONTROL MODEL" VERSUS
"DUE PROCESS MODEL"

Las ideas que se conectan con el proceso penal no son uniformes. Esto queda acreditado en las diferencias de opinión que existen respecto del lugar que ocupa el proceso penal en el sistema general de administración de justicia penal. PACKER ha reducido la controversia al antagonismo, fácil de retener, entre un *crime control model* y un *due process model*. Mientras que el procedimiento según el *crime control model* se considera primariamente como un componente del sistema amplio del control del delito, es decir, pone en primer plano consideraciones acerca de la efectividad, el *due process model* coloca el acento en la confrontación del acusado con el Estado y, de tal modo, en el desarrollo de las garantías procesales. ARANELLA describe estas posiciones como sigue: "The crime control model appears to be a simple restatement of the tendency of any criminal justice system to resist legal restraints in the pursuit of procedures primary objective of punishing the guilty offender"[14]. El *due process model* entiende, en cambio, el proceso penal como un instrumento de coacción y control cuya legitimación depende de un sistema de (auto-)vinculaciones intrínsecas[15]. Ambos modelos representan los polos opuestos en el intento de encontrar un compromiso entre los requerimientos del Estado de derecho y los de la eficiencia. Las prioridades no son evidentes. ¿Quién gusta cargar con el reproche de desatender el control de la criminalidad?, y ¿quién el de no conceder al acusado derechos? En realidad, todos los procesos penales conceden al acusado determinadas garantías jurídicas. A la inversa, tampoco se puede cuestionar que el proceso penal deba prestar su contribución al control social penal. Sólo que, ¿es posible apoyar el concepto de proceso penal sobre la idea

---

14 ARANELLA. "Rethinking the Funktions of Criminal Procedure", en *The Warren and Burger Courts Competing Ideologies, The Georgetown Law Journal* 72, 1983, n.° 2, pp. 185 y ss., 211.
15 Ibíd., pp. 202 y ss., 208.

de la represión del comportamiento punible?, y ¿qué resultaría de ello?, ¿el sometimiento de todo imputado? Por cierto que no. Tampoco un concepto de persecución penal conectado al *crime control* puede estar interesado en la condena de inocentes. Vale decir, tampoco en una concepción de esa índole puede tratarse de desnudar al acusado de todos los derechos. Más bien se trata de descubrir hasta qué punto se puede seguir fortaleciendo la posición del acusado, a sabiendas que esto puede tener influencia sobre la "cuota de condena".

La alianza entre pena y Estado podría sugerir la idea de la confrontación entre el particular y el Estado y, de tal modo, la importancia de la acentuación de los derechos procesales. Yo comparto, por lo tanto, la posición de SALAS: "Le droit pénal, au contraire, cherche à imposer à l'État qui veut immédiatement punir de choisir le plus long détour, soit le débat contradictoire, le doute, ou, plus généralement, les droits de la personne"[16]. Con una mirada atenta se podrá apreciar que la oposición entre el *crime control model* y el *due process model* probablemente esté sobrevalorada. Al menos no es posible contraponer, con carácter de necesariedad, el respeto de posiciones básicas de derechos humanos y Estado de derecho a la efectividad en la administración de justicia. Un proceso sólo es efectivo si posee una función de pacificación. TYLER llega en su investigación psicológico-social al resultado de que la aceptación del sistema jurídico (penal), que conecta una retórica de *law and order* preferentemente con cuotas de esclarecimiento y condena, también debe ser relacionada con la existencia de un sistema eficiente de garantías procedimentales[17]. Las "formas protectoras"[18] están llamadas a evitar un "descubrimiento de la verdad a cualquier precio" –así la fórmula permanentemente reiterada–. Sólo, ¿qué quiere expresar esto exactamente? En primer lugar, estas fórmulas juegan un

---

16 SALAS. "État el droit pénal", en *Droits* 15, 1992, p. 77. Esta posición me simpatiza más que la de PIZZI, que quiere permitir "some formal pressure on suspects to cooperate in the investigation" (cfr. ob. cit., pp. 68 y 65).

17 TYLER. *Why People obey the Law?*, New Haven y London, 1990, p. 174.

18 SCHMIDT. *Iustitia fundamentum regnorum*, Heidelberg, 1947, p. 89, así como recientemente HASSEMER. "Sinn und Form", *Süddeutsche Zeitung*, 26 de enero de 2000, p. 19.

rol en la "lista de chequeo" de la política-criminal. Ellas tienen el efecto de una posición de memoria y advertencia, a fin de que la política procesal penal práctica no sea dictada a partir de los requerimientos cotidianos, generalmente sobrecargados emocionalmente, de combate de la delincuencia. Además, son aplicados en casos dudosos en la interpretación de las leyes, principalmente en el derecho probatorio. Un campo de aplicación preferente es, en tal sentido, la teoría de la prueba prohibida[19]. Asimismo, la discusión acerca del derecho a guardar silencio del acusado, que se ha avivado especialmente en Inglaterra[20], debería orientarse a partir de esta toma de posición básica.

III. "INQUISITORIAL" VERSUS "ADVERSARIAL MODEL"

Los modelos de procedimiento suelen clasificarse mediante la contraposición entre *inquisitorial* y *adversarial model*. Al respecto, el uso lingüístico no es unívoco, lo que no sólo resulta de cuestiones relacionadas con la traducción, sino también de en qué aspecto se centra el análisis. Así, en Alemania se habla a veces de "proceso de partes". Usual es también, especialmente en el ámbito de habla francesa, el término "acusatorio" (*accusatoire*). Este concepto tiene, sin embargo, una connotación algo distinta al de *adversarial*[21]. Mientras que *adversarial* apunta al proceso contradictorio de la búsqueda de la verdad, *accusatoire* apunta, en primer lugar, a la necesaria existencia de un acusado. El concepto "proceso de partes" finalmente busca el paralelo con el proceso civil. Si bien apunta en la dirección correcta resulta poco nítido, ya que se conecta con el *status* procesal de los partícipes sin que se destaque claramente la idea característica del procedimiento, vale decir, la estructura específica

---

19 Al respecto, por muchos, ROGALL. *Beweisverbote im System des deutschen und amerikanischen Strafverfahrensrechts*, en WOLTER (ed.). *Zur Theorie und Systematik des Strafprozeßrechts*, Neuwied, 1995, p. 118.

20 Al respecto HUBER. *Das Schweigen in England*, en ARNOLD et ál. (eds.). *Grenzüberschreitungen*, Friburg, 1995, p. 137.

21 A pesar de su coincidencia con el término español, léase aquí la voz "adversarial" en inglés, según el original. En general, a fin de evitar posibles confusiones, los términos en idioma extranjero se destacan en cursiva (nota del trad.).

del proceso de averiguación de la verdad. A ello se agrega que el concepto de parte del proceso también se emplea cuando se trata de describir, en general, la emancipación del acusado llegando a ser un sujeto del proceso[22]. Sin embargo, debe reconocerse que, desde el punto de vista meramente lingüístico, "adversarial" tampoco ofrece una descripción totalmente satisfactoria del término *adversarial* como, a la inversa, en el término *inquisitorial* resuenan connotaciones obsoletas. Por ello, recapitulemos: en el modelo adversarial la carga de la búsqueda de la verdad descansa esencialmente sobre los hombros de las partes. El juez adopta un papel distanciado. Él, sobre todo, vigila que se cumplan las reglas procedimentales. Con un concepto de esta índole se suele relacionar la llamada *sporting theory of justice*, según la cual se concibe el proceso como una especie de competencia deportiva. Si bien la comparación resulta algo forzada, ha logrado mantenerse hasta el día de hoy[23].

Con la comparación entre *inquisitorial* y *adversarial* se conectan asociaciones que exceden el proceso de búsqueda de la verdad, como lo son determinadas concepciones de la administración; uno casi se inclinaría por decir, de la puesta en escena de la justicia penal. Ahora bien, por cierto los tiempos del procedimiento inquisitivo histórico, con su total confusión entre los roles de acusación, tribunal y defensa, pertenecen a un pasado remoto. Sin embargo, ha quedado, para permanecer con la palabra clave "inquisitivo", la estructura básica centrada en el juez. También el peso decisivo del procedimiento de investigación no público y la institución del *juge d'instruction* podrán apuntarse a este ámbito de formas. Apreciado desde el punto de vista inverso, el *jury trial* pertenece a los fundamentos del *adversarial model*, aunque esto no esté relacionado necesariamente con la idea de la contradicción[24].

Un análisis más cercano muestra que los modelos se desplazan, hace tiempo, el uno hacia el otro. Por ejemplo, la práctica del *plea bargaining*, que se-

---

22 Cfr. por ejemplo Seiler. *Strafprozeßrecht*, 3.ª ed., Wien, 1999, p. 44.

23 Con más detalle Herrmann. *Die Reform der Hauptverhandlung nach dem Vorbild des anglo-amerikanischen Strafverfahrens*, Bonn, 1971, p. 153.

24 Cfr. también Doran, Jackson y Seigel. "Rethinking Adversariness in Nonjury Criminal trials", *American Journal of Criminal Law* 23, 1995, n.° 1, p. 1.

guramente se vio beneficiada por la estructura del *adversarial model*, comienza a imponerse también en los tipos de procesos del *inquisitorial model*[25]. A su vez, no en último término, la institución del *plea bargaining* ha transformado el *jury trial* hace tiempo en una excepción y ha otorgado al juez un rol no menos inquisitivo que en los tipos de procesos establecidos en esencia de modo inquisitivo. Todo esto sin considerar que la idea según la cual el juez de cuño anglo-americano adoptaría un rol absolutamente "neutral", de haber sido cierta alguna vez, ya no calza con el panorama procesal actual caracterizado por *non jury criminal trials*[26]. Incluso el panorama procesal, tan familiarizado desde antiguo, consistente en la idea de "sistemas penales continental-europeos = *inquisitorial*", "sistemas penales anglo-americanos y escoceses = *adversarial model*", debe ser reescrito. Aunque no se comparta la estimación de HERRMANN, según la cual Europa continental se desplazaría, por así decir, concertadamente hacia un tipo de proceso *adversarial*[27] debe admitirse que al menos el modelo italiano, se ha movido en ese sentido.

Sin embargo, es posible que la contraposición esté algo exagerada. GOLDSTEIN[28] subraya con razón que "the operation of any model and of the procedure reflecting it will depend upon de interaction of many factors: the normative content of the standards to be applied in making decisions, how the participants are perceived and trained, the controls introduced at strategic points, and the resources assigned to implement policies and controls".

Eso sí, la cuestión por cuál punto de partida uno se decida no carece de efecto simbólico. En lo que a esto respecta, no se puede negar que el modelo inquisitivo representa un método de búsqueda de la verdad más bien autori-

---

25 H. JUNG. "Plea Bargaining and ist Repercussions on the Theory of Criminal Procedure", *Eurpean Journal of Crime, Criminal Law and Criminal Justice*, 1997, p. 112; así como, especialmente respecto de la práctica en Alemania, *BGHSt* n.° 43, p. 195.

26 Al respecto sólo DORAN, JACKSONH Y SIEGEL. Ob. cit., p. 29.

27 HERRMANN. "Criminal Justice Policy and Comparativism. A European Perspective", *Nouvelles etudes pénales* n.° 17, 1988, pp. 129 y ss., p. 136.

28 GOLDSTEIN. "Reflections on Two Models: Inquisitorial Themes in American Criminal Procedure", *Stanford Law Rewiev* 26, 1974, n.° 5, pp. 1009 y ss., 1021. Parecido PIZZI. Ob. cit., p. 93.

tario y paternalista[29]; una posición que no puede conciliarse con la posición del particular en la sociedad moderna. En tal sentido, corresponde, sobre todo, fortalecer los elementos contradictorios, en el sentido del informe de la Commission Justice Pénale et Droits de l'Homme: "Il n'y a pas de justice sans debat contradictoire et pluss celui-ci s'instaure tôt, meilleurs sont le chances de l'objectivité"[30]. No por casualidad se llegó a esta observación en relación con la reforma del procedimiento de investigación. En tal sentido, se procede de modo demasiado limitado si con la palabra clave *inquisitorial* se tiene presente solamente la vista oral. WEIGEND, quien aboga por un modelo neoinquisitivo, pero que, por cierto, quiere otorgarle al acusado mayores posibilidades de participación en la averiguación de los hechos[31], probablemente subestime aquella fuerza simbólica de la decisión inicial. Desde luego debe reconocerse que los modelos adversariales, o, mejor dicho, cualquier concepto de proceso penal, no son aceptables sin elementos de autovinculación por parte de la persecución penal estatal y de elementos de asistencia compensatoria para la neutralización de ciertas debilidades (palabra clave: competencias de actuación deficientes) por parte del acusado. En tal sentido, resulta decisiva la mezcla. Fortalecer la posición del acusado mediante la ampliación de elementos adversariales podría demostrarse contraproducente ya que podría desligar demasiado al juez y a la fiscalía de la responsabilidad por el acusado.

IV. PROFESIONALISMO VERSUS PRINCIPIO DEMOCRÁTICO

También es posible determinar el carácter del proceso según el grado de intervención de legos[32]. La relación con la contraposición entre "inquisitivo" y

---

29 En tal sentido HERRMANN. "Models for the Reform of Criminal Procedure in Eastern Europe: Comparative Remarks on Changes in Trial Structure and European Alternatives to Plea Bargaining", en *Criminal Science in a Global Society. Essays in Honor of G. Mueller*, Littleton 1994, pp. 61 y ss., 66.
30 Commission Justice Pénale et Droits de l'Homme. *La mise en état des affaires pénales*, Paris, 1991, p. 13.
31 WEIGEND. "Die Reform des Strafverfahrens", en *ZStW* 104, 1992, pp. 486 y ss., 503.
32 En general, sobre la participación de legos en la justicia penal cfr., por ejemplo, BANKOWSKI, HUTTON y MCMANUS. *Lay Justice?*, Edimburgh, 1988.

"adversarial" es evidente, ya que el modelo "inquisitivo" se asocia preferentemente con sujetos con potestad de decisión de carácter profesional mientras que el modelo "adversarial" se asocia con sujetos en tales funciones de carácter lego. La palabra clave, "sujeto con potestad de decisión", conlleva, por cierto, una acentuación algo desplazada con implicaciones algo distintas.

Si se retrocede en la evolución se arribará también acá a la contraposición medieval entre, por un lado, el modelo de proceso *à la* Magna Carta, con los *peers* como sujetos con potestad de decisión y, por el otro, el modelo del proceso canónico, que introdujo por primera vez el elemento del profesionalismo en la justicia (penal). La re-institucionalización de los *peers* como sujetos con potestad de decisión correspondió en el continente europeo, según es sabido, a aquellos grandes problemas del tiempo de la Ilustración. Se apostó a la participación democrática. El profesionalismo se había desacreditado con el proceso de inquisición mismo; en aquel entonces se solía también aceptar la influencia del modelo anglosajón. MONTESQUIEU había fundamentado esto[33] con el argumento que el jurado, por no tratarse de una institución permanente, también se equiparaba desde la perspectiva del "poder político" al ideal del juez[34].

En la contraposición entre "profesionales" y "legos", por cierto, no sólo se manifiesta el principio democrático, sino que también se trata el método de solución de conflictos. En tal sentido, se conecta tanto con el jurado como con el *magistrate* del derecho inglés, y con el juez conciliador como juez lego, también la idea que así se hará presente de modo intensificado el "sentido común". Sin embargo, a más tardar en este punto se debe intervenir y comprobar que a un sistema de tribunales organizado sobre la base del profesionalismo no le falta carácter democrático y que a jueces profesionales no les falta necesariamente sentido común. Probablemente el método para la elección se halle en la "mezcla". Los legos tienen, en todo caso, un buen sentido para un tratamiento humano adecuado de las bagatelas, mientras que,

---

33 Tal puntuación corresponde al original (nota del trad.).

34 MONTESQUIEU. *De l'esprit des lois*, 11.° libro, 6.° capítulo: "De cette façon, la puissance de juger, si terrible parmi des hommes, n'étant attachée ni à un certain état, divient, pour ainsi dire, invisible et nulle. On n'a point continuellement des juges devant les yeux; on l'en craint la magistrature, et non pas les magistrats".

en estos casos, los juristas siempre cuidan asimismo la institución. En palabras de BONELLO "le juge savant et compétent n'est utile qu'aux affaires, mais pas aux sujets"[35]. A la inversa, los legos pueden tener la tendencia a dejar libre juego a sus prejuicios en casos graves y de delincuentes de carrera. La mezcla correcta se representa, por ejemplo, en la ley orgánica de la justicia con escabinos[36]. Pero también son concebibles formas de jurisdicción de legos que estén incorporadas en un marco eficiente de colaboración jurídica. El jurado, desde siempre el ejemplo clásico de la participación de legos, se encuentra, a pesar de su reintroducción en Rusia, internacionalmente en retirada. Si bien en Estados Unidos aún determina el pensamiento procesal-penal, en la práctica también allí ha sido relegado al margen desde hace tiempo. Por ello, PIZZI apunta correctamente cuando lamenta la contraposición del sistema judicial estadounidense: "We ought not to look at the issue as if it were a choice between juries versus judges but rather at how we can best blend the talents of both sorts of fact finders"[37].

V. PARTICIPACIÓN Y MEDIACIÓN

Con la palabra clave "participación" se relaciona muchas veces un cambio de orientación esencial. En la construcción básica del trabajo de NILS CHRISTIE *Conflicts as Property*[38], se propaga un determinado modelo de sociedad más bien desconfiado frente a lo estatal. Independientemente de utopías social-filosóficas de ese tipo, se reclama en la discusión procesal, desde hace años y desde distintos lados, mayor transparencia, otro estilo de actuación de la justicia, incluso otra justicia o quizás, más aún, algo distinto a una justicia[39].

35 BONELLO. *L'injustice*, Paris, 1995, p. 179.
36 Esta forma de organización jurisdiccional existente en Alemania constituye un sistema mixto en el que interviene, en primera instancia, un jurado de ciudadanos legos y uno o más jueces profesionales que se reserva para infracciones penales menores (*Vergehen* o *Verbrechen* con penas bajas) (nota del trad.).
37 PIZZI. Ob. cit, p. 220.
38 CHRISTIE. "Conflicts as property", *British Journal of Criminology*, 1977, p. 1.
39 Resumido en JUNG (ed.). *Alternativen zur Strafjustz und die Garantie individueller Rechte der Betroffenen. Participatory Models and Individual Rights*, Bonn, 1989.

Desde hace algún tiempo tales consideraciones culminan en la discusión en torno al rol de la mediación en el derecho penal[40]. Nacidos en el análisis crítico de la burocracia de la justicia penal, sustentados en una política-criminal con una mayor orientación hacia la víctima y alimentados por aquella melodía de fondo participatoria, los modelos de mediación han, entretanto, ganado su lugar. Regularmente se trata de un lugar "a la sombra del Leviatán", vale decir que los modelos de mediación están, sin excepción, de uno u otro modo, unidos a las formas tradicionales de justicia penal. Ellos amplían los ámbitos de juego de las "soluciones negociadas" en cuanto al sistema como un todo de la administración de justicia. Una visión "interna a la justicia", sin embargo, no se corresponde con la filosofía de mediación, con su tradición intelectual y con su ímpetu de reforma social. Las formas existentes hasta ahora de coexistencia entre mediación y justicia tradicional parecen funcionar. En la tendencia la nueva calidad en el manejo del conflicto es beneficiosa para la paz social. Desde luego, la mediación debe medirse a partir de las condiciones que impone el Estado de derecho para la aclaración de conflictos de orden procesal penal. La recomendación sobre la mediación, dictada por el Consejo de Europa, intenta marcar acá el marco[41].

PERSPECTIVA

He analizado el proceso penal a través del modelo de la tradición procesal común que se caracteriza por ciertos puntos claves tales como el concepto de Estado subyacente, la relación con el derecho material, las formas de "elaboración del caso", etc. Por supuesto, tales intentos procesales-teóricos siempre conllevan también una nota personal. El acceso que he elegido está determinado, no en último término, por el derecho comparado. Que esto constituye para la teoría procesal penal un punto de partida especialmente provechoso ya lo han demostrado otros antes de mí[42]. Con una aproximación

---

40 Cfr. por ejemplo JUNG. "Mediation: Paradigmawechsel in der Konfliktregelung?", en *Libro homenaje para Schneider*, Berlin, 1998, p. 91.
41 Mediation in Penal Matters, Recommendation n.° (99) 19.

tal, seguramente se hará también justicia de manera especial al homenajeado, como un científico procesal-penal de categoría.

---

42 Por ejemplo, KRAUSS. "Rechtstaat und Strafprozeß im Vergleich", *Festgabe zum Schwei-zerischen Juristentag*, 1985, p. 176.

OLIVER K. F. KLUG

Sobre el proceso penal como proceso de partes[*]

Procesos penales, en especial procesos de gran interés para los medios de comunicación, respecto de delitos graves o grandes procesos penales económicos son de gran interés público e, incluso, son continuados parcialmente en los medios de comunicación. A este respecto se percibe pocas veces la posición privilegiada del proceso penal alemán en comparación, sobre todo, con el proceso penal anglo-americano con sus contrainterrogatorios conocidos cinematográficamente. El proceso penal alemán, definido, en forma poco común, como proceso público o de oficio se caracteriza, ante todo, por el singular rol de la fiscalía, la que, debido a su obligación de investigación incluso de las circunstancias exculpatorias, emanada del §160 ii StPO (Ley de Enjuiciamiento Criminal) es designada comúnmente como "la autoridad más objetiva del mundo". Esta concepción excluye en el fondo per se la, ante todo en Estado Unidos, habitual negociación de penas; el fiscal alemán carece de un interés propio –a excepción de la cuestión de la carga personal de trabajo– en el resultado del proceso. Sin embargo, el legislador y la práctica judicial crean cada vez más instrumentos para la tramitación procesal consensual. De ahí surge la pregunta de en qué medida el proceso penal alemán ha adoptado ya rasgos de un proceso de partes y si, en el marco de futuros proyectos de reforma, debiera también el proceso penal alemán ser reformado hacia un verdadero proceso de partes.

I. ESFUERZOS HISTÓRICOS DE REFORMA

La exigencia de una reforma a un verdadero proceso de partes no es ni revolucionaria ni nueva. Ya en la primera mitad del siglo xix hubo propuestas para introducir elementos de un proceso de partes en el proceso penal alemán. Estas propuestas se orientaron en el proceso penal inglés, el que está configurado como proceso de partes. En el proceso de partes debería ser posible dotar al acusado de derechos procesales propios y contraponerlo, como sujeto procesal, al órgano de persecución penal[1]. El objetivo más importante de estos

* María Alicia Salinero Rates, Friburgo de Brisgovia (trad.).
1 Henkel. *Das deutsche Strafverfahren*, 1943, p. 145.

primeros esfuerzos de reforma era sustraerle al juez el interrogatorio de los testigos y, en su lugar, traspasarlo al acusador y al defensor como "partes del proceso". El interrogatorio de los testigos a través del acusador y el defensor, bajo la vigilancia del juez, fue considerado no sólo como el mejor procedimiento para la averiguación de la verdad, sino también como garantía para la imparcialidad del juez[2].

Después de la Revolución de 1848 los Estados alemanes siguieron, sin embargo, casi exclusivamente el modelo del proceso penal francés, el que, después de la Revolución Francesa, sólo lejanamente había sido apoyado en el proceso penal inglés. Se continuó exigiendo, en concordancia con el proceso de partes inglés, que se traspasara la recepción de la prueba a las "partes". Debieran ser decisivas las dudas en torno a la posibilidad de que el juez ingresara a la sala de audiencias sin opinión preconcebida para la recepción de la prueba, luego de haberse preparado a través del expediente[3].

En la misma dirección apuntaba también la posterior propuesta importante de renunciar al interrogatorio judicial del acusado. En el proceso de partes inglés se plantea al acusado, al inicio del juicio oral, sólo la pregunta única de si se considera culpable o no culpable en el sentido de la acusación (*plea of guilty or not guilty*). Si se reconoce culpable, no se le dirigen más preguntas sobre los hechos; si niega él su culpa, igualmente no se agrega un interrogatorio, sino que el acusador debe comenzar con la presentación de sus medios de prueba. En contra de la interrogación judicial se planteó, además de la objeción de que albergaría uno de los perjuicios principales del viejo proceso inquisitorio, fundamentalmente que infringiría el principio acusatorio, cuya característica principal sería que el acusador debe llevar el peso de la prueba. También se infringirían los principios de la oralidad y de la inmediación, según los cuales "sólo aquello que es utilizado vivamente en la sesión debe poder causar una impresión en el jurado"[4]. El juez, sin embargo, estaría forzado a recurrir a

---

2 HERRMANN. *Die Reform der deutschen Hauptverhandlung nach dem Vorbild des anglo-ame-rikanischen Strafverfahrens*, 1971, pp. 50 y s.

3 Ibíd, pp. 55 y s.

4 MITTERMAIER. "Über die Stellung des Assisenpräsidenten", en *GerS*, t. 1, 1 (1849), pp. 17 y ss., 24.

resultados de la investigación preliminar y a exponérselos al acusado en el interrogatorio dirigido por él.

Durante los trabajos preparatorios para la Ley de Enjuiciamiento Criminal del *Reich* (RStPO) se volvió a discutir exhaustivamente la cuestión de la adopción de los principios procesales ingleses. El afán de traspasar la toma de las pruebas a las partes, así como la renuncia al interrogatorio judicial del acusado, fue aprobado con mayor intensidad que antes[5]. Como un resultado de esta demanda, el tercer proyecto de ley procesal penal presentado en otoño de 1874 al Parlamento del *Reich* incluyó, con el § 194, una disposición según la cual el juez debía dejar el interrogatorio de testigos y peritos al fiscal y al defensor de haber una solicitud unánime en ese sentido. Esta disposición es hasta hoy, a través del § 239 I 1, parte del StPO[6], no obstante su nula relevancia práctica. La realización de ideas posteriores de reforma fue postergada detrás del objetivo prioritario de la unificación del proceso penal alemán y dejada conscientemente para el futuro[7].

En 1920 la discusión sobre la reforma del proceso penal alemán, hacia un verdadero proceso de partes según el modelo inglés, alcanzó nueva actualidad a través de un proyecto de ley redactado a petición del Ministerio de Justicia del *Reich* sobre el procedimiento en materia penal, en el cual el proceso fue configurado como un litigio entre fiscal y defensor[8]. El fiscal debía ser parte querellante que sólo debía procurar el material acusatorio y no estaba obligado a la imparcialidad. El defensor, que sólo debía preocuparse de la exculpación, representaría, por el contrario, el contrapeso. El proceso de investigación también debía ser estructurado contradictoriamente. El defensor y el acusado debían tener derecho a la vista de los expedientes y a la presencia en la investigación. Al término del procedimiento preliminar se ponderó la posibilidad de una vista preliminar contenciosa ante un juez de instrucción o

---

5   HERRMANN. Ob. cit., p. 64.
6   Cfr. los protocolos de la 2.ª y 3.ª deliberación del Parlamento del Imperio en HAHN. *Die gesamten Materialien zu den Reichsjustizgesetzen*, t. 2, 1898, pp. 1898 y 2109.
7   Cfr. la introducción a los motivos del primer proyecto, p. 5.
8   Cfr. al respecto STOCK, en *Libro homenaje a Theodor Rittner*, 1957, p. 306; DAHM, en *ZStW* 52, p. 587; HENKEL. Ob. cit., pp. 147 y s.

ante el tribunal del proceso aún no abierto. En el juicio oral el tribunal debía estar liberado de toda actuación investigadora. Sólo el juzgamiento debía ser tarea del tribunal. Únicamente las partes, que en igualdad de armas luchan la una contra la otra, tendrían que proporcionar las pruebas y presentarlas al tribunal. Como un medio especialmente eficaz para este efecto era considerado el contrainterrogatorio. Según el proyecto, el tribunal no debía tener acceso a las actas de investigación, las que debían permanecer, más bien, en poder del fiscal. En el juicio oral al tribunal, como ente imparcial, debía corresponderle únicamente la tarea de vigilar el cumplimiento de las reglas de lucha entre las partes. Este proyecto fue discutido en la doctrina y, en parte, fuertemente criticado[9]. Como resultado, la reforma se limitó a la modificación de puntos particulares procesal-orgánicos y de la ley procesal penal.

II. DISCUSIÓN ACTUAL

La discusión actual se caracteriza, en gran medida, por la comprensión de la necesidad de introducir cada vez más instrumentos para la tramitación consensual del proceso penal sin que sea puesto en duda el carácter oficial del proceso penal alemán. El carácter oficial es, incluso, alabado a menudo como forma ideal y considerado, sin una reflexión crítica, como superior a la "empresa de espectáculos" anglo-americana.

Sin embargo, es posible apreciar, en los múltiples elementos procesales consensuales, las mismas fortalezas y debilidades que se asignan al proceso de partes de carácter anglo-americano.

A. LA PRÁCTICA DE LOS ACUERDOS

Acuerdos[10] en el proceso penal, como por ejemplo el poner término rápidamente al proceso penal en caso de confesión o de renuncia a la petición de

---

9   VON HIPPEL, en *ZStW* 41, pp. 2 y ss.; ÍD., en *ZStW* 41, pp. 325 y ss.; ÍD., en *ZStW* 41, pp. 755 y ss.; KAHL, en *JW* 1920, p. 260; R. SCHMIDT, en *JW* 1920, pp. 20 y ss.

10 También denominados como acuerdo, convenio, arreglo, *deal*, conclusión del proceso no disputado: cfr. DAHS, en *NStZ* 1988, p. 153.

recibimiento de la prueba mediante el sobreseimiento (§§ 153, 153a, 154 y ss. StPO) o la orden penal[11], o a través de la imposición de una pena privativa de libertad baja o, en su caso, remitida[12], ya no se pueden excluir de la realidad procesal[13]. Los acuerdos no sólo serían el recurso de urgencia de una justicia criminal sobreexigida, sino el único medio para impedir el mal que significa un juicio oral de muchos meses o años de duración[14]. Estos serían, a su vez, expresión de una tendencia, no limitada a Alemania, hacia una mayor comunicación y cooperación en el proceso penal[15].

La situación usual del acuerdo consiste, entretanto, en una conversación fuera del juicio oral entre el presidente del tribunal, en su caso también el relator, el defensor y el fiscal, en el cual es acordado el restante desarrollo del proceso. Al respecto ya se presentan dudas fundamentales. A diferencia del proceso civil y del proceso penal anglo-americano, en el proceso penal alemán no tienen validez el principio dispositivo y la correspondiente categoría de la verdad formal, sino el principio de esclarecimiento para la determinación de la verdad material. Este principio es complementado a través del principio de legalidad, el que exige el completo agotamiento de todos los motivos de sospecha, y a través de la limitación de los fundamentos del fallo al contenido de la vista oral, por lo cual el tribunal está obligado a una completa fundamentación de la prueba, quedando excluida una condena en razón del reconocimiento como correcto del mérito de los autos por el acusado[16]. El derecho procesal penal alemán es por eso, por principio, contrario a un acuerdo[17]. Sin embar-

---

11 Se trata de una sanción menor acordada en un procedimiento abreviado, sin juicio oral, regulada en los §§ 407 y ss. *StPO* (nota del trad.).

12 Respecto de estas posibilidades GATZWEILER, en *AnwBl* 1989, pp. 502 y ss., 503.

13 Respecto de su surgimiento cfr. DENCKER y HAMM. *Der Vergleich im Strafprozeß*, 1988, pp. 1 y ss.; en términos de derecho comparado WEIGEND. *Absprachen im ausländischen Strafverfahren*, 1990; respecto del estado actual LANDAU/ESCHENBACH, NJW 1999, pp. 321 y ss.

14 BÖTTCHER y WIDMAIER, en *JR* 1991, pp. 353 y ss., 354.

15 ÍD., en *JR* 1991, p. 353.

16 SCHÜNEMANN, en *AnwBl* 1989, pp. 494 y ss., 495; GALLANDI, en *MDR* 1987, pp. 801 y ss., 802.

17 SEIER, en *JZ* 1988, p. 684.

go, la verdadera negociación de las expectativas de pena, usual en la práctica, satisface precisamente los requisitos de un acuerdo penal, como el que existe, en forma de *plea bargaining*, en el proceso penal anglo-americano. Éste se ha desarrollado, ante todo, en extensos procesos penales económicos y tributarios[18]. En estos procesos son fijados, a menudo, más de cien días de vista oral; otros procesos no pueden ser sustanciados paralelamente. En razón de la difícil situación probatoria que es frecuente en materia penal económica, y del hecho que el defensor puede, mediante extensas peticiones de recibimiento de prueba, dilatar el proceso, el tribunal y la fiscalía tienen también un considerable interés en un rápido desarrollo del proceso. También condicionaría la práctica de acuerdos nacida en estos procesos el surgimiento de un nuevo tipo de defensor penal, que aprovecha exhaustivamente los derechos y las posibilidades que la ley procesal penal le conceden; que se siente más obligado con su mandante que con el fin tradicional del proceso penal[19]. El derecho del defensor a una toma de partido unilateral en favor de su mandante es, sin embargo, apenas criticada en la literatura, porque serviría para compensar las facultades desigualmente mayores de la fiscalía en el proceso de investigación. El ofrecimiento de un acuerdo en la vista oral por parte de la defensa sería, por eso, en primer lugar, sólo un medio de presión de la defensa para alcanzar con la fiscalía una especie de "igualdad de armas"[20]. Mediante la amenaza tácita o expresa de retrasar, bloquear o llevar al fracaso, mediante posibilidades procesales-penales, la vista oral, el abogado defensor pone en primer plano los intereses de su mandante, situándose crecientemente en un rol de parte que realmente no es inmanente al proceso penal alemán. El objetivo de esta actividad de defensa seguramente no es la averiguación de la verdad.

La realidad del proceso penal alemán se ha alejado en los últimos años tanto de la concepción legal, que ha sido criticada, en parte, como una infracción manifiesta a principios de la Ley de Enjuiciamiento Criminal y del

---

18 Cfr. KOHLMANN. *Steuerstrafrecht*, § 385, notas margs. 302 y ss.

19 WOLFSLAST, en *NStZ* 1990, pp. 409 y ss., 410; SCHÜNEMANN, en *AnwBl* 1989, pp. 494 y ss., 497.

20 WOLFSLAST. Ob. cit., pp. 409 y ss., 410.

derecho constitucional en que se fundamenta[21]. En contra de los verdaderos acuerdos del proceso penal son reclamados, además de la violación al principio de esclarecimiento de oficio y al principio de legalidad, también una infracción al principio de igualdad de trato, porque entrarían en el goce de la verdadera forma de un acuerdo principalmente autores de delitos económicos y criminales acomodados. Mientras tanto, respecto de los delincuentes sin medios económicos, en cuyos procesos la recepción de la prueba se cumple a menudo de modo más simple y a través de la designación de un defensor de oficio, se llevaría el proceso por parte del tribunal y de la fiscalía sin disposición de cooperación[22]. Este reproche es formulado frente a prácticamente cada sentencia de muerte del proceso estadounidense, con referencia al ya legendario proceso contra O. J. Simpson. La reciente multa millonaria impuesta contra diversos directorios de grandes bancos alemanes por su participación en la transferencia de fondos a cuentas en Luxemburgo con el fin de ahorrar impuestos da, a su vez, un testimonio elocuente de que, también en el supuesto proceso oficial de cuño alemán, a medida que aumenta la importancia del acusado crece proporcionalmente el ánimo cooperador de las autoridades investigadoras. Con esto, sin embargo, no se debe ignorar que la disposición de cooperación en estos procesos pueda servir también a la paz jurídica. Esto porque normalmente es contrario a la voluntad general si en grandes procesos penales económicos y tributarios, cuyos daños a la economía nacional son percibidos escasamente por el particular, se litigara meticulosamente durante años con resultados procesales inciertos, mientras que, por ello, se bloquearan recursos judiciales requeridos urgentemente para la condena de delincuentes violentos.

B. PRIVATIZACIÓN DEL PROCESO PENAL

Además de la creciente introducción de elementos consensuales, también la creciente privatización del proceso penal indica un cambio en los principios procesales. Junto a instrumentos de menor importancia práctica como

---

21 Schünemann, en *AnwBl* 1989, pp. 494 y ss., 495.
22 Schmidt-Hieber, en *NJW* 1990, pp. 1884 y ss., 1885.

el procedimiento de adhesión de los §§ 403 a 406c StPO y la compensación autor-víctima del § 46a StGB (Código Penal alemán), que asimismo recibe insuficiente atención en la práctica, juega, ante todo, la acción penal accesoria un papel importante en el desarrollo cotidiano del proceso penal. Ésta brinda a la víctima la, sin lugar a dudas, legítima posibilidad de influir en el proceso a través de la salvaguardia de derechos propios (§ 397 StPO). La acción penal accesoria toca sus límites conceptuales, sin embargo, cuando la víctima es asimismo posible autor y esta acción se transforma en una acción accesoria de "ataque"[23]. La acción accesoria se aparta entonces de la idea corriente de un colaborador con la fiscalía. Éste se convierte en una parte independiente del proceso que tiene intereses decisivos propios en el resultado del proceso. A diferencia de la fiscalía, la acción accesoria no está obligada a la objetividad, sino que puede trabajar unilateralmente en la condena del acusado. Si la representación de la acción accesoria es, además, asumida por un defensor versado, se encontrará la defensa, además de la fiscalía, frente a una segunda parte del proceso atacante.

C. EL ROL DE DEFENSOR

Característico para el acercamiento a un proceso de partes es también el rol del defensor, el que actúa cada vez más como un mero representante de los intereses del mandante que como un órgano de la administración de justicia ansioso por el esclarecimiento de la verdad. En los acuerdos él tiene que considerar, ante todo, que en la negociación de acuerdo cae en un rol de un mediador que, en sí, contiene riesgos importantes. A partir del momento en el cual insinúa o compromete la disposición de su mandante a la prestación de una confesión se encuentra en un *point of not return*[24]. El regreso de la defensa al objetivo de una absolución no es ya, en la práctica, posible. Un riesgo adicional para el defensor en los acuerdos consiste en que si no quiere perder

---

23 Como sucedió en el llamado "proceso-Weimar": al respecto, Schneider, en *StV* 1998, pp. 456 y ss.

24 Dahs, en *NStZ*, 1988, pp. 153 y ss., 156.

ante el tribunal y la fiscalía su existencialmente importante reputación de fiabilidad, debe preocuparse de que, por ejemplo, una renuncia al ejercicio de recursos también sea respetada por parte de su mandante. Se usa precisamente cumplir los "acuerdos" –*pacta sunt servanda*–. En estos casos, el defensor no está pocas veces dispuesto a no informar, o a hacerlo sólo de paso, sobre los recursos eventuales contra una sentencia conforme a lo acordado, lo que puede implicar la realización del tipo de prevaricación de abogado[25].

DAHS ve como salida al dilema que significa haberle servido sólo de modo muy modesto al mandante, especialmente al inocente o a aquel que se siente como tal, en caso de una condena leve acordada, por ejemplo, una orden penal (*Strafbefehl*, §§ 407 y ss. StPO), el informarle, una vez más, a la autoridad encargada de la persecución penal, en una especie de escrito final, que el mandante es inocente pero que no pudo asumir los riesgos de ser sometido a un juicio oral público y de la usual consecuente amenaza existencial[26]. Esta idea también se corresponde con la situación en el proceso penal estadounidense en el cual, de acuerdo a una decisión de la *Suprem Court*, le es permitido al acusado negar públicamente su culpabilidad a pesar de su acuerdo a un *plea bargaining* mediante un reconocimiento de culpabilidad[27].

La completa representación de los intereses del mandante a través del "moderno" defensor penal se ha alejado, en gran medida, tanto en la ley como en la jurisprudencia, de la imagen tradicional del defensor. El defensor penal profesional, que busca obtener un resultado procesal óptimo para su mandante, no en último término para poder justificar unos honorarios que superan la tarifa promedio fijada por ley, en realidad difícilmente puede ser designado como un órgano de la administración de justicia de la misma categoría que el tribunal y la fiscalía, que deba preocuparse por un comportamiento objetivo

25 DAHS, en *NStZ*, 1988, pp. 153 y ss., 156; SCHÜNEMANN, en *AnwBl*, 1989, p. 499; llama la atención que en este contexto se hable abiertamente del acusado como parte respecto de la autoridad acusadora del proceso.
26 DAHS. Ob. cit., p. 559, nota marg. 925.
27 WEIGEND, en JESCHECK (ed.). *Funktion und Tätigkeit der Angeklagtenbehörde im ausländischen Recht*, 1979, p. 662.

y llevado dentro de los márgenes procesales[28]. Incluso la crítica de algunos antiguos jueces de que antiguamente abogados defensores más bien habrían convencido a sus mandantes (culpables) a prestar una confesión y aceptar una pena adecuada en vez de instrumentalizar la ley penal procesal para un resultado del proceso no adecuado a la culpabilidad, pertenece al reino de la nostalgia. El ejercicio de la abogacía debe perseguir hoy, en todas las áreas del derecho, única e intransablemente los intereses del mandante, si quiere ser exitosa.

De ahí se reconoce que el abogado defensor está facultado, si no incluso obligado, a la parcialidad.

III. ARGUMENTOS A FAVOR DE UN VERDADERO PROCESO DE PARTES

La realidad procesal actual, en el proceso penal alemán, ha perdido ya ampliamente su carácter oficial. La introducción de variados elementos consensuales de tramitación, dentro y fuera de la ley procesal penal, y la fortalecida consideración de los intereses de la víctima, llevan a múltiples situaciones de un proceso de partes. En estas situaciones la defensa se encuentra estructuralmente en una lucha por una causa perdida. Después de la presentación de la acusación, el tribunal toma primeramente un conocimiento exacto del expediente y decide sobre la apertura del juicio oral. En este momento, el tribunal que decide considera ya una condena como más bien probable. Este tribunal, ya convencido, dirige además la recepción de la prueba, especialmente el interrogatorio de los testigos y los peritos. Recién después de las preguntas adicionales de la fiscalía tiene la defensa la posibilidad de contribuir al esclarecimiento de los hechos. Ya no es posible lograr que los hechos averiguados hasta ese momento sean investigados bajo otra luz. Los testigos ya están completamente convencidos de la descripción de los hechos que hasta allí se ha dado. Al defensor comprometido le resta, a menudo, sólo el recurso a la caja de trucos procesales dilatorios a fin de provocar el acuerdo.

---

28 Así *BGHSt* 38, 111 y ss., 115 = *NJW* 1992, p. 1245; *BVerfGE* 39, 156 y ss., 164 y s. = *NJW* 1975, p. 1013; *BVerfGE* 8, 105 y ss., 119 = *NJW* 1975, p. 103.

Justamente este nuevo rol típico de parte del defensor conduce, a través de una comprensible creciente polarización, a que los fiscales descuiden su deber de objetividad y que busquen mantener, por todos los medios imaginables, la acusación ya formulada. Los procesos son, a menudo, caracterizados más por una ambición jurídica o incluso retórica que por el objetivo de la averiguación de la verdad. Precisamente esta lucha sería por completo ventajosa para un proceso penal justo si no se desarrollara ante un tribunal con opinión preconcebida, sino ante un órgano sentenciador sin conocimiento del expediente, el que recién deba ser convencido mediante la recepción de la prueba. La adopción reforzada de roles de parte sería celebrada, ante todo, por los abogados defensores. Sobre todo, ésta abordaría de modo más sincero el rol de los defensores. Jueces, fiscales y también parte del público aún esperan que el defensor finalmente coopere en un castigo justo del autor en lugar de que represente unilateralmente sus intereses. Este punto de vista ya no es conciliable con una comprensión moderna del abogado y del defensor. Por el contrario, defensores estadounidenses pueden ejercer abiertamente su rol de parte. La fiscalía estadounidense debe convencer, como *leader of low enforcement*, al tribunal y al público de la culpabilidad del acusado. En el marco de las reformas procesales pendientes debiera, por lo menos, ser discutido si esta distribución de roles no se correspondería mejor con nuestra realidad procesal y si no exteriorizaría de mejor manera un Estado de derecho moderno que se esmera en contener el poder propio de un Estado autoritario.

PETER RIEß

Derecho constitucional y proceso penal[*]

La relación entre el derecho constitucional y el proceso penal no se puede tratar de manera completa en una ponencia de aproximadamente una hora, aun siquiera en sus rasgos generales. Pero he optado por no seleccionar un ámbito temático y tratarlo a modo de ejemplo, sino por dejarlo en una exposición global. Ello necesariamente implica renunciar a particularidades y mantenerse en un nivel general.

El tema se tratará en cuatro bloques. Tras un panorama general de los problemas, sigue un intento de sistematización del derecho constitucional en cuanto fuente jurídica y manual de conducta. A ello se suman un balance provisional de rendimientos y carencias y, finalmente, algunas reflexiones en torno a las consecuencias y problemas.

La ponencia proviene de un procesalista penal, no de un constitucionalista. Trata de los efectos del derecho y la jurisprudencia constitucionales sobre

---

* Título original: "Verfassungsrecht und Strafprozeß" (publicado en *StraFo* 1995, pp. 94 a 102). Teresa Manso Porto, *mag. iur. comp.*, Referente en el Instituto Max Planck (Friburgo) (trad.).

1 El texto se corresponde sin modificaciones con la ponencia presentada en el Strafverteidiger-Frühjahrssymposium el 6 de mayo de 1994 en Karlsruhe. Sólo en las notas se han añadido algunos comentarios. Las referencias bibliográficas y de jurisprudencia constitucional no tienen afán de exhaustividad, sino un carácter (a 1.º de abril de 1994) meramente ejemplificador. Exposiciones resumidas y sintetizadoras de la jurisprudencia del *Bundesverfassungsgericht* (BVerfG: Tribunal Constitucional Federal) sobre derecho procesal penal, a las que cabe hacer aquí una referencia general, pueden encontrarse en Niemöller y Schuppert. "Die Rechtsprechung des BVerfG zum Strafverfahrensrecht", *AÖR* 107 (1982), pp. 387 y ss.; Nehm. "Die Verwirklichung des Grundrechte durch die Gerichte im Prozeßrecht und Strafrecht", en Heyde y Starck. *Vierzig Jahre Grundrechte in ihrer Verwirklichung durch die Gerichte* (1990), pp. 173 y ss.; Niebler. "Der Einfluß der Rechtsprechung des BVerfG auf das Strafprozeßrecht", en *Festschrift für Kleinknecht* (1985), pp. 299 y ss.; Tiedemann. *Verfassungsrecht und Strafrecht*, 1991; cfr. en conjunto, asimismo, Meyer. "Notwendigkeit und Grenzen der Heilung von Grundrechtsverletzungen durch die Strafgerichte", en *Festschrift für Kleinknecht*, cit., pp. 267 y ss.; Roxin. "Die Rechtsprechung des BGH zum Verfahrensstrafrecht - Ein Rückblick auf 40 Jahre", en *40 Jahre BGH* 1990, pp. 66 y ss.; Schenke. *Verfassungsgerichtsbarkeit und Fachgerichtsbarkeit*, 1987. Otras referencias bibliográficas acerca de aspectos concretos, en las siguientes notas.

el proceso penal. No aborda ni el derecho ni la dogmática constitucionales en su conjunto. Desde la perspectiva del derecho procesal penal, la influencia del derecho y la jurisprudencia constitucionales resulta omnipresente. En cambio, desde la perspectiva del derecho y la jurisprudencia constitucionales el proceso penal es sólo un campo más de prueba y de constatación entre muchos otros. Al menos el 9% de las sentencias que se publican en el repertorio oficial tienen como contenido de la decisión cuestiones directamente procesales[2]. Lo que desde la perspectiva procesal penal –y por tanto también en esta ponencia– se revela como problemático y criticable, desde una perspectiva constitucional y, con ello, global puede encontrar una justificación que haya de merecer preferencia como resultado de una ponderación de todas las circunstancias.

I. PROCESO PENAL: ¿PROVINCIA DEL
DERECHO CONSTITUCIONAL O PROVINCIA
JURÍDICO-CONSTITUCIONAL?

Al derecho procesal penal se le suele aplicar el calificativo de sismógrafo de la constitución del Estado[3], o de derecho constitucional aplicado[4]. Se puede leer con frecuencia[5] que ha sido el *Bundesverfassungsgericht* (BVerfG: Tribunal

---

2   Exactamente 227 sentencias de un total de 2.498 (9,1%) contenidas en los tt. 1 a 88 del repertorio de sentencias del Tribunal Constitucional (BVerfG), *BVerfGE*. El número ha descendido mucho en los últimos años. Los valores se reparten de la siguiente manera: de 1951 a 1961 (tt. 1 a 13), 42 de 448 (9,4%); de 1962 a la mitad de 1972 (tt. 14 a 33), 69 de 702 (9,8%); de la mitad de 1972 al final de 1982 (tt. 34 a 61), 91 de 713 (12,8%); de 1983 a 1993 (tt. 63 a 88), 25 de 635 (3,9%). Además hay que tener en cuenta que también hay sentencias que sin afectar a contenidos del proceso penal, también pueden ser de gran relevancia para el mismo, como es el caso –por citar un ejemplo– de la *BVerfGE*, 65, 1 y ss. (conocida como "sentencia del censo popular": *Volkszählungsurteil*). Cfr. acerca de la frecuencia y reparto de recursos de queja constitucional, asimismo PETERS, *MDR*, 1976, p. 447, y BERKEMANN, en *JR*, 1980, p. 268, nota 3; asimismo NEHM. Ob. cit., p. 177.
3   ROXIN. *Strafverfahrensrecht*, 23.ª ed., 1993, § 2, n.º marg. 1.
4   SAX, en BETTERMANN, NIPPEDEY y SCHEUNER. *Die Grundrechte*, t. 3, parte 2, p. 966; PETERS. *Strafprozeß*, 4.ª ed., 1985, p. 29.
5   TIEDEMANN. Ob. cit., p. 56.

Constitucional Federal) el que ha llevado a cabo una inmensa labor en este ámbito jurídico y el que ha reformado el proceso penal en su espíritu. Se realizan intentos de desarrollar las líneas principales para una "teoría procesal moderna" y para un sistema procesal general a partir de la Constitución, las cuales tomen como punto de partida la aceptación de la dignidad humana, el contenido esencial de los derechos humanos y la distinción que de ahí se deduce entre lo disponible y lo no disponible en el proceso penal[6]. Sin embargo, desde este punto de vista de lo que se trata fundamentalmente es de una sistematización de la afectación jurídico-procesal de los derechos fundamentales. Lo que según ella pertenece concretamente a lo disponible y a lo no disponible, y el modo de valorar la superación de los límites y las infracciones, no es en muchos aspectos deducible dogmático-conceptualmente, sino sólo fundamentable desde una base constitucional, criminal y de política jurídica y, con ello, de una manera a menudo decisionista.

No es extraño encontrar modelos de argumentación que en la aplicación del derecho se saltan la simple interpretación legal y en la política jurídica dejan de lado la cuestión de la racionalidad procesal, para llevar rápidamente la cuestión al ámbito de los mandatos y prohibiciones constitucionales, mientras que, por otro lado, en la discusión de política jurídica la simple afirmación de inconstitucionalidad viene a menudo a reemplazar a lo que sería propiamente una argumentación material diferenciada.

El Tribunal Constitucional Federal ha desarrollado una metadogmática jurídico-constitucional y especialmente procesal-penal que le permite calificar de violaciones constitucionales a los errores de derecho de simple legalidad. Los tribunales especiales (*Fachgerichte*), que no precisan un camino tan largo, se apoyan en este argumento de manera apresurada[7]. La alegación de incons-

---

6   Wolter, en *NStZ* 1993, pp. 1 y ss.; Wolter. *Aspekte einer Strafprozeßreform bis 2007*, 1991; *SK-SPO*-Wolter (1990), vor § 151, n.ºˢ marg. 27 y ss.; cfr. también Roxin. Ob. cit., pp. 67 y ss.

7   Ejemplar la sentencia del *Bundesgerichtshof* (BGH: Tribunal Superior Federal) BGHst 32, 44; críticamente, entre otros, Herdegen, en *NStZ*, 1984, p. 343; Kleinknecht y Meyer-Goßner, en *StPO*, 41.ª ed., 1993, introd., n.º marg. 19; conforme Laufhütte. "Das Grundrecht auf ein faires Verhalten aus der Sicht des Revisionsrichters", en *SchrRAGStrafr.*, 10, 1993, 193.

titucionalidad viene de este modo a reemplazar a la comprobación minuciosa de una errónea aplicación del derecho.

El camino legal de las instancias judiciales con la decisión en última instancia del *Bundesgerichtshof* (BGH: Tribunal Supremo Federal) ya no significa en todos los casos que éste tenga la última palabra. El recurso de queja constitucional y la queja por lesión de derechos humanos están próximos a convertirse en instancias de revisión adicionales. Hay grupos de casos en los que desde un principio es previsible que la vía de recursos funcionalmente no va a terminar en el Tribunal Supremo Federal[8].

Por el contrario, se puede observar que aunque un recurso de queja constitucional no le certifica al tribunal especial correspondiente una aplicación jurídica correcta de la legalidad ordinaria, sino en todo caso una aplicación del derecho que no es incorrecta de manera evidente, a menudo sí es interpretado como un sello de calidad. El hecho de que una regulación legal sea –toda-vía– constitucional no demuestra que en el ámbito procesal sea materialmente correcta y ajustada a sus fines, pero en cambio el salvoconducto del Tribunal Constitucional es interpretado no pocas veces por parte del legislador como un apoyo moral para cerrar acta con respecto a cualquier iniciativa de ulterior reforma o para darse por satisfecho con una interpretación conforme a la Constitución.

Las máximas procesales tradicionales como el principio acusatorio, los principios de oficialidad y legitimidad, los de investigación oficial, inmediación y publicidad, reciben en parte un fundamento constitucional. A ellos se les añaden en clasificaciones más recientes máximas procesal-constitucionales[9]. Se mencionan el principio de proporcionalidad, el del juez predeterminado por la ley, la independencia judicial, el derecho de audiencia, la prohibición de ser obligado a declarar contra sí mismo, el deber de tutela, tanto por parte del juez como del fiscal, así como el mandato del *fair trial*.

Esta evidente penetración del proceso penal mediante normas, valoraciones, argumentaciones y conceptualizaciones constitucionales no está ausente

---

8   MEYER. Ob. cit., p. 270.
9   Cfr. por ejemplo *KK-StPO*-Pfeiffer, 3.ª ed., 1993, introd., n.os margs. 23 y ss.; RIESS, en *Festschrift für Rebmann*, 1989, pp. 386 y s.

de críticas. Arzt lamenta que el derecho procesal penal se haya desnaturalizado hasta convertirse en una colonia del derecho constitucional[10], y –más allá del derecho procesal penal– Schenke ha advertido de que la relación entre la jurisdicción constitucional y la jurisdicción especial plantea cuestiones complejas[11].

Cabe preguntar –por mencionar sólo algunos ejemplos– si acaso la presunción de inocencia no se vende a precio demasiado bajo cuando se emplea para impugnar el fundamento de las decisiones relativas a las costas procesales –y no del contenido–[12]. El Tribunal Constitucional ha tenido que dejarse aplicar –con poco agrado por su parte– el calificativo de "tribunal superior de plazos"[13], si bien es no tanto él mismo el responsable, como la escasa sensibilidad de los tribunales de instancia en el manejo de los preceptos sobre reposición[14]. Algunos exégetas de la conocida como "sentencia del censo popular" (*Volkszählungsentscheidung*) se sirven del derecho fundamental a la autonomía informativa para, con grotescas consecuencias, aplicarle a una compleja codificación como es la *Strafprozeßordnung* (StPO: Ley de Enjuiciamiento Criminal) una conceptualización proveniente del ámbito jurídico de la protección de datos, la cual con sus pretensiones perfeccionistas, su falta de consideración de circunstancias decisivas y la absolutización de sus puntos de vista, ni aporta nada en aras de la claridad normativa deseada, ni logra obtener el efecto protector que cabría esperar desde el punto de vista material[15].

---

10 Arzt, en *Gedächtnisschrift für Armin Kaufmann*, 1989, pp. 847 y ss.
11 Schenke. Ob. cit., p. 77.
12 Cfr. acerca de la problemática, con referencias bibliográficas, Kleinknecht y Meyer-Gossner. Ob. cit., parág. 467, n.°marg. 19; *KK-StPO*-Schimansky. Ob. cit., parág. 467, n.° marg. 11; *BVerfGE*, 74, 359 y ss.; *BVerfGE*, 82, 106 y ss.
13 Así por ejemplo los aportes a la discusión en Heyde y Starck. Ob. cit., p. 305.
14 Sólo entre 1970 y 1980 el Tribunal Constitucional ha objetado la no admisión de la reposición, únicamente en procesos penales y por infracciones administrativas, en 25 sentencias; en su mayoría se trataba de incumplimiento de plazos debido a ausencia por vacaciones, confianza en la duración regular de un envío postal y otros. Cfr. también al respecto la justificada crítica de Peters, en *JR* 1980, pp. 265 y ss.
15 Cf. Riess, en *GA* 1993, p. 566.

A partir de esta crítica, la consecuencia que se extrae es subrayar de manera más fuerte la independencia del proceso penal frente al derecho constitucional. El proceso penal, así se podría describir esta exigencia, no debería ser una mera provincia del derecho constitucional –y por supuesto tampoco una provincia constitucional en el sentido de atraso provincial–.

II. EL DERECHO CONSTITUCIONAL COMO FUENTE JURÍDICA Y COMO DIRECTRIZ DE CONDUCTA PARA EL PROCESO PENAL

La influencia del derecho constitucional como fuente jurídica y como directriz de conducta para el proceso penal se hace realidad de distinta forma. Cabe mencionar:

– Primero: las normas procesales concretas que gozan de rango constitucional.

– Segundo: los llamados derechos jurisdiccionales fundamentales, incluida la garantía jurídica del artículo 19 (4) GG (*Grundgesetz*: Ley Fundamental).

– Tercero: los derechos fundamentales generales de los artículos 2.° a 18 GG.

– Cuarto: un sistema deducido a partir de la totalidad de la Constitución, especialmente del Estado de derecho y del Estado social, de la garantía de la dignidad humana y del postulado de la igualdad, a partir del cual la interpretación constitucional ha desarrollado criterios, *topoi* e instituciones también de tipo procesal o con ayuda de las cuales ha enclavado constitucionalmente fenómenos procesal-penales tradicionales.

En este contexto el derecho constitucional es norma de subsunción y criterio de interpretación y de configuración, es decir, opera como máxima, como criterio de ponderación, como decisión de valoración y como determinante de los límites.

Normas concretas de derecho procesal penal que bien podrían estar tanto en la Ley de Enjuiciamiento Criminal como en la *Gerichtsverfassungsgesetz* (GVG: Ley de Organización Judicial) –y que en parte también se encuentran allí en forma similar– están contenidas en el artículo 101 (1), frase 2, con la garantía del juez predeterminado legalmente; el artículo 103 (1), con el derecho de audiencia ante el juez; el artículo 103 (3), con el principio *non bis in idem*, y el artículo 104, con sus diferentes garantías en lo relativo a la detención, como son la reserva judicial preventiva en materia de privaciones de libertad, la limitación temporal para las privaciones de libertad no judiciales y el deber de comunicar la detención. Dentro de esta misma categoría de aseguramiento jurídico-constitucional de una norma que en sí misma es procesal-penal se encuentra, dentro de los derechos fundamentales, la autorización judicial en los casos de entrada y registro del artículo 13 (2) GG, que otorga cobertura constitucional al parágrafo 105 (1) StPO[16]. Aquí, más que de derecho constitucional autónomo de lo que se trata es de una consagración jurídico-constitucional de un derecho simplemente legal, que tanto temporal como conceptualmente es anterior al surgimiento de la Ley Fundamental y que, a pesar de que en parte se perdiera a lo largo del sistema injusto que aconteció entre 1933 y 1945, forma parte del contenido tradicional del derecho procesal alemán.

La elevación a rango constitucional tiene varias consecuencias. Por un lado, aparta los puntos cardinales aquí expuestos del acceso por parte del legislador ordinario y somete cualesquiera modificaciones a las condiciones especiales y prescripciones formales de las leyes que afectan a la Constitución. Por otro lado, el control de la garantía de estas normas de derecho procesal en cuanto que derechos judiciales fundamentales, que como tales en razón de su contenido son normas legales ordinarias, lo pone en manos del Tribunal Constitucional Federal. Las diferencias entre la aplicación del derecho en lo que respecta a las leyes ordinarias, que es competencia de los jueces especiales de las correspondientes jurisdicciones, y el examen constitucional, cada vez se van limando más ya por razones de lógica jurídica. Como el Tribunal Constitucional estos baremos de control, por ejemplo y sobre todo los derechos de audiencia y al juez predeterminado legalmente, los cuales en sí son también

---

16 Sólo así cabe extraer claramente del texto de la Constitución la reserva judicial preventiva; su discutible rango constitucional en el caso de medidas secretas se puede fundamentar en todo caso con la garantía de protección jurídica del artículo 19(4) GG (*Grundgesetz*: Ley Fundamental); cfr. al respecto más concretamente HILGER, en *Gedächtnisschrift für Meyer*, 1990, pp. 209 y ss.

de legalidad ordinaria, no los interpreta formalmente de manera restringida[17], sino de una manera amplia a partir de su contenido de valor material, puede someter en buena medida la correcta aplicación del derecho procesal al control constitucional.

Otra fuente de derecho para el derecho procesal, y con ello también para el derecho procesal penal, que está relativamente especializada y que es aplicable de manera concreta, es la que se sigue de la garantía jurídica del artículo 19 (4) GG, así como de los artículos 92 a 104 GG, con las garantías jurídico-constitucionales del monopolio de la jurisprudencia y de la independencia personal y material[18]. También desde aquí el Tribunal Constitucional ha extraído consecuencias concretas, en parte de gran amplitud, para el establecimiento de normas y la aplicación del derecho[19].

---

17 Cfr., con otras referencias, Niemöller y Schuppert. Ob. cit., pp. 417 y 475; Nehm. Ob. cit., p. 184 (con otras referencias sobre el deber de presentación –*Vorlagepflicht*–). Ambivalente, sin embargo, la interpretación del alcance del artículo 103(3) GG (cfr. por un lado, por ejemplo, *BVerfGE*, 23, 127; 23, 191 –testigos de Jehová–, y por otro, *BVerfGE*, 45, 434; 56, 22 –agotamiento de la acción penal en el caso de los §§ 129 y 129a del StGB (*Strafgesetzbuch*: Código Penal)–; al respecto también Nehm. Ob. cit., p. 188.

18 Si se toman en consideración conjuntamente la sección undécima de la Ley Fundamental acerca de la jurisprudencia y el artículo 19(4), cabe poner en duda si la extendida opinión relativa a que la Ley Fundamental no garantiza ninguna vía de recursos se puede compartir de manera ilimitada (al respecto, cfr. también Gilles. *Ziviljustiz und Rechtsmittelproblematik*, 1992, pp. 117 y ss., 130, con otras referencias). Pues cuando el artículo 95 GG ordena al *Bund* la constitución de tribunales superiores y –prescindiendo de las excepciones del artículo 95– sólo de éstos, con lo cual necesariamente parte de la existencia de tribunales regionales por debajo de los superiores, hay argumentos a favor de que aquí se pueda ver una especie de garantía institucional para la existencia de una vía de instancias, sea del modo que sea. Sin embargo, en contra de la opinión de Gilles (ob. cit., p. 121), no podrá deducirse a partir de ahí un "derecho a recursos", sino en todo caso una garantía constitucional de la estructura básica de una escala jerárquica de instancias para cuya extensión y configuración más concreta se le deja al legislador un amplio margen de arbitrariedad. En todo caso, la garantía de recursos judiciales específicamente procesal del artículo 14,(5) PIDCP (al respecto *LR*-Gollwitzer, 24.ª ed., 1991, art. 6.º CEDH, n.ᵒˢ marg. 261 y ss.) deberá tener mayor alcance.

19 Así por ejemplo la vinculación de normas sobre recusación y abstención con la garantía de independencia; cfr. al respecto, con otras referencias bibliográficas, entre otros, Träger,

Con la fórmula de la arbitrariedad extraída del principio de igualdad del artículo 3.º GG, el Tribunal Constitucional se ha procurado otro instrumento más de control de los jueces especiales con el que al mismo tiempo intenta encontrar un trazado general de límites para la aplicación jurídica que resulte incorrecta simplemente por razones de legalidad ordinaria[20]. Con independencia de si en el supuesto de hecho se afectan derechos fundamentales u otras posiciones constitucionales, el Tribunal Constitucional objeta decisiones de los tribunales especiales cuando la aplicación jurídica resulta objetivamente arbitraria, es decir, no compatible con ninguna de las interpretaciones defendibles[21]. De lo que se trata, expresado de manera más concisa, es de que toda aplicación jurídica evidentemente errónea siempre supone una aplicación inconstitucional del derecho y por ello accesible a la intervención del Tribunal Constitucional. Con ello, tampoco en el ámbito de lo ostensiblemente incorrecto existe un espacio libre de controles para los tribunales especiales. El Tribunal Constitucional emplea este baremo con reservas y los resultados satisfacen en su mayoría. Sin embargo, cabe cuestionar que en este caso se trate de una consecuencia directa y evidente del principio general de igualdad.

Otra forma de caracterizar la relación entre el derecho constitucional y el derecho procesal penal es la que se aborda a través de los derechos fundamentales generales de los artículos 2.º a 18 GG. Estos no se refieren de manera inmediata a ámbitos jurídicos específicos regulados por leyes ordinarias, estableciendo sus límites de afectación y determinando su contenido, sino que todos ejercen una influencia global sobre cada uno de ellos. El hecho de que el proceso penal se vea afectado en mayor medida por los derechos fundamentales se debe a su propia naturaleza; la intensidad de afectación a refrenar mediante

---

en *Festschrift für Zeidler*, 1987, pp. 124, 127 y ss.; cfr. también *BVerfGE*, 21, 139 y ss., 146; 30, 139 y ss., 153; 46, 34 y ss., 37.

20 En general al respecto y con otras referencias, cfr. SCHENKE. Ob. cit., pp. 27 y ss.

21 Cfr., por todos, como muestra de la constante jurisprudencia, *BVerfGE*, 87, 273 y ss., 279; cfr. también *BVerfGE*, 59, 98 y ss.; 62, 189 y ss. Las revocaciones del Tribunal Constitucional apoyadas en esta argumentación afectan, en cuanto al aspecto principal a debatir, menos a sentencias procesal-penales de los tribunales especiales que a las de otros ámbitos.

la garantía de los derechos fundamentales es –al igual que en el derecho policial– un elemento específico especial precisamente del derecho procesal[22].

En el punto al que hemos llegado en la dogmática de los derechos fundamentales se pueden diferenciar dos componentes: por un lado, la función defensiva de los derechos fundamentales como garantes de la libertad frente a medidas estatales y, por otro, el orden objetivo de valores de la Ley Fundamental que en ellos se refleja.

Por lo que se refiere al primer aspecto, algunos derechos fundamentales son específicamente procesal-penales porque su ámbito de protección incluye medidas procesal-penales típicas, como es el caso del derecho a la vida, a la integridad física y a la libertad (art. 2.º [2])[23], el secreto de las comunicaciones (art. 10.º), así como la inviolabilidad del domicilio (art. 13). También existen otros derechos fundamentales que pueden adquirir relevancia en el proceso penal[24]. Así, el Tribunal Constitucional ha extraído la medida para la limitación de la defensa de diversa forma a partir de la libertad profesional (art. 12)[25]; el principio de legalidad se vincula en parte con el principio de igualdad (art. 3.º)[26]; la obligación de declarar bajo juramento se mide y se rechaza en atención a la libertad de creencias (art. 4.º)[27]; el derecho a no prestar declaración por parte de profesionales de la prensa se vincula con la libertad de prensa (art. 5.º [1], frase 2)[28]. Los ejemplos pueden multiplicarse[29] y muestran que

22 NIEMÖLLER y SCHUPPERT. Ob. cit., p. 389.

23 Cfr. al respecto NEHM. Ob. cit., pp. 191 y ss., con referencias.

24 Cfr. al respecto en general las síntesis de TIEDEMANN. Ob. cit., pp. 61 y ss.; NIEMÖLLER y SCHUPPERT. Ob. cit., p. 408; NEHM.. Ob. cit., pp. 193 y ss.

25 *BVerfGE*, 22, 114; 34, 293; 39, 156; 39, 238; 43, 379; 45, 354; más detalladamente NIEMÖLLER y SCHUPPERT. Ob. cit., p. 408; NEHM. Ob. cit., pp. 433 y ss.

26 Referencias en NIEMÖLLER y SCHUPPERT. Ob. cit., p. 414.

27 *BVerfGE*, 33, 23 y ss.

28 Más detalladamente, con referencias, NEHM. Ob. cit., pp. 194 y ss.; cfr. también *BVerfGE*, 15, 288 (sobre la repercusión del artículo 5.1.1 GG con respecto a la recepción radiofónica en la prisión preventiva); 50, 234 y ss. (sobre la inadmisibilidad de la exclusión de un representante de prensa por razón del contenido de su cobertura informativa).

29 Así por ejemplo, *BVerfGE*, 35, 35 –art. 5.º(1) frase 1 GG y el control de las comunicaciones postales–; 42. 95 y ss. –repercusión del art. 6.º(1) GG sobre las normas de visita–.

ya en su función como derecho de defensa a ninguna garantía de derechos fundamentales se le puede negar de antemano su significado para el derecho procesal penal y para el manejo del proceso penal, y que la frontera del contenido esencial (art. 19 [2]) de cualquier derecho fundamental puede prohibir medidas procesales. Esto también es aplicable, y según la evolución jurídico-constitucional cada vez en más medida, a la libertad general de acción del artículo 2 (1)[30]. La discusión, que no puede analizarse aquí más en detalle[31], sobre si y en qué medida la orden general de investigación dirigida a los órganos de persecución criminal satisface la reserva de ley, dentro de la cual se incluye la libertad general de acción, encuentra aquí su explicación.

Como derechos de defensa, los derechos fundamentales que son especialmente importantes para el proceso penal se encuentran sujetos en distinta forma a la reserva general de ley, de tal manera que podría parecer que fuese cosa sólo del legislador la elaboración de la base legal necesaria[32]. El hecho de que este modo formal de tratamiento no sea ajustado a la realidad guarda relación con la segunda función de los derechos fundamentales. La dogmática constitucional bajo la dirección del Tribunal Constitucional ve en ellos la expresión de un orden de valores objetivo general[33]. Éste vincula a toda fuerza estatal en el establecimiento y la aplicación del derecho y obliga a una ponderación de los valores correspondientes. Con el ejemplo de la prisión preventiva: el derecho a la libertad del ciudadano afectado en cuanto decisión objetiva de valor de la Constitución[34], ha de ser siempre opuesto como correctivo al derecho estatal a la persecución penal y al aseguramiento del proceso y tenido en cuenta en cuanto a sus repercusiones, tanto en la formulación legal

---

30 Cf. por ejemplo *BVerfGE*, 44, 353 y y ss. (centro de atención al toxicómano); 66, 313 y ss. (costes del abogado del turno de oficio impuesto).

31 Cfr., con ulteriores referencias, *LR*-Rieß, 24.ª ed., 1988, § 160, n.ºs margs. 3 y ss.

32 Serían de observar –lo cual afectaría sólo a situaciones extremas– la dignidad humana y la garantía del contenido esencial de los derechos humanos.

33 Por todos, con ulteriores referencias, STARCK, en HEYDE y STARCK. Ob. cit., p. 18; cfr. entre otros, asimismo, BERKEMANN, en *JR* 1980, pp. 270 y s. (bajo 3.2).

34 Cf. entre otras, *BVerfGE*, 19, 342 y ss., 347; 20, 144 y ss., 147; 35, 185 y ss., 190; 53, 152 y ss., 158.

de los requisitos de la detención como en la decisión del caso concreto. El "método de ponderación" predeterminado constitucionalmente que domina el proceso penal de manera creciente, y en cuya problemática nos adentraremos más adelante, tiene una de sus primeras raíces en la doctrina de los derechos fundamentales como orden de valores objetivo.

Ello afecta al cuarto aspecto de la influencia del derecho constitucional sobre el proceso penal. A partir de esta segunda función de los derechos fundamentales, de la garantía de la dignidad humana, del principio del Estado de derecho –también en escasa medida del Estado social–[35], el Tribunal Constitucional desarrolla un catálogo de instituciones y valores cruciales también para el proceso penal a la luz de los cuales se mide el establecimiento y la aplicación del derecho y a partir de los cuales se pueden extraer los contornos jurídico-constitucionales del proceso penal. Aquí el método consiste en el desarrollo –o, llevado al extremo, en la fijación decisionista– de conceptos intermedios que se mueven en un nivel más bajo de abstracción y que, al estilo del *case law*, en la actividad concreta de toma de decisiones pueden ser dotados de contenido. Tales conceptos constituyen el baremo para examinar el derecho legal ordinario y su interpretación y aplicación conformes con la Constitución. En los ámbitos que sólo de manera escasa están regulados por derecho legal ordinario, también pueden servir de manera inmediata como fundamento normativo. Voy a resaltar –sin ánimo de exhaustividad y sin profundizar en las derivaciones constitucionales concretas– algunos de estos conceptos intermedios que también podrían caracterizarse como máximas procesales de carácter jurídico-constitucional:

– El principio de proporcionalidad como principio rector del ejercicio de poder por parte del Estado, junto con los elementos acompañantes de necesidad, idoneidad y adecuación.

– El derecho a un proceso *fair*, en parte unido al problemático concepto de la igualdad de armas.

– En algunos aspectos, el deber de asistencia judicial y por parte del ministerio público.

---

35 Al respecto en detalle, MÜLLER-DIETZ. "Sozialstaatsprinzip und strafverfahren", en *Festschrift für Dünnebier*, 1982, pp. 75 y ss.

– La cualidad como sujeto reconocida al acusado al menos en principio y a partir de la cual se deduce entre otros el derecho a que se respete su libertad para declarar.

El Tribunal Constitucional también ha desarrollado a partir del principio del Estado de derecho –entre tanto con aceptación mayoritaria de la doctrina–[36] el deber de mantener la capacidad de funcionamiento de los órganos de la justicia penal o –en otra variante– de una administración de justicia efectiva. En cuanto baremo para examinar la admisibilidad de los preceptos legales y la aplicación del derecho conforme a la Constitución en el caso concreto, ello ejerce al mismo tiempo la función de amplio contrafuerte frente al exceso de acentuación de las garantías de libertad individuales que se pueda producir a través de una determinada interpretación material de los derechos fundamentales y frente a la paralización de la actividad de los órganos de persecución penal que se pueda temer por tal motivo[37]. Como poder constituido para la paz y el orden, el Estado no sólo tiene que cumplir una tarea garantizadora de la libertad protegiendo al individuo de intervenciones desproporcionadas del Estado; el deber de protección que ha de satisfacer con su ordenamiento jurídico consiste también en velar por que funcione el monopolio de la fuerza[38]. Este contrapunto a la componente individualista de la Constitución exige aún otra ponderación en diversos aspectos accesoria en el análisis de lo que está mandado o predeterminado, en el proceso penal, legislativamente y en el caso individual, constitucionalmente.

---

36 Detalladamente sobre esta deducción y su favor, por ejemplo, NIEMÖLLER y SCHUPPERT. Ob. cit., pp. 394 y s.; además (con referencias jurisprudenciales) NEHM. Ob. cit., p. 180; TIEDEMANN. Ob. cit., pp. 24 y s.; *SK-StPO*-Wolter. Ob. cit., vor § 151, n.° marg. 28; críticamente GRÜNWALD, en *JZ* 1976, pp. 772 y s.; HASSEMER, en *StV* 1982, pp. 275 y ss.

37 Cfr. también limitadoramente en el sentido de una "armonización acorde con los derechos fundamentales", *StK-StPO*-Wolter. Ob. cit.

38 Un cierto parentesco metódico entre esta postura puede verse en relación al deber general de punición postulado por el Tribunal Constitucional en sus dos sentencias en relación con el § 218 *StGB* (*BVerfGE*, 39, 1 y ss.; 88, 203 y ss.). En ambos casos se trata de una actividad estatal exigida constitucionalmente, la cual puede limitar la esfera individual de libertad.

El baremo de control del aseguramiento de una administración de justicia penal con capacidad de funcionamiento precisa sin duda de un manejo más cuidadoso y prudente, que hasta ahora se le puede certificar al Tribunal Constitucional[39]. Tal baremo contiene una considerable carga explosiva, porque podría ser utilizado para justificar una interpretación constitucional que posibilite una limitación de derechos procesales escritos, por ejemplo en caso de amenaza de abuso que ponga en peligro la marcha del proceso. Quizá guarde relación con este peligro el hecho de que el Tribunal Constitucional en otras sentencias utilice más bien el *topos* de una administración judicial penal orientada a la justicia[40].

La Convención Europea para la Protección de los Derechos Humanos y Libertades Fundamentales (CEDH) y las garantías que en gran parte encuentran un contenido similar en el Pacto de Derechos Civiles y Políticos (PIDCP) se deben tratar aquí sólo en razón de su relevancia jurídico-constitucional. Prácticamente tiene un interés meramente académico el saber qué rango en la jerarquía de fuentes jurídicas se le reconoce a la Convención en el ámbito estatal interno, es decir, si posee rango constitucional[41]. Lo garantizado en sus artículos 5.° y 6.° para el derecho procesal y el proceso penal[42] tiene un rango material fundamentalmente constitucional porque se corresponde con lo que el Tribunal Constitucional ha desarrollado a partir de una visión conjunta del contenido de la Constitución como aquello que se corresponde con un proceso

---

39 Detalladamente TIEDEMANN. Ob. cit., pp. 25 y ss.; cfr. asimismo *SK-StPO*-Wolter. Ob. cit., vor § 151, n.°s marg. 30 y ss.; NIEMÖLLER y SCHUPPERT. Ob. cit., pp. 399 y ss.; IGNOR, en *Jura* 1994, p. 241.

40 Cfr. *BVerfG* 35, 185 y ss., 190; 53, 152 y ss., 159; 80, 367 y ss., 375 (exigencias que debe cumplir una administración de justicia orientada a las garantías del Estado de derecho); cfr. además NIEMÖLLER y SCHUPPERT. Ob. cit., pp. 401 y ss. (principio material del Estado de derecho).

41 Cfr. al respecto, con ulteriores referencias, BLECKMANN, en *EuGRZ* 1994, pp. 149 y ss.; sobre la jerarquía de las fuentes jurídicas en general *LR*-Gollwitzer. Ob. cit., introd., n.°s marg. 19 y ss.

42 Los artículos 5.° y 6.° CEDH se corresponden en gran medida con los artículos 9.° y 14 PIDCP; otras garantías más amplias se contienen por ejemplo en el artículo 10.° PIDCP.

penal propio de un Estado de derecho. Si bien los intrumentos formales de control de que disponen el Tribunal Constitucional y el Tribunal Europeo de Derechos Humanos son diferentes, los baremos de contenido coinciden en gran medida y, al parecer, con tendencencia creciente. Pero no se da una congruencia total. La medida en que se deban reconocer por parte de la jurisprudencia constitucional garantías específicas en temas como la interrogación de testigos o la citación de testigos de descargo (art. 6.º [3], letra d. CEDH) o la garantía de recursos judiciales contenida en el artículo 14 (5) PIDCP como garantías constitucionales, es una cuestión abierta.

Las normas de la Convención Europea, que en muchos aspectos son mucho más concretas, han tenido que ejercer una influencia significativa en la concreción de los mandatos del Estado de derecho a través del Tribunal Constitucional. Cabe presumir que sin esta influencia de la Convención, el Tribunal Constitucional no hubiese llegado en tan poco tiempo y de manera tan generosa a considerar el mandato de *fairness* como una de las máximas centrales del proceso desde el punto de vista jurídico-constitucional. Y lo mismo cabe decir sobre todo con respecto a un concepto que a duras penas encaja en el derecho procesal penal alemán, como es el de igualdad de armas.

III. BALANCE PROVISIONAL:
RENDIMIENTOS Y CARENCIAS

Para el derecho constitucional existe por tanto una extensa y variopinta gama de posibilidades de influencia sobre el proceso penal. Pero ello aún no dice nada acerca de los rendimientos en la aplicación de este instrumental. Ésta es la cuestión que se tratará a continuación.

Después de casi 45 años de actividad jurisprudencial del Tribunal Constitucional, de un uso copioso de las posibilidades de recurso de queja constitucional y de las no escasas cuestiones de constitucionalidad que se han producido, también por parte de instancias inferiores[43], un gran número de

---

43 Por lo que a éstas respecta, el número de cuestiones de inconstitucionalidad inadmisibles de acuerdo con el artículo 100(1) GG es marcadamente elevado. El Tribunal Constitucio-

preceptos procesales penales, en su mayor parte problemáticos, se han visto sometidos a un examen de valoración jurídico-constitucional. Lo mismo cabe decir con respecto a las decisiones rutinarias tanto judiciales como del ministerio público, en el marco del derecho establecido.

Como panorama general puede sostenerse que la jurisprudencia constitucional resulta más tolerante en muchos aspectos que una ciencia que interpreta el derecho constitucional llevándolo en muchos casos al extremo. Prácticamente con respecto a toda decisión problemática de los tribunales especiales existe una opinión minoritaria que plantea objeciones constitucionales. Sin embargo, muchas veces se pasa por alto que el derecho constitucional, la política constitucional y la política jurídica son cosas distintas.

De cara al aspecto de la declaración de inconstitucionalidad de preceptos procesal-penales de legalidad ordinaria, el balance resulta más bien modesto[44]. A la gran parte de los preceptos vigentes que se han sometido al control de jurisprudencia constitucional, el Tribunal Constitucional les ha certificado su incuestionabilidad constitucional. Otros casos afectan más bien a ámbitos marginales, cuando no conservan entre tanto una relevancia meramente histórico-jurídica[45]. No han alterado ni a la dogmática procesal-penal ni al legislador, sino que en todo caso han conducido a retoques y aclaraciones[46].

Este resultado básicamente viene determinado por el hecho de que la actividad legislativa en el ámbito del proceso penal se ha esforzado sobre todo

---

nal no muestra ninguna predisposición a establecer una fijación constitucional anticipada con ayuda de una interpretación más bien favorable al contenido de la cuestión, si en su opinión los tribunales no exponen con claridad la relevancia de la decisión.

44 Cfr. al respecto la exposición de TIEDEMANN. Ob. cit., pp. 69 y ss.

45 Cfr. por ejemplo *BVerfGE*, 10, 200 y ss. (juzgados de paz en Baden-Württenberg); 22, 49 y ss. (procedimiento administrativo sancionador previo en materia de delitos fiscales).

46 Cfr. al respecto *BVerfGE*, 9, 98 y ss., como sentencia detonante que condujo al § 33a StPO –al respecto también NIEBLER. Ob. cit., p. 314–; *BVerfGE*, 34, 293 y ss., como fundamento para la necesidad de regulación de la exclusión del defensor (§§ 138a StPO y ss.); 36, 193 y 36, 134 y ss., como motivo para la regulación estatal del derecho a negarse a prestar declaración del § 53 StPO mediante la Ley del 25 de julio de 1975 (*BGBl* I, p. 1973); 65, 377 y ss., 382 y ss. (en sentido contrario, 3, 248 y ss., 250 y ss.) como impulsora para la regulación legal de la firmeza de la orden de detención (§§ 373a y 410 [3] StPO).

en los veinte primeros años de la República Demócrática –pero también hasta
la actualidad– por una adaptación continua a las directrices constitucionales.
Comparándolos con el contenido en su versión actual, en muchas partes la
Ley de Enjuiciamiento Criminal y la Ley de Organización Judicial en la nueva
redacción dada a través de la *Rechtseinheitsgesetz* (Ley para la Unidad Jurídica)
del 12 de septiembre de 1950[47], que se hacía eco de las aspiraciones del Estado
de derecho, hoy ya no tendrían ninguna posibilidad de supervivencia. Existe
algo así como una permanente relación de reciprocidad entre la burocracia
ministerial, el legislador y la jurisprudencia constitucional en la que con una
obediencia apresurada se implanta –cuando no se anticipa– legislativamente
lo que podría parecer un mandato jurídico-constitucional. El legislador, junto
con la burocracia ministerial que le asesora, ignora la existencia de un riesgo
constitucional residual en los supuestos en que se conciben nuevos preceptos
exclusivamente por motivos políticos acuciantes; siendo éstos muy poderosos,
el riesgo puede ser aún mayor.

Por otra parte, con el método de la interpretación conforme a la Constitución el Tribunal Constitucional ha rescatado preceptos de la Ley de Enjuiciamiento Criminal y la Ley de Organización Judicial que bien podría –o
quizá debería– haber vetado. Sobre esto se volverá más adelante.

Finalmente debe manifestarse aquí la presunción de que no sólo es el
derecho constitucional el que se ve influido por el derecho procesal penal sino
que también las exigencias jurídico-constitucionales como baremo de control,
se ven en parte influidas por el derecho procesal penal alemán concreto[48]. El
ideal constitucional para un proceso penal del Estado de derecho con el que
el Tribunal Constitucional mide el contenido de las normas y la aplicación del
derecho se ve influido por una previa concepción del específico modelo procesal
penal alemán, esto es, tiene como base el tradicional proceso penal alemán
reformado. De otro modo no sería explicable, por ejemplo, que el principio de
legalidad se considere cimentado constitucionalmente. Es de suponer que con

---

47 *BGBl*, p. 455; sobre la historia de su surgimiento y su significación cfr. RIESS, en *Festschrift
für Helmrich*, 1994, pp. 127 y ss.
48 Al respecto cfr. asimismo NIEMÖLLER y SCHUPPERT. Ob. cit., pp. 411 y s.

esta afirmación el Tribunal Constitucional no pretenderá dejar de reconocerles un proceso penal propio del Estado de derecho a aquellos países vecinos que otorguen validez al principio de oportunidad.

También se trata de consecuencias legislativas del examen constitucional en los casos en los que el Tribunal Constitucional objeta medidas de los órganos de persecución penal con el argumento de que desde un puro entendimiento constitucional se carece de una base legal, o cuando la inaplicabilidad de la norma evidencia otras lagunas de regulación. Como ejemplo del primer caso valga la inadmisibilidad de la exclusión del defensor sin un fundamento legal[49], y como ejemplo del segundo la sentencia acerca de la negación de prestación de juramento también en su versión no religiosa por motivos de creencia o conciencia[50]; también aquí pueden sumarse ejemplos a placer[51]. El producto de tales objeciones, que ocasionalmente van unidas a la advertencia de que la situación jurídica descubierta resulta insatisfactoria[52], es diverso y depende del clima jurídico-político general. Puede ser que el legislador vea motivo para una pronta intervención legislativa, o puede ser también que por diferentes razones persevere en su inactividad[53].

---

49 *BVerfGE*, 34, 294 y ss., 303 y ss.; sobre el origen histórico, también de la jurisprudencia constitucional y sobre las demás sentencias constitucionales, extensamente, Niemöller y Schuppert. Ob. cit., pp. 434 y ss.

50 *BVerfGE*, 33, 23 y ss.; más al respecto, así como sobre el desarrollo legislativo posterior, *LR*-Dahs, 24.ª ed., 1985, parág. 66d, n.° marg. 1.

51 Cfr. por ejemplo *BVerfGE*, 14, 320 (que fue el motor para la regulación del § 396(3) StPO); 16. 119 y ss., 123 (motor para la regulación en el § 114b(1) frase 2 StPO); 17, 356 y ss. (motor para la modificación del § 175 frase 2 StPO); 29, 312 (motor para la introducción del § 450a StPO; cfr. al respecto *LR*-Gössel, 1987, parág. 450a, n.ºs marg. 3 y s.).

52 Así *BVerfGE*, 34. 293 y ss., 306 en relación a la exclusión del defensor; 33, 23 y ss., 34 sobre el decaimiento del deber de prestar juramento.

53 Puede ser que un consenso jurídico-político acerca de una regulación legal no sea alcanzable o que al legislador no le moleste la laguna descubierta. Pero también cabe imaginar que la interpretación jurídico-constitucional resulte, también sin implementación legal, una base jurídica suficiente para la aplicación práctica; un ejemplo al respecto nos lo ofrece la abstinencia legislativa existente hasta ahora en materia de tratamiento de testigos, en lo que ha sido objeto de reconocimiento por parte del Tribunal Constitucional (*BVerfGE*, 38, 105 y ss., 112). Al retraimiento legislativo también puede contribuir el hecho de que

No pueden ser enumeradas ni analizadas aquí las objeciones constitucionales, generalmente iniciadas mediante recurso de queja constitucional, contra
la aplicación jurídica por parte de los tribunales y del ministerio público en
supuestos en los que existe una base legal en sí misma irreprochable. Pero en
general, un repaso de las sentencias transmite también aquí la sensación de que
en el caso particular la violación constitucional es más bien la excepción. En
relación a la multitud de sentencias revisadas, las objeciones constitucionales se
sitúan en el ámbito porcentual más bajo, pero en cifras absolutas sí tienen cierto
peso[54]. Algunas de ellas –a menudo en un ámbito limítrofe a la interpretación
conforme a la Constitución– han influido de forma duradera en la práctica, al
menos en lo que a procedimiento ajustado a las normas se refiere[55]. Sobre todo
en el caso del derecho a audiencia parece que todavía no hay remedio contra las
infracciones constitucionales ocasionales[56]. El hecho de que aquí los tribunales
penales por lo menos en los últimos tiempos vivan una situación más favorable
a la de los que se rigen por otros ordenamientos procesales es más bien consecuencia del singular parágrafo 33a StPO (singular desde un punto de vista
procesal comparado). Queda abierta la cuestión de si dicho precepto ayuda a
resolver el problema o si simplemente le permite al Tribunal Constitucional
emitir el veredicto de la falta de agotamiento de la vía jurídica[57].

---

una regulación legal pudiera acarrear reformas y consecuencias dificultosas; también aquí
el tema de los testigos ofrece un considerable material de estudio; cfr. al respecto, entre
otros (también en cuanto a las cuestiones que sería preciso regular en caso de desarrollo
legislativo), HAMMERSTEIN, en *NStZ* 1981, p. 125; THOMAS, en *NStZ* 1982, p. 489; sobre el
estado actual de la cuestión, con ulteriores referencias KLEINKNECHT y MEYER-GOSSNER.
Ob. cit., vor § 48, n.º marg. 11.
54 Cfr. también al respecto la esposición de TIEDEMANN. Ob. cit., pp. 69 y ss.
55 Como ejemplos pueden citarse *BVerfGE*, 42, 212 y ss.; 44, 393 y ss., sobre concretización de
la orden de registro (si bien todavía se informa de deficiencias –cfr. al respecto *AnwBl.* 1992,
pp. 349 y ss. y, por ejemplo, *BVerfGE*, 71, 64 y ss.); 46, 202 y ss.; 65, 171 y ss., acerca de la
designación de defensor y la presencia del defensor en la vista del proceso de casación.
56 Cfr. al respecto la nota 13 y la recopilación de las sentencias que afectan al artículo 103(3)
GG solamente en lo relativo al proceso penal, en TIEDEMANN. Ob. cit., pp. 71 y ss.
57 Cfr. NIEBLER. Ob. cit., pp. 313 y ss.; acerca del carácter subsidiario del recurso de queja
constitucional en general, con ulteriores referencias, E. KLEIN, en *Festschrift für Zeidler*, 1987,

Entre los rendimientos del control constitucional de la aplicación jurídica al caso concreto de la simple legalidad puede contarse también el hecho de que un modo de proceder determinado no sea objetado a pesar de la reclamación correspondiente, o incluso sea admitido expresamente. De acuerdo con el principio *roma locuta*, en el futuro será practicado con la conciencia tranquila y por eso puede verse también como una carencia el hecho de que aquí quede consagrado lo que sería transformable si se procediera de manera más cautelosa. El acudir de manera precipitada y excesivamente celosa al Tribunal Constitucional no carece de riesgos para aquel que quiera cambiar las cosas.

Entre los fenómenos ambivalentes en la relación entre el derecho constitucional y el derecho procesal penal se encuentra la interpretación acorde a la Constitución, concretamente cuando ésta es utilizada por la jurisprudencia constitucional con efecto *ex catedra*[58]. A pesar de que con una observancia suficiente de los límites, especialmente del sentido literal, metodológicamente no caben objeciones contra ello, y aunque se le vea la ventaja de que con los presupuestos constitucionales jurisprudenciales de una interpretación conforme a la Constitución puede prescindirse, y de hecho se prescinde, de muchos esfuerzos legales, ello no está exento de problemas. A través del sello de calidad externo del Tribunal Constitucional el legislador puede verse exento –y así sucede en muchas ocasiones– de efectuar una reflexión que pondere todas las circunstancias en torno a una nueva estructuración de una materia jurídica que está situada al borde de lo inconstitucional.

En la interpretación conforme a la Constitución que llega hasta el límite del sentido literal, cuando no lo sobrepasa, la literalidad de la ley ya no refleja

---

pp. 1307 y ss.; cfr. también (crítico con la figura de la impugnación iniciada sin fundamento legal en los casos de grave injusto procesal –entre otras *BVerfGE*, 63, 77– y con el desarrollo en la jurisprudencia de los tribunales especiales) MEYER. Ob. cit., pp. 273 y ss.

58 En relación a la interpretación acorde a la Constitución en general, con ulteriores referencias, BETTERMANN. *Die verfassungskonforme Auslegung, Grenzen und Gefahren*, 1986; *AK-StPO*-Loos (1988), introd., III, n.° marg. 17; SCHENKE. Ob. cit., pp. 40 y ss.; KLEINKNECHT y MEYER-GOSSNER. Ob. cit., introd., n.° marg. 193. Las consideraciones críticas que siguen a continuación no cuestionan lo que se podría llamar la aplicación "rutinaria", esto es, la que tiene lugar a través de los tribunales especiales y que se produce claramente dentro de los límites de la literalidad existentes.

acertadamente la verdadera situación jurídica; debido a la abstinencia del legislador a menudo son pocas las esperanzas de que se llegue a una mayor claridad en un plazo de tiempo previsible. Ni del sentido literal del parágrafo 112 (3) StPO sobre la prisión provisional cuando no concurre ninguno de los motivos de prisión[59], ni de los parágrafos 24 y 74 GVG con la aparente discrecionalidad acusadora del ministerio público[60], puede extraer el ciudadano que el Tribunal Constitucional a través de una interpretación conforme a la Ley Fundamental les haya dado hace ya décadas otro sentido a estos preceptos. En relación con las competencias de los jueces penales, la interpretación conforme a la Constitución del parágrafo 25 GVG a raíz de la sentencia de 1967[61] y hasta la nueva redacción del precepto el 1.° de abril de 1993[62], esto es, a lo largo de más de 25 años, no tenía ya nada que ver con el sentido literal. Una aplicación jurídica conforme a la Constitución no queda de ninguna manera garantizada si es una ojeada a una obra de legislación comentada lo que primero revela cuál es el sentido conforme a la Constitución de un determinado precepto. Ello tiene validez especialmente cuando la interpretación que es conforme al sentido literal pero contraria a la Constitución, también es la más sencilla de aplicar. Que el Tribunal Constitucional haya hecho siempre bien rescatando preceptos problemáticos con una interpretación conforme a la Constitución, en lugar de motivar al legislador a tomar una decisión clara mediante la declaración de inconstitucionalidad, es una cuestión que permenece abierta.

Ello es así sobre todo cuando –como en el caso de la sentencia sobre la suspensión de la pena de privación de libertad perpetua–[63] el criterio de

---

59 Al respecto, *BVerfGE*, 19, 342 y ss. del 15 de diciembre de 1965; igualmente 36, 276; cfr. más detalladamente NIEMÖLLER y SCHUPPERT. Ob. cit., p. 492.

60 Al respecto *BVerfGE*, 9, 223 de 19 de marzo de 1959; cfr. más detalladamente, entre otros, *LK-K*. Schäfer (1991), parág. 24 GVG, n.° marg. 17; KISSEL. *GVG*, 2.ª ed., 1993, parág. 24, n.os marg. 9 y ss.

61 *BVerfGE*, 22, 254 y ss. del 19 de julio de 1967.

62 Artículo 3.5 *Rechtspflege-Entlastungsgesetz* del 11 de enero de 1993 (*BGBl*. 1, p. 50); sobre la situación legal actual cfr. *LR*-Rieß, 24.ª ed., anexo a la GVG, n.° marg. 19, con ulteriores referencias.

63 *BVerfGE*, 86, 288 y ss.; acerca de la sentencia, ELF, en *NStZ* 1992, pp. 468 y ss.; crítica-

interpretación conforme a la Constitución obliga a consecuencias que no armonizan sin fricciones con el instrumental dogmático y procesal existente y que probablemente no han sido suficientemente tenidos en cuenta por parte del Tribunal Constitucional[64].

Entre los rendimientos jurídico-constitucionales para la dogmática procesal penal se encuentran sólo de manera escasa *obiter dicta* procesales del Tribunal Constitucional y sobre todo de sus secciones y de las antiguas comisiones de evaluación previa, que no siempre pueden aspirar a un conocimiento completo de los problemas[65]. Sin embargo, entre tales rendimientos se encuentra el hecho de que la dogmática jurídico-constitucional haya anclado una parte de las máximas procesales tradicionales y de las instituciones jurídico-procesales en la Constitución[66]. Entre ellos se cuentan por ejemplo el principio de legalidad, la libertad de declaración y, en general, la cualidad de sujeto del acusado[67] o el deber de legalidad ordinaria, vinculado al parágrafo 265 StPO, de participar datos jurídicos, el cual constitucionalmente aparece vinculado con el derecho de audiencia o con el principio del *fair trial*[68].

---

mente, entre otros, MEURER, *JR* 1992, pp. 411 y ss.; GEIS, en *NJW* 1992, p. 2938; DREHER y TRÖNDLE, *StGB*, 46.ª ed., 1993, parág. 57a, n.° marg. 1; asimismo los votos particulares de MAHRENHOLZ y WINTER, en *BVerfGE*, 86, 340 y ss., 355 y ss.

64 Cfr. al respecto, detalladamente, MEURER, en *JR* 1992, pp. 411 y ss.; KINTZI, en *DRIZ* 1993, pp. 341 y ss.; *LK*-Gribbohm, 11.ª ed., 1992, parágrafo 57a, n.° marg. 19, pp. 45 y ss., 52 y ss. El legislador no muestra hasta el momento ninguna inclinación a ocuparse del "embrollo" generado por el Tribunal Constitucional y que según DREHERH y TRÖNDLE (cfr. ob. cit.) sólo él puede remediar; la jurisprudencia del Tribunal Supremo ha intentado, a través de un gran número de sentencias, "neutralizar" la problemática de las consecuencias jurídico-constitucionales.

65 Como ejemplo, la decisión de la comisión de examen prelimilar en *NJW* 1984, p. 967, acerca de la posible observancia de un impedimento procesal de duración excesiva del procedimiento, que parece no tomar en cuenta la abundante y bien diferenciada discusión jurídico-procesal existente o, al menos, ni la menciona ni toma postura al respecto. En general acerca de la problemática de los *obiter dicta* jurídico-constitucionales, así como los mejores conocimientos técnicos de los tribunales especiales con respecto a las cuestiones de legalidad ordinaria, cfr. SCHENKE. Ob. cit., pp. 24 y ss., 57.

66 Cfr. al respecto también las referencias en NIEMÖLLER y SCHUPPERT. Ob. cit., pp. 408 y ss.

67 En cuya configuración concreta el legislador dispone de un amplio margen de discrecionalidad.

La dogmática jurídico-procesal se ha ampliado además a través de conceptos específicamente procesales como el mandado de *fairness*[69], la igualdad de armas y el deber de tutela procesal[70]. Los mismos influyen en la implantación y aplicación del derecho aun cuando los contenidos de estos conceptos, la relación entre ellos y con las instituciones tradicionales, así como su círculo de destinatarios, no estén todavía aclarados definitivamente. En razón de su carácter jurídico-constitucional sirven a la jurisprudencia –especialmente el mandato de *fairness*– como baremo de control tanto de las normas de legalidad ordinaria como de la aplicación jurídica de este tipo de normas, y también pueden ser utilizadas en esta segunda función para ampliar el límite de las competencias de control de la jurisdicción constitucional frente a los tribunales especiales[71].

Por el contrario, el recurso expreso al mandato de *fairness* por parte de las jurisdicciones especiales dentro de lo que son unas directivas de conducta exhaustivamente regladas, como sucede con el derecho de la prueba, me parece metodológicamente problemático[72]. Aquí se trata de un baremo constitucional

68 Cfr. al respecto, también sobre la deducción jurídico-constitucional, Niemöller. *Die Hinweispflicht des Tatrichters*, 1988.

69 Al respecto cfr. más detalladamente, con ulteriores referencias, Tettinger. *Fairness und Waffengleicheit*, 1984; Laufhütte. Ob. cit.; Niemöller y Schuppert. Ob. cit., pp. 397 y s.; *KK*-Pfeiffer. Ob. cit., introd., n.os margs. 28 y s.; Kleinknecht y Meyer-Gossner. Ob. cit., introd., n.º marg. 19; *LR-K*. Schäfer, 1988, introd. al cap. 6.º, n.os margs. 17 y ss.

70 Al respecto cfr. más detalladamente, con ulteriores referencias, Kleinknecht y Meyer-Gossner. Ob. cit., introd., n.os margs. 155 y ss.; *LR-K*. Schäfer. Ob. cit., introd. al cap. 6.º, n.os margs. 23 y ss.

71 Al respecto, entre otros, con la fórmula del "derecho ordinario por mandato constitucional", Niemöller y Schuppert. Ob. cit., pp. 410 y ss.

72 Cfr. al respecto la objetable sentencia *BGHSt* 32, 44, que además de la violación del § 244,(3) StPO emplea el mandato de *fairness* como baremo de control; en contra al respecto, entre otros, también *KK*-Pfeiffer. Ob. cit., introducción, n.º marg. 28; Kleinknecht y Meyer-Gossner. Ob. cit., introd., n.º marg. 19; Herdegen, en *NStZ* 1984, p. 343; Meyer, en *JR* 1984, p. 174; a favor, en cambio, Laufhütte. Ob. cit., p. 193, haciendo referencia a las (excesivas) exigencias de fundamentación de acuerdo con el § 344(2) frase 2 StPO. Pero si este diagnóstico es correcto, sería metodológicamente obligado llevar a cabo las

subsidiario que, en cuanto a lo que puede asegurar de contenido jurídico-estatal, se queda claramente por detrás de los detalles que ofrece la legalidad ordinaria. En la actual situación del proceso penal, me parece que el mandato de *fairness* en la aplicación jurídica de las leyes ordinarias no aporta nada adicional frente a una interpretación teleológica y sistemática del conjunto de normas existentes[73]. Lo mismo se puede decir en mayor medida con respecto al concepto de igualdad de armas, frente al que además desde un punto de vista procesal se pueden también hacer un gran número de objeciones[74].

También es cierto que esto puede cambiar, ya que descansa sobre la premisa de que el derecho procesal penal describe y regula un proceso justo. Reducciones masivas y carentes de compensación en lo que afecta a las posibilidades de influencia del acusado, que actualmente en las discusiones sobre simplificación y descarga no están totalmente fuera de lo imaginable, podrían conducir a que la posición de contención que juega el mandato de *fairness* y otros institutos jurídico-constitucionales tenga que ser activada frente a reducciones legislativas o frente a una práctica jurídica que haga de ellas un uso extensivo[75].

---

correspondientes correcciones en la interpretación de este precepto de acuerdo con el mandato de *fairness*.

73 RIESS, en BRAK-*Mitteilungen* 1984, pp. 186 ss.

74 Cfr. RIESS, en *Festschrift für Schäfer*, 1980, p. 174; cfr. asimismo EGON MÜLLER, en *NJW* 1976, pp. 1063 y ss.

75 En este contexto cabe recordar que el deber público de información en relación con la eliminación del derecho a solicitud de prueba 1935/1939 por parte del *Reichsgericht* ha sido activado como posición amortiguadora (cfr. al respecto entre otros SARSTEDT y HAMM. *Die Revision in Strafsachen*, 5.ª ed., 1983, n.os margs. 244 y ss.). Además es notable con qué intensidad y frecuencia se ha inmiscuido el Tribunal Constitucional en la aplicación de derecho ordinario por parte de los tribunales especiales después del endurecimiento de los preceptos procesal-civiles de preclusión a través de la enmienda legal de 1988. Los planes existentes en materia de preclusión procesal-penal –cfr. la solicitud de Baviera para la modifición del § 244 StPO, BR-Drucksachen 331/94– en el supuesto de excesiva aplicación podrían desencadenar actividades constitucionales similares, sobre todo si se tiene en cuenta que el deber público de información está considerado en su núcleo como un deber consolidado constitucionalmente (cfr. NIEMÖLLER y SCHUPPERT. Ob. cit., pp.

Bajo la rúbrica "rendimientos y carencias" se plantea por último la cuestión de en qué medida los más de 40 años de Constitución vivida, aplicada y afirmada con conceptos diferenciados y subsumibles de distinta forma, se han internalizado en la práctica del proceso penal de manera tal que el resultado, en tanto que es sentido como obvio, apenas se aprecia. Planteado de otro modo, ¿tendríamos hoy otro proceso penal y otro clima procesal penal si no existiera la Ley Fundamental o si se hubiera desarrollado de otro modo? Creo que eso hay que responderlo afirmativamente, aunque no se pueda demostrar de manera categórica[76]. Si esto se admite, entonces se puede ver –aunque no pueda describirse con exactitud– un importante rendimiento del desarrollo constitucional en el hecho de que en el día a día del proceso penal el orden de valores de la Ley Fundamental se hace realidad de manera discreta o cuando menos se respeta[77], mientras que los ámbitos o los supuestos en los que esto –todavía o ya– no es el caso tendrían que calificarse como carencias.

IV. CONSECUENCIAS - PROBLEMAS - APORÍAS

Reflexionando sobre las consecuencias y problemas que se vinculan al estado de cosas que se ha esbozado, se pone de manifiesto que la penetración jurídi-

---

442 y ss.). Cf. también –ya al respecto del desarrollo jurídico del momento y en la crítica seguramente excesivo– PETERS, en *JR* 1980, pp. 266 y s.

76 En lo particular, en un examen detallado de esta problemática –que no puede tener lugar aquí– habría que centrar la atención al menos en los siguientes grupos de cuestiones. En primer lugar, habría que tener en cuenta qué medidas legislativas no son tomadas ya en una fase previa en lo que afecta a lo predeterminado constitucionalmente. En segundo lugar, habría que analizar en qué medida los tribunales especiales en el ámbito de la aplicación jurídica rutinaria y en la interpretación dentro de los cánones interpretativos tradicionales se han orientado según las decisiones de valor objetivas de la Constitución (cfr. al respecto, en lo que se afecta a la jurisprudencia del Tribunal Supremo, ROXIN. Ob. cit.), y, en tercer lugar, habría que tomar en consideración en qué medida en el manejo de los preceptos jurídicos en la realidad y en el aprovechamiento de márgenes de acción se ha hecho efectivo el orden de valores de la Constitución como presupuesto indiscutible.

77 Cfr. al respecto también NEHM. Ob. cit., p. 205, que ve la ganancia decisiva en "la transformación del Estado legal al Estado de derecho".

co-constitucional de la que es objeto el derecho procesal tiene su precio. De manera sintética y sin pretender asociarles al mismo tiempo una valoración negativa, se puede hacer el siguiente balance de costes:

– Primero: a una dogmática jurídico-procesal independiente e intrasistemática se le superponen cláusulas jurídico-constitucionales que en alcance, relevancia y contexto de referencia son más difusas.

– Segundo: surge una meta-dogmática o una dogmática adicional que trabaja con deducciones jurídico-constitucionales.

– Tercero: pierde fiabilidad el derecho escrito y se pierde calculabilidad en el caso individual.

– Cuarto: se reduce la efectividad en la puesta en práctica del llamado derecho estatal a la imposición de penas.

– Quinto: falta claridad en la delimitación de competencias entre las jurisdicciones compententes y la legislación por un lado, y la jurisprudencia constitucional por otro, la cual interfiere en ambos ámbitos.

– Sexto: se genera un diluvio normativo y una excesiva complicación del derecho ordinario a través del intento de establecer normas que tengan en cuenta todas las ramificaciones del derecho y de la dogmática constitucionales.

– Séptimo: el tradicional modelo de proceso alemán se cementa jurídico-constitucionalmente.

Algunos de estos costes se generan bajo el propio tejado y se podrían evitar o reducir con otro modo de proceder. Otros son estructuralmente inevitables. Y otros podrían haberse evitado pero hoy apenas pueden reducirse.

Aún cabe añadir unas breves objeciones complementarias:

En la delimitación de competencias[78] no se trata sólo de reprocharle al Tribunal Constitucional que actúe como legislador suplente o como superinstancia de casación, sino también, al contrario, de exigirle a los tribunales especiales que no recurran de manera precipitada a los baremos de examen y a los métodos de interpretación constitucionales. En el ámbito del proceso penal,

---

78 Cfr. al respecto, con ulteriores referencias, SCHENKE. Ob. cit., pp. 27 y ss.; respecto del proceso civil también SCHUMANN, "BVerfG, GG und Zivilprozeß", en *ZZP* 96 (1983), pp. 137 y ss; cfr. asimismo BERKEMANN, en *JR* 1980, pp. 270 y s.

el Tribunal Constitucional en relación con el legislador mayoritariamente no ha interferido de forma desmedida en el ámbito de actuación de la discrecionalidad legislativa, sino que ha observado el principio *judicial self restraint*; las interpretaciones extralimitadas de algunas de sus sentencias no pueden serle a él imputadas. En el control de las decisiones judiciales de lo que se trata, en cuanto a las exigencias de moderación por parte del Constitucional, no es de una *self restraint* judicial, sino de la relación entre competencias de control dentro del tercer poder[79]. También aquí la constatación de agresiones evidentes en su calidad de superinstancia de revisión se mantiene dentro de ciertos márgenes. Donde llaman la atención son consecuencia quizá de la elevación de normas procesales a rango constitucional, o de la lenta y más bien inadvertida sobrecarga de estas normas que se ha llevado a cabo por parte del Tribunal Constitucional. En conjunto, la tensión en la relación entre competencias en el proceso penal me parece que todavía es aceptable. Sin embargo, no se puede ignorar que se puede generar un potencial de conflictos si sigue aumentando el volumen de jurisprudencia constitucional.

Entre los costes generados bajo el propio tejado y aun así difícilmente corregibles, a pesar de que en la actualidad apenas generan presión, se encuentran la fijación constitucional que se lleva a cabo sobre el modelo procesal penal alemán tradicional. Cuando por ejemplo se consagra constitucionalmente el principio de legalidad o el principio de verdad objetiva, la vinculada cementación jurídico-constitucional de las características fundamentales de la concreta codificación, desarrollada históricamente, encierra el peligro de una prohibición constitucional de innovación. En cada recurso precipitado a la Constitución debería tomarse conciencia de este riesgo. En ese sentido, el principio concurrente del *fair trial* tiene sus ventajas: le da espacio a la idea de que hay varios modelos de proceso que pueden ser *fair*.

De más trascendencia para la aplicación jurídica práctica e imputable al ámbito de los costes estructurales inevitables es el fenómeno vinculado de manera esencial con el principio constitucional de proporcionalidad[80], cual

---

79 Acertadamente, Tiedemann. Ob. cit., p. 13.
80 Cfr. respecto al principio de proporcionalidad y sus efectos jurídico-constitucionales, con

es el mandato general de ponderación, el cual en su específica manifestación procesal se completa a través de la pareja de conceptos garantía de libertad *versus* administración de justicia penal eficiente. Desde la perspectiva constitucional no sólo ha de ser tenido en cuenta en el establecimiento de normas a través del legislador, sino que exige validez en la aplicación jurídica en el caso concreto.

El mandato de ponderación tiene como resultado que, referido al caso concreto, el peso de los puntos de vista que deben ser recíprocamente ponderados tienen también una influencia determinante en la decisión, especialmente allí donde las decisiones se toman con un fundamento provisional bajo el dominio de un sistema de medios de impugnación que está sujeto a un sistema bien construido de recursos contra las decisiones que ponen fin a un proceso. Aun cuando las circunstancias a ponderar sean susceptibles de descripción, el resultado de la ponderación no deja de ser un acto vinculado a la persona, al que como mucho se le puede imponer la exigencia de plausibilidad intersubjetiva, pero que siempre conservará un elemento decisionista. Lo llevo a sus últimas consecuencias sosteniendo la tesis de que el mandato de ponderación vinculado de manera inseparable con el orden material de valores de la Constitución pone en manos del órgano de decisión particular la responsabilidad por el mantenimiento de los mandatos constitucionales, independientemente de a qué nivel de medios de impugnación, y con ello tienen como consecuencia una pérdida de calculabilidad de los resultados.

Aquí el legislador poco puede ayudar, y ello tampoco carece de consecuencias. Puede incorporar expresamente en la ley el principio de proporcionalidad, como ha hecho en diversa forma por ejemplo en la prisión preventiva. Ello puede servir de llamada de atención para la aplicación jurídica, pero en el fondo no cambia demasiado las cosas, sino que más bien genera el riesgo de que se produzcan inadmisibles deducciones a contrario. Además, puede estructurar previamente las consideraciones determinantes del proceso de ponderación de tal manera que vincule la admisibilidad de las medidas procesales a requisitos

ulteriores referencias respectivamente, *KK*-Pfeiffer. Ob. cit., introd., n.[os] margs. 30 y s.; KLEINKNECHT y MEYER-GOSSNER. Ob. cit., introd., n.[os] margs. 20 y ss.

que se orienten a dichas consideraciones. Ejemplos de ello son umbrales de sospecha especiales, catálogos de delitos para medidas procesales y cláusulas de subsidiariedad y de irrelevancia[81]. Pero como el proceso de ponderación en última instancia siempre tiene lugar en el caso concreto, ello no puede compensar totalmente la pérdida de claridad jurídica y de calculabilidad y trae nuevas inseguridades al ámbito de la aplicación práctica.

Esfuerzos legislativos de esta clase con limitadas ventajas conducen en definitiva a una superproducción de preceptos cada vez más complicados y más ricos en palabras y a una diferenciación cada vez mayor del derecho vigente. Esto podría constatarse en detalle a la vista del desarrollo de la Ley de Enjuiciamiento Criminal y de la Ley de Organización Judicial desde 1975[82].

Ello nos lleva a una pregunta inquietante, como es la de si la influencia del derecho constitucional en el proceso penal en algunos ámbitos –no en todos, pero sí con unas dimensiones dignas de tenerse en cuenta– se limita a alterar la conciencia de los políticos juristas y constitucionalistas y de los procesalistas penales en una especie de negocio endogámico, sin que cambien mucho las cosas.

Supuestas –o reales– directrices constitucionales, de las que puede servir como ejemplo el derecho fundamental a la autonomía informativa, no siempre logran que no se produzcan agresiones contrarias a ellas; a menudo únicamente tienen como efecto la producción de normas de autorización adicionales de notable riqueza de vocabulario y de notable falta de claridad. El legislador –y el legislador constituyente– a menudo entiende la situación de falta de base legal como estímulo para realizar una mejora. Cree haber cumplido su tarea cuando elimina las supuestas carencias mediante el empleo abundante de catálogos de delitos, de la reserva judicial, de cláusulas de subsidiariedad y similares. El

---

81 Cfr. especialmente acerca de la cláusula de subsidiariedad y su relevancia constitucional, RIESS, en *Gedächtnisschrift für Meyer*, 1990, pp. 367 y ss.

82 Con ello no se pretende sostener que este "diluvio normativo" sea sólo consecuencia de la penetración jurídico-constitucional que sufre el proceso, pero sí se cuenta entre las causas determinantes. Escéptico con respecto a una problemática relacionada con esta, como es la de la condicionalidad jurídico-constitucional de las crecientes complicaciones del proceso, NEHM. Ob. cit., p. 204.

topos del beneficio de la transición se ocupa de asegurar que el descubrimiento de carencias y su eliminación por vía legislativa vayan al unísono.

Un beneficio que este modo de proceder supone para el Estado de derecho reside seguramente en el hecho de que el legislador ha de plantearse la cuestión de si deberían ser admisibles determinadas medidas de investigación, para las que un fino sentido constitucional exige un fundamento legal más especial que lo que representa la petición general de averiguaciones dirigida a los órganos de persecución penal. Sin embargo, cabe cuestionarse si en tales casos el esfuerzo de gran argumentación constitucional siempre se ve justificado a la vista de la precisión obtenida.

CONSIDERACIÓN FINAL

Para terminar, volvemos a la pregunta inicial: ¿provincia del derecho constitucional o provincia jurídico-constitucional? Lo segundo no podrá decirse. El proceso penal se ve influido y es revisado de manera diversa por el derecho constitucional. La revisión de los órganos de control jurídico-constitucionales es, sin duda, efectiva. No se puede cuestionar que el proceso penal es una provincia de la Constitución, pero esto no es criticable. Si la Norma Fundamental constituye a la colectividad, entonces todos los ámbitos jurídicos aparecen también como provincias del derecho constitucional superior; provincias, pero no colonias.

Déjenme terminar con otra metáfora. A la vista de la temible producción normativa de la Unión Europea, los Estados miembros llegaron a un acuerdo, en el Acta Única Europea, con el principio de subsidiariedad. Pues bien, también las relaciones entre el proceso penal y el derecho constitucional podrían estar orientadas de acuerdo al principio de subsidiariedad. Con ello no me refiero a la ya conocida y suficientemente practicada subsidiariedad del recurso de queja constitucional[83]. Lo que pretendo es abogar por la sub-

---

83 Al respecto cfr. *BVerfGE* 49, 252 y ss.; sobre las objetables consecuencias que puede tener la interpretación extensiva sobre la interpretación y aplicación de los preceptos sobre reposiciones jurídicas de cada una de las reglamentaciones del proceso, entre otros, Meyer. Ob. cit., pp. 273 y ss.; cfr. asimismo supra nota 56.

sidiariedad de la argumentación y de la valoración constitucionales, que no deberían malgastarse –y de este modo agotarse– con problemas cotidianos allí donde la argumentación a partir de reglas jurídicas simples y del contexto de los problemas puede ofrecer soluciones igualmente buenas o mejores.

STEPHEN C. THAMAN

La dicotomía acusatorio-inquisitivo en la jurisprudencia constitucional de Estados Unidos*

Los juristas en Estados Unidos se refieren al proceso penal de este país como acusatorio y adversarial. Al mismo tiempo aluden de una manera despectiva a lo que consideran la contrapartida de dicho sistema: el inquisitivo. Sin embargo, no se hacen esfuerzos por distinguir entre los aspectos acusatorios del sistema anglosajón, que no difieren demasiado del de países de la tradición del derecho civil, y los aspectos adversariales, que sí distinguen a Estados Unidos de países como Alemania.

Aunque la Constitución norteamericana no menciona las palabras "acusatorio", "adversarial" o "inquisitivo" los principios subyacentes a la aproximación estadounidense a este conjunto de valores se derivan de la interpretación que la Corte Suprema ha dado a la 4.ª, 5.ª y 6.ª enmiendas, promulgadas en 1791 como las 10 primeras enmiendas a la Constitución de 1787.

I. RAÍCES ACUSATORIAS DEL PROCESO PENAL DEL "COMMON LAW"

El sistema acusatorio tiene sus raíces en los sistemas de derecho consuetudinario donde las propias víctimas cumplían las veces de "acusadores" o "fiscales" en las causas criminales y donde el acusado debía defenderse por sí solo, a través de ordalías divinas, o con la ayuda de sus aliados o parientes, por medio de duelos, cojuradores[1] (*oath compurgators*) y otros procedimientos irracionales[2]. Este sistema duró más en Inglaterra que en otros países europeos del continente donde fue suplantado por procedimientos verdaderamente

---

* FRANCISCO COX, LL. M. Columbia University, profesor de Derecho, Universidad Diego Portales, Santiago de Chile (trad.).

1 Así en el derecho de los pueblos germanos entre los siglos V a VIII, que consistía en que alguien apoyaba el juramento de otro. En dicha época era conocida con la voz latina *coiuratores*, que desde el siglo XI se castellanizó como "cojuradores" (nota del trad.).

2 THOMAS WEIGEND. *Deliktsopfer und Strafverfahren*, 1989, pp. 33 a 35; sobre si es que alguna vez existió un sistema acusatorio tan "puro", cfr. JUAN MONTERO AROCA, en JUAN MONTERO AROCA et ál., *Derecho jurisdiccional III*, "Proceso penal", 8.ª ed., 1999, p. 14.

inquisitivos dirigidos por jueces ex oficio reales o eclesiásticos[3]. El sistema era simultáneamente adversarial cuando el resultado del conflicto criminal era resuelto por medio de un duelo[4].

Hasta comienzos del siglo XIX no existían fiscales en Inglaterra (de hecho fueron introducidos antes en Estados Unidos), por lo que la víctima seguía confrontando al acusado (quien en realidad no tenía representación) en un plano de igualdad[5]. No era responsabilidad de ningún órgano estatal el recopilar la prueba, investigar de forma secreta, o siquiera litigar el caso ante el tribunal. Para fines del siglo XVII los cuerpos inquisitivos, la *Star Chamber* y la *High Commission*, habían sido abolidos[6] y condenados tanto en Inglaterra como en Estados Unidos por haber obligado a sospechosos a auto incriminarse, bajo juramento, antes que cualquier sospecha concreta existiese[7].

II. EL GRAN JURADO: ¿"VOX POPULI" O EL GRAN INQUISIDOR?

Sin embargo, en palabras del juez SCALIA de la Suprema Corte: "Nuestro sistema de justicia es, y siempre ha sido, inquisitivo en la fase investigativa (incluso el gran jurado es un cuerpo inquisitivo), y ninguna otra disposición es concebible"[8]. En efecto, Estados Unidos es el único país que aún mantiene

---

3   WEIGEND. Ob. cit., pp. 76 a 91.
4   Acerca de la abolición de los duelos y su reemplazo en Inglaterra por jurados, cfr. JOHN PHILIP DAWSON. *A History of Lay Judges* 1960, p. 121.
5   JOHN H. LANGBEIN. *The Origins of Adversary Criminal Trial*, 2003, pp. 11 a 15.
6   Acerca de las primeras instituciones inquisitivas en Inglaterra, cfr. R. H. HELMHOLZ. "The Privilege and the Ius Commune: The Middle Ages to the Seventeenth Century", en R. H. HELMOLZ et ál., *The Privilege against Self Incrimination. Its Origins and Development*, 1997, pp. 17 a 46.
7   Estas instituciones no usaron de la tortura. En efecto, LANGBEIN solo documenta 81 casos en los que autorizaciones de tortura fueron emitidos en la historia de Inglaterra: JOHN H. LANGBEIN. *Torture and the Law of Prof.*, 1977, p. 84.
8   MCNEILL *vs.* Wisconsin, 501 U.S. 171, 181 (1991). La Corte Suprema describió al gran jurado en los siguientes términos en una opinión de 1919: "Es un gran inquisidor, un cuerpo con poderes de investigación e inquisición, cuyo ámbito de indagaciones no ha

la institución del gran jurado, que deriva de la francesa *enquéte du pais*[9]. Este es un cuerpo de ciudadanos que originalmente debían investigar y denunciar al juez real, que visitaba periódicamente las provincias desde su Corte en Londres, cualquier delito cometido en sus comunidades[10]. Dado que el gran jurado inglés en ocasiones se había rehusado a formular cargos en contra de disidentes ingleses, siendo el caso más conocido el de Lord SHAFTESBURY en 1681, y los críticos del dominio británico, siendo el más notorio JOHAN METER ZENGER en 1754, los redactores de la Constitución norteamericana exigieron en la 5.ª enmienda que todos los cargos penales fueran pronunciados por el gran jurado[11].

El gran jurado puede obligar a los testigos a declarar en secreto sin que deba demostrar previamente ningún tipo de relevancia[12], y puede detenerlos y declararlos en desacato si se rehúsan a hacerlo[13]. Un testigo del gran jurado no tiene derecho a abogado cuando declara ante dicho órgano y todos los que participan juran guardar reserva[14]. El objeto de la investigación –el futuro acusado– no tiene ningún derecho a presentar prueba, estar presente, saber qué ocurrió en la investigación del gran jurado, o de cuestionar las bases de la formulación de cargo (*indictment*), aun cuando estuviere sustentado en

---

de estar limitado por preguntas de propiedad o pronósticos de resultados probables de la investigación, o por dudas acerca de que un individuo sea apropiadamente sujeto a las acusaciones que se le hacen".

9 A. ESMEIN. *A History of Continental Criminal Procedure with Special Reference to France*, 1913, pp. 65 a 67.

10 DAWSON. Ob. cit., pp. 118 a 121.

11 "Históricamente, el cuerpo (el gran jurado) ha sido considerado como un resguardo para el inocente en contra de persecuciones malintencionadas, maliciosas y opresivas; en nuestra sociedad cumple la invaluable función de pararse entre el acusador y el acusado, sea que éste último sean un individuo, grupo minoritaio u otro, para determinar si es que los cargos tienen sustento racional o son pronunciados por un poder intimidante o por voluntad enferma y maliciosa": WORD *vs.* Georgia, 370 U.S. 375, 390 (1962).

12 United States *vs.* Dionisio, 410 U.S. 1, 10 a 13 (1973).

13 Salvo que puedan esgrimir el privilegio a la no-autoincriminación también garantizado en la 5.ª enmienda. COUNSELMAN *vs.* HITCHKOCK, 142, U.S. 547, 562 (1892).

14 Fed. R. Crim. p. 6.

prueba –oídas– que sería declarado inadmisible en juicio[15]. A diferencia del juez instructor del sistema inquisitivo europeo, el fiscal no tiene la obligación de presentar la prueba exculpatoria al gran jurado aun cuando supiera que tal prueba existe[16].

III. EL ACUSADO COMO FUENTE DE PRUEBA: ¿IDEOLOGÍA ACUSATORIA, REALIDAD INQUISITIVA?

Ya en 1914 la Corte Suprema comentó "la tendencia de aquellos que ejecutan las leyes penales del país de obtener condenas por medio de incautaciones ilegales y confesiones forzadas, éstas obtenidas luego de someter a las personas a prácticas destructivas de los derechos garantizados por la Constitución Federal"[17]. No obstante la ausencia de jueces instructores, la policía habitualmente interroga a los sospechosos en lo que los franceses llamarían *garde à vue*, empleando métodos que van desde la tortura[18] a las amenazas, promesas, engaño, presión sicológica, etc. En más de treinta fallos de entre los años 1930 a los 60 la Corte Suprema de Estados Unidos condenó estas prácticas como violaciones al debido proceso inconsistente con el sistema acusatorio:

> Nuestro sistema es el acusatorio como opuesto al inquisitivo. Esa ha sido la característica de la justicia criminal anglosajona desde que se liberó a sí misma de las prácticas prestadas por la *Star Chamber* del continente por las cuales un acusado era interrogado en secreto por horas[19].

En los casos que precedieron y fueron preparando el camino para la famosa decisión en MIRANDA *vs.* Arizona[20] que exigió a la policía advertir al sospechoso bajo custodia de su derecho a guardar silencio y el derecho a un abogado antes

---

15 COSTELLO *vs.* United States, 350 U.S. 359, 363 y 364.
16 United States *vs.* WILLIAMS, 504 U.S. 35, 53 y 54 (1992).
17 WEEKS *vs.* United States, 504 US 36, 53 y 54 (1992).
18 Cfr. por ejemplo, BROWN *vs.* Mississippi, 297 US 278 (1936).
19 WATTS *vs.* Indiana, 338 US 49, 54 (1949).
20 384 US 436 (1966).

de ser interrogado, la Corte Suprema claramente vio a los interrogatorios po-
liciales como procedimientos "inquisitivos" que no conducían a determinar la
verdad y violaban las bases acusatorias y adversariales del sistema de justicia
criminal de Estados Unidos[21]. En ESCOBEDO *vs.* Illinois[22] la Corte sostuvo que
"cuando el proceso cambia de investigativo a acusatorio –cuando su foco está en
el acusado y su objetivo es obtener una confesión– nuestro sistema adversarial
comienza a operar, y, bajo esas circunstancias, al acusado se le debe permitir
consultar con su abogado"[23]. Aquí acusatorio y adversarial parecen significar
que la autoridad estatal debe condenar a un acusado sin su ayuda:

> Hemos aprendido la lección de la historia, antigua y moderna, que un sistema
> de cumplimiento de la ley penal que pasa a depender de la confesión, a la larga,
> será menos confiable y más susceptible de abusos que un sistema que depende
> de prueba extrínseca y obtenida libremente a través de una hábil investigación
> […] Cualquier sistema de administración que permite al órgano persecuto-
> rio confiar habitualmente en la auto exhibición como fuente de prueba debe
> consecuentemente sufrir moralmente. Se desarrolla la inclinación a confiar
> principalmente en dicha prueba, y a darse por satisfecho con una investigación
> incompleta de las otras fuentes[24].

Las políticas detrás del derecho a la no-autoincriminación de la 5.ª enmienda
estaban fuertemente vinculadas con las nociones de la Corte Suprema acerca
de los límites de un modelo de procedimiento penal acusatorio:

> El privilegio (derecho) a la no-autoincriminación constituye un importante
> avance en el desarrollo de nuestra libertad –una de los grandes hitos en la lucha

---

21 "Una preocupación por la confianza es inherente a nuestro sistema de justicia criminal, que
    descansa en prácticas acusatorias más que inquisitorias. Mientras un sistema inquisitivo
    prefiere obtener confesiones del acusado, uno acusatorio coloca su fe en la determinación
    de la culpabilidad en prueba obtenida de manera independiente y libremente asegurada":
    ROGERS *vs.* Richmond, 365 US 534, 541 (1961).
22 378 US 478 (1964).
23 378 US 491.
24 378 US 489.

del hombre por convertirse en civilizado– [...] Refleja mucho de nuestros valores fundamentales y de nuestras más nobles aspiraciones: el deseo de no someter a aquellos sospechosos de un delito al cruel trilema de la auto incriminación, perjurio o desacato; nuestra preferencia por un sistema acusatorio en lugar de uno inquisitivo; nuestro temor que declaraciones autoincriminatorias sean obtenidas por abusos y trato inhumano; nuestro sentido de un juego justo que ordena un adecuado equilibrio entre Estado-individuo al exigirle al gobierno dejar al individuo en paz hasta que se muestre una buena causa para molestarlo y al exigirle al gobierno en su competencia con el individuo soportar toda la carga; nuestro respeto por la inviolabilidad de la persona humana y el derecho de cada individuo a un enclave privado en donde puede llevar una vida privada; nuestra desconfianza de declaraciones autoinculpatorias; y nuestra convicción que el privilegio, aunque a veces es un escondite para los culpables, es frecuentemente una protección para los inocentes[25].

En las primeras decisiones de la Corte Suprema de Estados Unidos también era evidente que los poderes del gobierno para invadir la privacidad de los ciudadanos e incautar sus propiedades o documentos y usarlos en su contra eran mucho más restrictivos que hoy en día. Invasiones a la privacidad, y citaciones para exigir la entrega de documentos o propiedades eran consideradas como constitutivas de exigencias de autoincriminación y consiguientemente violatorias de la 5.ª enmienda y de la protección de la 4.ª enmienda en contra de allanamientos e incautaciones arbitrarias:

Los principios expuestos en esta decisión afectan la propia esencia de la libertad y seguridad constitucional. Su alcance es mayor a las circunstancias concretas del caso bajo consideración de la Corte, ellos se aplican a todas las invasiones por parte del gobierno y sus empleados en la santidad del hogar de un hombre y de las privacidades de su vida. No es el rompimiento de sus puertas o la revisión de sus cajones lo que constituye la esencia de la ofensa; sino es la invasión a su derecho inalienable a la seguridad personal, libertad, y propiedad privada, donde ese derecho jamás ha sido embargado por haber sido condenado por haber cometido una ofensa pública [...] Violar una morada y abrir cajas y cajones

---

25 Murphy *vs.* Waterfront Comisión of New York Harbor, 378 US 52, 55 (1964).

son circunstancias agravantes; pero cualquier testimonio autoincriminatorio obtenido por medios compulsivos y forzado, la obtención de papeles privados para ser utilizados como prueba en su contra para condenarlo por un delito, o la confiscación de sus bienes, está dentro del rechazo de esta resolución. En este sentido la 4.ª y 5.ª enmiendas casi chocan entre sí[26].

Aunque aún recae sobre el ministerio público el peso de probar más allá de una duda razonable la culpabilidad de una persona, y la 5.ª enmienda todavía impide al gobierno forzar a un sospechoso a autoincriminarse, el Congreso y la Corte Suprema de Estados Unidos han ampliado de manera significativa el poder inquisitivo de los agentes encargados de ejecutar la ley penal para sostener la verdad por medio de la utilización de interceptaciones telefónicas de conversaciones privadas autorizadas judicialmente[27], allanamiento de hogares, e incautación de libros y otra propiedad privada[28]. La Corte Suprema también resolvió que leyes que exigían al acusado informar antes del juicio si iba a esgrimir defensas positivas como una coartada o inimputabilidad no violaban el derecho a la no-autoincriminación al alivianar la carga de la prueba de la fiscalía. El razonamiento de la Corte fue el siguiente:

> El sistema de juicio adversarial es difícilmente un fin en sí mismo; aun no es un juego de póker en el cual los jugadores gozan siempre de un derecho absoluto de ocultar sus cartas hasta que las juegan. Encontramos mucho espacio en este sistema, al menos en lo que a debido proceso se refiere, para la ley de Florida, que está diseñada para extender la búsqueda de la verdad en un juicio criminal para asegurar tanto al acusado como al Estado muchas oportunidades para investigar los hechos fundamentales para la determinación de la culpabilidad o inocencia[29].

---

26 Boyd *vs.* United States, 116 US 616, 630 (1886).
27 El título III del *Crime Control Acta* de 1968 autorizó las intercepción de las comunicaciones y los micrófonos. Cfr. 18 USC 2510 y ss.
28 Solamente en 1967 la Corte Suprema de Estados Unidos finalmente autorizó a la policía a incautar prueba que no era efectos del delitos o instrumentos del mismo. Warden *vs.* Hayden, 387 US 294, 301 a 301 (1967).
29 Williams *vs.* Florida, 399 US 78, 82 (1970).

A comienzos de los años 70 uno encuentra afirmaciones reiteradas acerca de la importancia de la búsqueda de la verdad, el principio esencial del sistema inquisitivo, como un valor a ser balanceado con la aplicación estricta de la 4.ª y 5.ª enmiendas y la "teoría deportiva" de la justicia adversarial. Al restringir una regla que había impedido a la policía volver a interrogar a un acusado que tenía representación judicial en un caso no relacionado, el juez SCALIA, escribiendo para la mayoría, afirmó:

> Por consiguiente, si adoptáramos la regla propuesta por el recurrente, la mayoría de las personas mantenidas en prisión preventiva por delitos serios no podrían ser contactadas por la policía en relación con otros delitos respecto de los cuales aparezcan como sospechosas, *aun cuando no hayan manifestado ninguna resistencia a ser interrogadas*. Dado que la capacidad de obtener una confesión voluntaria no es un mal sino un bien, la sociedad sería la perdedora. Aceptaciones de culpabilidad previas a una renuncia válida de MIRANDA son más que deseadas; son esenciales para el interés preponderante de la sociedad en encontrar, condenar y sancionar a aquellos que violan la ley[30].

No obstante que muchos países democráticos han adoptado reglas similares a aquellas adoptadas en la famosa sentencia de MIRANDA *vs.* Arizona[31], las inclinaciones inquisitivas de la Corte Suprema casi llevaron a su revocación en 2000[32]. Sin embargo, la Corte Suprema ha debilitado sustancialmente la protección proporcionada por MIRANDA al permitir como prueba en juicio que era directamente "fruta envenenada" en violación de las reglas de MIRANDA[33]

---

30   MCNEILL *vs.* Wisconsin, 501 US 171, 181 (1991).
31   Cfr. STEPEHN THAMAN. "Miranda in Comparative Law", 45 *Saint Louis U. L. Rev.*, 2001, p. 581.
32   Cfr. Dickerson *vs.* United States, 530 US 428 (2000).
33   Michingan *vs.* TUCKER, 417 US 433 (1974); Oregon *vs.* ELSTAD, 470 US 298 (1985). La Corte Suprema decidirá prontamente sobre la admisibilidad de prueba material encontrada como resultado de una confesión obtenida luego de una violación negligente de las reglas de Miranda. Cfr. United States *vs.* Patane, 304 F. 3d 1013, 1029 (10th Cir. 2002) cert. Granted, 71 USLW 3530 (21 de abril de 2003). Desde que se escribió el artículo la

y el uso de una confesión viciada para cuestionar la credibilidad de un testigo de la defensa[34]. Estas excepciones han inspirado a los departamentos de policía a negarse a advertir a los sospechosos de su derecho a guardar silencio y a contar con un abogado antes de ser interrogados[35].

Ya en 1914 la Corte Suprema de Estados Unidos limitó la búsqueda inquisitiva de la verdad al prohibir la utilización de prueba obtenida con violación de protección otorgada por la 4.ª enmienda en contra de allanamientos e incautaciones arbitrarias y sin autorización judicial[36]. La llamada regla de exclusión de la 4.ª enmienda se hizo aplicable a los Estados en 1961[37]. Pero las inclinaciones inquisitivas de la Corte Suprema la llevaron a crear una excepción si el policía que violaba la regla actuaba de buena fe, argumentando que "una aplicación rígida de la sanción de la exclusión destinada a reforzar los ideales de la rectitud gubernamental impediría de manera inaceptable la función de búsqueda de la verdad que tienen el juez y el jurado"[38].

IV. EL MINISTERIO PÚBLICO COMO GRAN ACUSADOR

Aun cuando el gran jurado continúa investigando delitos, su función principal sigue siendo dictar los cargos que le presenta el ministerio público, y en este rol se ha ganado merecidamente su reputación de "timbre de goma" para cualquier cargo que le presenta la fiscalía[39]. Por el contrario, si el fiscal no quiere formular cargos es muy difícil para la víctima, el tribunal, o incluso

---

Corte Suprema resolvió el presente caso determinando que no debía excluirse la prueba material encontrada (nota del trad.).

34 HARRIS *vs.* New York, 401 US 222 (1971).

35 Cfr. People *vs.* PEEVY, 73 Cal. Rptr. 2d 865 (Cal. 1998).

36 WEEKS *vs.* United States, 232 US 383, 398 (1914).

37 MAPP *vs.* Ohio, 367 US 643, 657 a 700 (1961).

38 United States *vs.* Leon, 468 US 897, 907 (1984).

39 En las palabras de un juez federal y ex fiscal: "Hoy en día, el gran jurado está totalmente capturado por el fiscal, quien si es honesto concederá que puede formular cargos ante el gran jurado en contra de cualquier persona, cuando quiera y casi por cualquier cosa": HAWKINS *vs.* Superior Court, 586 P 2d 916, 919 (Cal. 1978).

para el legislador, contrarrestar la discreción (principio de oportunidad) que prevalece en Estados Unidos. La víctima carece de todo poder para apelar en contra de la decisión del fiscal de no acusar, tampoco el tribunal tiene el poder de obligar a un fiscal para llevar a juicio un determinado caso[40]. Incluso el gran jurado, que podría en teoría constituir una sede para que la víctima pueda presentar cargos cuando el fiscal se niega a hacerlo[41], ha sido privado de su independencia y de ninguna forma realista limita la discreción del fiscal. De esta forma, la función acusadora en la justicia criminal de Estados Unidos está fuertemente dominada por el fiscal, eliminándose a la víctima de los procedimientos en todo aquello que no sea ser víctima-testigo.

¿Qué, si es que alguna, discreción tienen los tribunales para influir en el monopolio acusatorio que tienen los fiscales? Una vez que el gran jurado ha acusado por un crimen, en casi la mitad de los Estados y en el sistema federal el acusado no puede cuestionar la suficiencia probatoria que sirve de sustento a la acusación. Sin embargo, si un Estado formula los cargos a través de una audiencia preliminar y por medio del envío de información[42], es el juez durante la audiencia preliminar de carácter adversarial el que debe revisar la suficiencia de la evidencia que debe proporcionar el fiscal; el estándar es que el fiscal debe probar *prima facie* que se ha cometido un delito y que al acusado le ha cabido una participación culpable. Pocos Estados que echan mano

---

40 United States *vs.* GIANNATTASIO, 979 F 2d 98, 100 (7th Cir. 1992); MANNING *vs.* Municipal Court 361 N. E. 2d 1274, 1276 (Mass. 1977); State ex rel. Unanamed Petitioners *vs.* CONNORS, 401 N. W. 2d 782, 789 (Wis. 1987; People *vs.* Municipal Court, 103 Cal. Rptr. 645, 653 (Cal. App. 1972); Inmmates of Attica Correctional Facility *vs.* ROCKEFELLER, 477 F 2d. 375, 381 y 382 (2d. Cir. 1973).

41 Mientras algunos ciudadanos del Estado pueden presentar peticiones al gran jurado para investigar un caso, cfr. Brack *vs.* Wells, 40 A 2d 319, 321 y 322 (Md. 1994) y el gran jurado puede acusar sobre la base de la presentación de los ciudadanos, las víctimas no pueden actuar como fiscales privados en los tribunales del crimen. United States *vs.* Panza, 381 F Supp. 1133, 1134 (W. D. Pa. 1974).

42 El derecho a una formulación de cargos por medio del gran jurado no es aplicable a los Estados. HURTADO *vs.* California, 110 US 516 (1834). En muchos Estados una audiencia preliminar de carácter adversarial ha reemplazado al gran jurado, o lo ha complementado, como una forma de filtrar los cargos por crímenes.

al gran jurado y cerca de 12 Estados que recurren a la audiencia preliminar permiten cuestionamientos a la suficiencia probatoria antes del juicio[43]. En el *common law*, el fiscal tiene discreción absoluta para desechar un caso hasta que el jurado sea juramentado para juzgar un caso; sin embargo, en el sistema federal y en algunos Estados, el juez debe consentir[44].

En el *plea bargaining* es donde el dominio total del fiscal sobre la decisión de formular cargos es más evidente; a través de esta institución, el 93% de los casos penales es resuelto sin un juicio, y consiguientemente sin ningún esfuerzo adversarial o inquisitivo serio por determinar la verdad[45]. La extensión de penas aplicables en el caso de una condena luego de un juicio por jurado es tan amplia, con penas de muerte o presidios perpetuos por delitos no violentos como tráfico de droga o robo por un reincidente[46], que un fiscal puede ejercer gran presión sobre un acusado como para que acepte responsabilidad aun cuando sea inocente[47]. Bajo las guías de sentencia (*sentencing guidelines*), que han disminuido considerablemente la discrecionalidad de los jueces, sólo el fiscal puede permitir una condena por debajo del mínimo al señalar que el

---

43 State *vs.* PARKS, 437 P 2d 642, 643 (Alaska 1968) (Alaska permite cuestionamientos a la formulación de cargos por el gran jurado); *Cal. Penal Code*, secc. 995 (permite cuestionamiento de la decisión de juez después de la audiencia preliminar).

44 Fed. Crim. P. 48 (a). Sin embargo, los jueces sólo deben revocar la decisión del ministerio público la decisión es manifiestamente contraria al interés público. United States *vs.* COWAN, 524 F 2d 504, 505, 507 (5th Circuit. 1975).

45 En efecto, la Corte puede aceptar una admisión de culpabilidad de una persona que quiere evitar una sentencia de muerte sin violar el debido proceso, no obstante la insistencia de dicha persona acerca de su inocencia. North Carolina *vs.* ALFORD, 400 US 25, 37 y 38 (1970).

46 Recientemente la Corte Suprema resolvió que aplicar la pena de muerte a un reincidente condenado por robo no violaba el debido proceso. LOCKYER *vs.* ANDRADE, 538 US 63 (2003) (robo de videos por un valor de $150); ERWING *vs.* California, 538 US 11 (2003) (robo de palos de golf por $1.200).

47 En Borden Kircher *vs.* HAYES, 434 US 357, 363 a 365 (1978), la Corte sostuvo que darle a un acusado, por una estafa de US$90, la oportunidad de reconocer culpabilidad y ser condenado a 5 años, o en caso de optar por el juicio solicitar una pena de presidio perpetuo, no violaba el debido proceso.

acusado ha cooperado en la obtención de condenas de otros acusados[48]. Así, la mayoría de los acusados federales están virtualmente forzados a delatar a otros acusados a fin de reducir su exposición en el sistema draconiano de penas de Estados Unidos. Este sistema funciona bien para obtener condenas en contra de capos difíciles de condenar; sin embargo, la proliferación de testimonios poco confiables también ha llevado a la condena de muchos inocentes[49].

El fiscal de Estados Unidos puede a través de amenazas de pena de muerte o periodos de privación de libertad desproporcionados, como presidio perpetuo por delitos relativamente menores como robos o tráfico de drogas[50], forzar al acusado a renunciar a su derecho a un juicio por jurado y aceptar declararse culpable. Como consecuencia, el mal inquisitivo de forzar la confesión del acusado ha aparecido en el sistema adversarial norteamericano a través del *plea bargaining*[51]. Así el gran acusador rara vez debe verificar la calidad de su acusación, un elemento esencial del juicio norteamericano acusatorio, siendo raramente utilizado por el acusado, lo que es percibido como la gran protección del sistema norteamericano: el verificar la prueba[52].

---

48 Section 5K.1.1. United States Sentencing Guidelines; 18 USC secc. 3553 (e).
49 STEPHEN THAMAN. "Is America a Systematic Violator of Human Rights in the Administration of Criminal Justice?", *Saint Louis U. L. Rev.*, 2000, pp. 999 y 1011. Para versiones de este artículo en español cfr. "La protección de los derechos humanos en el proceso penal de los EE.UU.", en JUAN SOROETA LICERAS (ed.). *Cursos de derechos humanos de Donosita*, San Sebastián, vol. II, 2000, pp. 307 a 330, "38 jueces para la democracia", 2000, pp. 81 a 92 y en Sudamérica, 29 Capítulo Criminológico, 2001, pp. 37 a 70.
50 La Corte Suprema de Arkansas ha confirmado condenas a cadena perpetua a un primerizo por venta de cocaína ascendente a US$20. HENDERSON vs. State, 910 S.W. 2d 656, 660 y 661 (Ark. 1995).
51 Cfr. en general STEPHEN THAMAN. *Gerechtigkeit und Verfahrensvielfalt. Logik der beschleunigten, konsuellen und vereinfachten Strafprozessmodelle*, en Recht-Gesellschaft-Kommunikation. *Festschrift für Klaus F. Röhl*, STEFAN MACHURA y STEFAN ULBRICH (eds.), 2003, pp. 306 a 320.
52 La mayoría de los casos que están llegando a juicio por jurado son aquellos en los cuales los fiscales piden el máximo de la pena (como pena de muerte) o aquellos en que la insistencia por el acusado de probar su inocencia los hacen rechazar cualquier oferta del fiscal. Cfr. THAMAN. Ob. cit., pp. 1013 a 1017.

V. EL JUICIO ADVERSARIAL ANTES EL JURADO PEQUEÑO

Cuando un acusado tiene el valor de exigir un juicio por jurado[53] las presiones inquisitivas que dominan la etapa anterior al juicio por confesar desaparecen y el fiscal debe probar finalmente los cargos en un sistema que entrega garantías considerables al acusado. El acusado se presume inocente y la carga de probar la verdad de los cargos formulados por el fiscal más allá de una duda razonable recae sobre el fiscal[54]. El acusado nunca es llamado a declarar al comienzo del juicio, un vestigio inquisitivo presente en muchos países de Europa continental[55], sino que puede hacerlo luego del caso de la defensa[56]. Si el acusado escoge no declarar se instruye al jurado que ese silencio no puede ser usado como prueba circunstancial de su culpabilidad[57].

El fiscal debe presentar la prueba en forma oral a través de testimonios respetando de esta forma el principio de inmediatez. Recientemente la Corte Suprema ha restringido las reglas de evidencia que previamente habían ampliado la cantidad de testimonio de oídas (*hearsay*) admisible en juicio al decidir que declaraciones previas de testigos que no se encuentran disponibles solo pueden ser leídas en el juicio si el acusado tuvo la oportunidad de contrainterrogar al testigo cuando prestó declaración[58]. Sostuvo que "el principal mal hacia el cual estaba dirigida la regla del contra examen (de la 6.ª enmienda) era el modelo procesal penal del sistema de derecho civil, y especialmente del uso

---

53 Los acusados tienen derecho a un juicio por jurado cuando son acusados de un delito cuya pena aplicable es superiro a 6 meses de privación de libertad. BALDWIN *vs.* New York, 399 US 66, 68 (1970).

54 En Winship, 397 US 358, 361 a 364 (1972).

55 STEPEHN THAMAN. "Europe's New Jury Systems: The Cases of Spain and Russia", en *World Jury Systems*, NEIL VIDMAR (ed.), 2000, pp. 334 y 335.

56 BROOKS *vs.* Tennessee, 406 US 605, 611 a 613 (1972).

57 GRIFFIN *vs.* California, 380 US 609, 614 y 615 (1965). Esta protección es mayor que la exigida por la garantía de un juicio justo de la Convención Europea sobre Derechos Humanos o el derecho inglés. MURRIA *vs.* United Kingdom, 22 EHRR 29, 31 a 34, 57 a 63 (1996); cfr. STEPHEN THAMAN. *Comparative Criminal Procedure: A Casebook Approach* 84, 165 a 171 (2002).

58 CRAWFORD *vs.* Washington, 124 S. Ct. 1354, 1374 (2004).

de exámenes *ex parte* como prueba en contra del acusado". Continuó: "dejar la regulación de declaraciones obtenidas sin un tribunal a las normas reguladoras de la prueba dejaría a la cláusula de la contradicción sin poder frente a prácticas inquisitivas". Al reafirmar el concepto adversarial de determinación de la verdad, la Corte enfatizó que en relación con los testimonios "la confiabilidad debe ser valorada de una manera particular: mediante la realización del contra examen", y que "el examen abierto de testigos conduce mucho más al esclarecimiento de la verdad"[59].

El tribunal en el juicio adversarial norteamericano no tiene de oficio la obligación de determinar la veracidad de los cargos, a diferencia del tribunal de juicio inquisitivo de Francia, Alemania y Holanda que combinan obligaciones investigativas y jurisdiccionales[60]. Sin perjuicio de que los jueces del tribunal oral en muchas jurisdicciones de Estados Unidos tienen la facultad de citar nuevos testigos y hacerles preguntas[61], dichas facultades son raramente utilizadas, porque las cortes de apelaciones revocan rápidamente las condenas si hay indicios que el o ella perdió la imparcialidad[62]. El hecho que el juez norteamericano no tiene acceso a la carpeta o archivo preparado por los órganos persecutorios, como ocurre en Alemania, Francia y Rusia, y que no

---

59 Ibíd., 1363, 1365 y 1370.
60 Aunque un juez instructor se encuentra inhabilitado para actuar como juez juzgador debido al hecho que las obligaciones investigativas comprometen la imparcialidad exigida a un juez de tribunal oral, De Cubre *vs.* Belgium, 7 EHRR 236, 246, 30 (1985), la jurisprudencia continental europea no ha llegado a la misma conclusión cuando el juez de juicio combina ambas obligaciones. Para una discusión cfr. Thaman. *Comparative Criminal Procedure*, cit., 56, pp. 179 a 184.
61 Cfr. por ejemplo, Fed. Rules of Evidence 614 (a,b).
62 Cfr. People *vs.* Arnold, 772 N. E. 2d 1140, 1144 (NY 2002). La Corte de Apelaciones de Nueva York declaró: "Aun cuando ni nuestro sistema adversarial ni nuestra exigencia constitucional por un juicio imparcial prohíben la adopción de un rol activo en la búsqueda de la verdad por el tribunal [...] un tribunal no puede, sin embargo, asumir la función de promoción tradicionalmente reservada a los abogados [...] y a fin de evitar esto la discreción del tribunal debe ser ejercida de manera prudente". Cfr. United States *vs.* Saenz, 134 F 3d 697 (5th Cir. 1998); United States *vs.* Tilghman, 134 F 3d 414 (D. C. Cir. 1998) (ambas condenas por jurado revocadas debido a exceso de interrogación por parte del juez).

juzga sobre los hechos en el caso de juicios por jurados, contribuyen a reforzar la presunción de inocencia[63].

Evidentemente no existe derecho por parte del juez o el fiscal de interrumpir un juicio por jurado para permitir a éste llevar a cabo una nueva investigación o mejorar las chances de condena[64]. En Estados Unidos el concepto de *non bis in idem* o prohibición de doble persecución impide a la fiscalía descontinuar un juicio que ha comenzado para reunir mejor evidencia o incrementar la oportunidad de obtener una condena al encontrarse frente a un juez o jurado más proclive al fiscal. Tan pronto como los jurados es juramentado el caso debe terminarse de una vez. Lo mismo es cierto luego que un testigo ha prestado juramento si el juicio es ante un juez letrado[65]. De acuerdo con la Corte Suprema:

> La idea que subyace (de la prohibición de la doble persecución), idea que está profundamente enraizada en el sistema anglosajón, es que al Estado con todos sus recursos y poder no se le debe permitir que haga reiterados intentos por obtener una condena de una persona, sometiéndola consecuentemente a la vergüenza, gastos y ordalía, y obligándola a vivir sometida a un estado de ansiedad e inseguridad así como aumentando la posibilidad que, aun cuando sea inocente, pueda resultar condenada[66].

En Estados Unidos, cuando el fiscal solicite la nulidad del juicio (*mistrail*) debido a dificultades para probar la culpabilidad del acusado en razón de una

---

63 Si es que los sistemas europeo continentales se toman menos en serio la presunción de inocencia por estos diseños en sus juicios, cfr. MIRJAN DAMASKA. "Models of Criminal Procedure", 51 *Zbornik* PFZ, 2001, pp. 477 y 491.

64 Esto puede ser realizado por el juez inquisitivo en Holanda, STEWARD FIELDS et ál. Prosecutors, Examining Judges and Control Police Investigations, en PHIL FENNELL et ál. *Criminal Justice in Europe. A Comparative Study* 229 42 (1995). Lo mismo ocurre en Francia: secc. 283, 463 *Code de procedure penale* (42.ª ed., Dalloz, 2001). cfr. JEAN PRADEL. *Procedure penale* 30, 37, 667 (9.ª ed., 1997). Y era el mecanismo más utilizado para evitar absoluciones en la antigua Unión Soviética. METER H. SOLOMON JR. "The Case of the Vanishing Acquittal: Informal Norms and the Practice of the Soviet Criminal Justice". 39 *Soviet Studies*, 1987, p. 531.

65 CRIST *vs.* BRETZ, 437 US 28 (1978).

66 GREEN *vs.* United States, 355 US 184, 187 y 188 (1967).

evidencia débil, el principio de *non bis in idem* impedirá un nuevo juicio sobre los mismos cargos[67]. En Estados Unidos una absolución por el jurado (o el tribunal) es definitiva y no puede ser apelada por la fiscalía[68], impidiendo de esta forma las revocaciones arbitrarias de absoluciones del jurado que a veces se encuentran en algunos países europeos[69].

CONCLUSIÓN

En un sistema acusatorio puro, cualquier acto investigativo previo al juicio debiera limitarse a determinar si es que existe suficiente prueba para formular cargos en contra de una persona sospechosa de un delito[70]. Normalmente debieran realizarse, cuando sea posible, antes que el sospechoso esté privado de libertad a través de una orden de arresto o de la prisión preventiva, y sin usar al sospechoso como fuente principal de tal evidencia. El sistema inquisitivo clásico está basado en el arresto y detención del sospechoso por períodos prolongados de tiempo con el propósito de utilizar de manera más eficiente al sospechoso como fuente de prueba, y para preparar un expediente exhaustivo de prueba que servirá de sustento principal de la condena y pena del sospechoso.

Mientras más corta y simplificada sea la investigación preliminar, más oral, adversarial e inmediato el juicio; debido a la menor repetición de la prueba, menos se afecta la imparcial del juzgador evitando el estudio de opiniones y prueba previas al juicio. Leyes que hacen efectivo el derecho a ser juzgado dentro de un plazo razonable limitan la naturaleza opresiva de la investigación

---

67 Downum *vs.* United States, 372 US 734, 737 y 738 (1963) (el fiscal omitió citar a un testigo clave).

68 United States *vs.* Ball, 163 US 662, 671 (1896).

69 Acerca de las revocaciones masivas por la Corte Suprema rusa y la revocación política de una absolución espectacular en el primer año de funcionamiento del sistema de jurado en España, crf. Thaman. *Europe's New Jury Systems*, cit., pp. 349 y 350.

70 Esta limitación ha sido adoptada en 1995 por la Ley Española de Jurado y el Código Procesal Penal italianao de 1988. Cfr. Thaman. *Comparative Criminal Procedure*, cit., 56, p. 38.

preliminar y de la prisión preventiva y sus efectos en la presunción de inocencia. Las normas que prevén la posibilidad de ir a juicio inmediato en delitos flagrantes son una aproximación[71]. Los códigos referidos al plazo razonable, que exigen el comienzo del juicio por jurado dentro de los 90 a 100 días de la detención, como existen en Estados Unidos, son otra aproximación[72]. Las investigaciones previas al juicio deben ser realizadas con la menor prisión preventiva y la menor utilización del sospechoso como fuente de la prueba.

Pero los beneficios de un sistema acusatorio y con un juicio adversarial que adhiere escrupulosamente a los principios de oralidad e inmediación son sacrificados si, como ocurre en Estados Unidos, el Estado no está dispuesto a pagar el precio que conlleva la mantención de dicho sistema, y recurre a confesiones de culpabilidad masivas y forzadas, llamadas *plea bargaining*. En un sistema de derecho penal máximo[73], el carácter consensual y la esencia adversarial de la negociación de culpabilidad es inmanejable[74].

---

71 Ibíd., pp. 39 y 40, refiriéndose a normas italianas, francesas y alemanas. Para España cfr. secc. 795 a 807 *LECr*, que entró en vigencia en la primavera de 2003.

72 Cfr. STEPHEN THAMAN. *Landesbericht U.S.A. in Die Beweisaufnahme im Strafverfahren des Auslands*, WALTER PERRON (ed.), 1995, pp. 490 a 493.

73 Acerca del derecho penal máximo en el sentido que afirma la discapacidad de los delincuentes y la protección de la sociedad en perjuicio de la libertad, cfr. LUIGI FERRAJOLI. *Diritto e ragione*, 5.ª ed., 1998, p. 468.

74 THAMAN. *Gerechtigkeit*, cit., p. 320.

RICHARD VOGLER

Adversarialidad y el dominio angloamericano del proceso penal*

Una de las consecuencias más importantes de la hegemonía global de Estados Unidos en el derecho y en la práctica legal[1] ha sido el avance inexorable de la adversarialidad en el proceso penal en todo el mundo. Aumentando la velocidad de su marcha desde el final de la Segunda Guerra Mundial en 1945, esta doctrina revolucionaria se difundió en Europa Occidental, derribando formas "inquisitivas" de persecución y juicio, antes de trasladarse a regiones tan diversas como China[2], Japón[3] y América Latina[4]. La caída de la Unión Soviética y de sus regímenes satélites de Europa Oriental después de 1991 abrió todavía más territorio fértil para la reforma adversarial. Los nuevos tribunales internacionales que han sido creados en el mismo período también resultaron profundamente influidos[5]. Resumidamente, el cambio hacia la adversarialidad en el proceso penal, que ha sido equiparado por WEIGAND con la recepción del derecho romano en el período europeo del *ius commune*[6], se ha transformado en uno de los desarrollos culturales más profundos y ubicuos de nuestra generación.

---

* GUILLERMO ORCE (trad.).

1 U. MATTEI. "Globalization and Empire: a Theory of Imperial Law: a Study on U.S. Hegemony and the Latin Resistance", *Indiana Journal of Global Legal Studies*, 2003, vol. 35, pp. 383 a 447; M. LANGER. "From Legal Transplants to Legal Translations: the Globalization of Plea Bargaining and the Americanization Thesis in Criminal Procedure", *Harvard International Law Journal*, 2004, vol. 45, pp. 1 a 64.

2 W. LIU y Y. SITU. "China: Criminal Courts in China Transition: Inquisitorial Procedure to Adversarial Procedure?", en *Crime and Justice International*, 1999, vol. 15, n.° 25, pp. 13 a 21; P. LIU y Y. SITU. "Mixing Inquisitorial and Adversarial Models: Changes in Criminal Procedure in a Changing China", en *Contributions in Criminology and Penology*, 2001, vol. 53, pp. 133 a 150.

3 M. M. FEELEY y S. MIYAZAWA. *The Japanese Adversary System in Context: Controversies and Comparisons*, New York, Palgrave, 2002.

4 J. L. HAFETZ. "Views on Contemporary Issues in the rRegion. Pretrial Detention, Human Rights, and Judicial Reform in Latin America", *Fordham International Law Journal*, 2003, vol. 26, pp. 1754 a 1777.

5 K. AMBOS. "International Criminal Procedure: Adversarial, Inquisitorial or mixed?", *International Criminal Law Review*, 2003, vol. 31, n.° 1, pp. 1 a 37.

6 W. WEIGAND, "The Reception of American Law in Europe", *American Journal of Comparative Law*, 1991, vol. 39, pp. 229 a 248.

Esto no equivale a decir que el progreso imperial de la adversarialidad ocurrió sin oposición alguna. Francia, por ejemplo, resistió el cambio mucho más tiempo que la mayoría de las naciones europeas, ignorando, según lo expresaron GINCHARD y BUISSON, los constantes "cantos de sirenas" de los anglosajones, tan clamorosos que "escasamente pasa un solo día sin que el sistema norteamericano de justicia penal sea sostenido ante nosotros como un modelo ideal"7. El principal experto en derecho comparado de Francia, JEAN PRADEL, condujo un enérgico contraataque insistiendo en que "la inquisición responde más efectivamente a la equivalencia de las partes, inclusive desde un punto de vista económico"8, y Madame GUIGOU, la ex ministro de Justicia de Francia, sostuvo en el año 2000 que "el sistema de justicia adversarial es, por naturaleza, inequitativo e injusto. Favorece al fuerte por encima del débil. Acentúa las diferencias sociales y culturales favoreciendo al rico, que tiene la capacidad de contratar y pagar por los servicios de uno o más abogados. Nuestro propio sistema es mejor, tanto en términos de eficiencia como en términos de derechos de los individuos"9. Sin embargo, las grandes reformas Perben del 2004, que introdujeron la declaración voluntaria de culpabilidad (*guilty plea*) y la negociación de la pena (*plea bargain*) (el "caballo de Troya" de la avanzada adversarial[10]), finalmente lograron, según algunos comentadores, una "americanización" radical del proceso francés[11]. Opiniones similares pueden ser observadas en España, Italia y en muchos otros países que, sin embargo, sucumbieron, en los últimos cincuenta años, a la tentación de la adversarialidad angloamericana. Pero, en su mayor parte, estos fueron sólo disparos en la retirada. Solamente el proceso penal islámico, con su resistencia cultural profunda a la ideología de la Ilustración occidental, permaneció relativamente sin cambios.

7 S. GUINCHARD y J. BUISSON. *Procédure pénale*, Paris, Litec, 2002, p. 143.
8 J. PRADEL. *Droit pénal comparé*, Paris, Dalloz, 2002, p. 160.
9 Citado en J. HODGSON. "Suspects, Defendants and Victims in the French Criminal Process: the Context of Recent Reform", *International & Comparative Law Quarterly*, vol. 51, n.º 4, pp. 781 a 816, 785, nota 22.
10 LANGER. Ob. cit., p. 35.
11 *Le Monde*, 11 de febrero de 2004.

Extrañamente, a pesar de su vigencia, la idea adversarial permanece ampliamente mal comprendida y mal representada, inclusive en las zonas angloamericanas más predominantes. El propósito de este breve artículo consiste, por lo tanto, en explorar el significado del concepto y revisar brevemente las dos grandes oleadas de reformas adversariales que afectaron tan profundamente el sistema judicial penal en todos lados. La primera oleada, inspirada directamente por la Ilustración europea y las innovaciones prácticas en las que los abogados del *common law* inglés eran pioneros en los siglos XVIII y XIX, fue proyectada al mundo a través del dominio ideológico de Gran Bretaña. A partir de los últimos años del siglo XIX, sin embargo, comenzó una profunda reacción inspirada en la crítica "científica" a la adversarialidad promovida por la escuela italiana de criminología, el positivismo alemán y otros promotores del enfoque de la "defensa social" del derecho penal. Estas nuevas teorías, profundamente hostiles a lo que ellas describían como los aspectos disfuncionales del debido proceso, alcanzaron su punto culminante lógico en las prácticas inquisitivas autoritarias llevadas a cabo en los sistemas penales de la Rusia estalinista, la Alemania nazi, la Francia de Vichy y el totalitarismo latinoamericano. Al término de la Segunda Guerra Mundial se desató una nueva ola de reforma adversarial, esta vez bajo el liderazgo ideológico de Estados Unidos de América.

I. ADVERSARIALIDAD Y LOS LÍMITES DEL ANÁLISIS MODERNO

A pesar de que el concepto de "adversarialidad", juntamente con su supuesta antítesis "método inquisitivo", continúa dominando los debates contemporáneos acerca de la reforma de la justicia penal, existe desafortunadamente muy poco consenso acerca del significado de estos términos. Por momentos parecen indicar dos estilos diferentes de procedimientos relativos a los juicios; en otros momentos, son utilizados como abreviaturas de sistemas legales totalmente diferentes. Hasta se ha sostenido que los términos –al haber tomado cada uno de los sistemas elementos del otro de manera tan extendida, y al haberse devaluado tanto la terminología– ya no tienen un significado real ni relevancia propia. Según AGATHE LOEGER, distinguir los dos sistemas es casi una "cuestión metafísica" que ya es estéril y obsoleta[12]. Sin embargo, tales censuras no disiparon el entusiasmo de los académicos de todo el mundo en sus intentos de capturar las características esenciales de los dos conceptos. Las características distintivas han sido añadidas y sustraídas a voluntad e inevitablemente, debido a que la reforma del sistema penal es una cuestión extremadamente política. La oposición entre estos dos modos de proceso ha adquirido una referencia normativa enormemente diferente para académicos angloamericanos y continentales. Como resultado, se ha sumado confusión tras confusión con graves consecuencias para el futuro de los estudios comparativos sobre sistemas de justicia penales y sobre el proceso de reforma mismo. Por lo tanto, antes de considerar el avance global de la adversarialidad en las últimas décadas, es importante considerar brevemente algunos de los intentos de definir al fenómeno en sí mismo.

Por regla general (aunque no invariablemente), los académicos angloamericanos han tenido la tendencia a considerar la adversarialidad en términos de un análisis de sistemas parsoniano. El principal teórico estadounidense, HERBERT PACKER[13], cuya obra al respecto data de los años 60, desarrolló un clásico análisis basado en sistemas, en el que comparó el "modelo de control del delito" (una aproximación burocrática, de "línea de montaje" basada en la eficiencia) con el "modelo del debido proceso" (una aproximación de "camino vallado" basado en el control de calidad)[14]. Esta polaridad, que algunos académicos asociaron directamente con el dístico inquisitivo/adversarial, continúa ejerciendo una profunda influencia en el análisis angloamericano. Atraviesa, por ejemplo, el Informe Global de las Naciones Unidas sobre Delito y Justicia[15] y una serie de influyentes informes gubernamentales tanto en Estados Unidos

---

12 Citado en F. TULKENS. "Criminal Procedure: Main Comparable Features of the National Systems", en M. DELMAS-MARTY (ed.). *The Criminal Process and Human Rights. Towards a European Consciousness*, Dordrecht, Martinus Nijhoff, 1995, pp. 5 a 13, 8.

13 H. L. PACKER. *The Limits of the Criminal Sanction*, Stanford, Stanford University Press, 1968.

14 Ibíd., pp. 153 a 160.

15 S. MUKHERJEE y P. REICHEL. "Bringing to Justice", en G. NEWMAN (ed.). *Global Report on Crime and Justice*, New York, U. N. Office for Drug Control and Crime Prevention, 1999, pp. 65 a 88, 71 a 72.

como en Inglaterra[16]; también condicionó la comprensión angloamericana de la división inquisitivo/adversarial.

Es imposible, en este espacio limitado, dar cuenta de la amplitud y complejidad de los intentos angloamericanos contemporáneos de describir el modelo de la adversarialidad. Un ejemplo reciente será suficiente para representar el *género*. En el año 2004, LANGER sugirió un "nuevo marco teórico para conceptualizar los sistemas inquisitivos y adversariales"[17]. En un intento de sintetizar la teoría norteamericana de sistemas con el análisis estructural de DAMASKA, LANGER propone "dos binomios". El primero está formado por un "modelo de disputa" y un "modelo de investigación oficial", y el segundo por los sistemas de autoridad "jerárquicos" y "coordinados" descriptos por DAMASKA[18]. Desafortunadamente, los pares alineados por LANGER no son más útiles que los de DAMASKA en el análisis de los sistemas de justicia realmente existentes, y sus conclusiones son un desilusionante ejercicio de metáforas mezcladas. Alemania, por ejemplo, podría encontrarse en la encrucijada entre "un procedimiento penal inquisitivo y un modelo que no es ni inquisitivo ni adversarial"[19], mientras que Italia está aparentemente en una encrucijada diferente, en este caso entre sistemas adversariales e inquisitivos[20]. Este ejercicio encapsula el problema con el análisis de sistema en la justicia penal, engendrando complejidad sin asistir materialmente a nuestro entendimiento o análisis.

Los juristas continentales, por otro lado, han tendido a considerar la polaridad en términos de quién actúa, insistiendo frecuentemente en el uso del término "acusatorio" como sinónimo de "adversarial". En 1827, el académico alemán BEINER insistía: "la diferencia esencial entre la práctica puramente acusatoria y la inquisitiva consiste en que, en la primera, la parte ofendida es

---

16 Cfr. por ejemplo Royal Commission on Criminal Procedure in England, 1981.
17 LANGER. Ob. cit., p. 6.
18 Ibíd., pp. 17 a 26, y cfr. M. R. DAMASKA. *The Faces of Justice and State Authority: a Comparative Approach to the Legal Process*, Yale University Press, 1986, pp. 29 a 46.
19 LANGER. Ob. cit., p. 46.
20 Ibíd., p. 53.

la que persigue sus derechos [...] en el proceso inquisitivo, por el contrario, el Estado persigue el delito"[21].

El jurista francés ADHÉMAR ESMEIN, en 1883[22], compartía este enfoque en lo relativo al modo de iniciación de los procedimientos, pero adoptó un análisis mucho más complejo que continúa siendo influyente en la actualidad. Su definición de sistema acusatorio comprendía seis elementos, a saber: 1. El libre ejercicio del derecho a iniciar los procedimientos por parte de los ciudadanos; 2. El juez es un "árbitro" en un combate personal; 3. El juicio es llevado a cabo por pares del acusado que carecen de instrucción jurídica especial; 4. La presencia personal de las partes es esencial; 5. El juez no puede proceder por iniciativa propia, y 6. Los medios de prueba están en armonía con los prejuicios o creencias de la época[23]. Las seis características del sistema inquisitivo son: 1. Inicio *ex officio* por parte del Estado; 2. El juicio es delegado a un juez que tiene acceso al "cuerpo de las ciencias penales"; 3. La investigación del juez no está limitada a la evidencia que es traída ante él; 4. La tortura es posible; 5. La apelación es un derecho, y 6. La toma de decisiones está basada en un sistema de pruebas legales[24].

Estas características esenciales, levemente modificadas, continuaron influyendo a los académicos continentales. Por ejemplo, casi un siglo después, el prolífico y enormemente influyente autor francés MIREILLE DELMAS-MARTY ofreció un análisis similar al de ESMEIN:

> En un modelo "acusatorio", el proceso penal es poco diferente al civil, porque la parte que persigue, teóricamente, es "igual en armas" que la defensa y ambas llevan a cabo investigaciones paralelas bajo el control de un juez que interviene raramente y está constreñido a arbitrar. En un modelo "inquisitivo", la función de investigación es ejercida por la parte persecutora y a veces dirigida por el juez, un inquisidor activo que confronta sólo a una defensa pasiva[25].

---

21 Citado en J. H. LANGBEIN. *Prosecuting Crime in the Renaissance. England, Germany, France*, Cambridge, Harvard University Press, 1974, p. 130.

22 A. ESMEIN. *A History of Continental Criminal Procedure: with Special Reference to France*, London, John Murray, 1914.

23 Ibíd., pp. 4 a 8.

24 Ibíd., pp. 8 a 10.

25 DELMAS-MARTY. Ob. cit., p. 192.

Estas exploraciones pueden servirnos para entender las diferencias entre el *common law* y los enfoques continentales del análisis, pero nos asisten escasamente en acercarnos más a las leyes esenciales del método adversarial. En este capítulo se arguye que la dificultad fundamental de la mayoría de estos intentos de caracterizar las diferencias entre los dos modelos de procedimiento penal referidos anteriormente consiste en que son ahistóricos e insuficientemente nutridos de trabajos comparativos detallados. Antes de considerar la historia reciente de la adversarialidad, podría ser útil considerar las raíces de la confusión. Se sugerirá aquí que la confusión surge sustancialmente de tres malentendidos, existentes a ambos lados del Atlántico, acerca de la adversarialidad y que son de considerable longevidad y respetabilidad. En honor de la conveniencia, denominé a estos malentendidos como *la falacia del sistema*, *la falacia del desarrollo* y, finalmente, *la falacia acusatoria*.

II. LAS TRES FALACIAS

La *falacia del sistema* presupone que un sistema procesal penal puede ser enteramente caracterizado como "adversarial" o "inquisitivo". Esta tendencia tiene sus orígenes en el movimiento genealógico dentro de la disciplina del derecho comparado que siempre buscó "tipologizar" los sistemas mediante la división y subdivisión de las jurisdicciones nacionales en familias hereditarias o especies. Como lo expresó INGRAHAM, los juristas comparativistas buscan "una estructura esquelética básica del sistema procesal penal [...] Aquí, como en la morfología de los vertebrados, no importa [...] cuán disímiles son desde el punto de vista facial, pueden no sólo ser reconocidos sino también comparados por ella"[26].

Va más allá de los límites de este texto el examinar la totalidad de las tipologías propuestas dentro del derecho comparado para categorizar y analizar los sistemas jurídicos que existen en el mundo. Ha sido sugerido, por los comparativistas más fervientes, que existirían 13 grupos familiares diferentes,

---

26 B. L. INGRAHAM. *The Structure of Criminal Procedure. Laws and Practice of France, the Soviet Union, China and the United States*, New York, Greenwood Press, 1987, p. 21.

pero la versión contemporánea más conocida[27] establece una distinción genética fundamental entre tres variantes: "romano-germánica", "*common law*" y "sistemas socialistas". El derecho procesal penal comparativo no ha alcanzado ni siquiera este nivel de relativa sofisticación y, en su lugar, adoptó la terminología simplista y comprensiva de "adversarial" e "inquisitivo". Las limitaciones de este tipo de trabajo son bien conocidas. No solamente es inapropiado para caracterizar un sistema complejo e históricamente condicionado –que comprende una amplia variedad de influencias– en un atributo único y unitario, sino que también fracasa completamente en reflejar el dinamismo de la reforma de la justicia. Como mucho, se puede identificar la presencia cambiante de un amalgama de influencias o tendencias adversariales o inquisitivas dentro de un sistema en particular, mientras que el etiquetar jurisdicciones enteras de esta manera es un ejercicio de sobresimplificación o pura falsificación. Sin embargo, los libros de texto y artículos de las principales revistas en este campo insisten en el uso de esta terminología, dividiendo despreocupadamente en sistemas "adversariales" e "inquisitivos" con la intrusión ocasional de inconvenientes parientes "islámicos" y "socialistas".

La segunda falacia, la *falacia del desarrollo*, está basada en la misma premisa genealógica e imagina una especie de proceso evolutivo que tiene lugar en el proceso penal. ESMEIN, por ejemplo, pretende observar una progresión clara y natural en la historia del procedimiento penal análoga al desarrollo evolutivo de la humanidad: "Se pueden distinguir, en efecto, tres tipos de procedimiento –el tipo *acusatorio*, el tipo *inquisitivo* y el tipo *mixto*–. El derecho penal de casi todas las naciones comenzó con un procedimiento acusatorio, y cambió a un procedimiento inquisitivo"[28].

Esta visión desarrollista representa una ortodoxia en la teoría penal europea, repetida en la mayoría de los libros de texto contemporáneos de procedimiento penal en Francia[29], Italia[30], España[31] y en todos lados. Incluso

---

27 R.DAVID y J. E. BRIERLEY. C. *Major Legal Systems in the World Today: an Introduction to the Comparative Study of Law*, London, Stevens, 1985, pp. 1 a 31.

28 ESMEIN. Ob. cit., p. 447.

29 Cfr. por ejemplo GUINCHARD y BUISSON. Ob. cit., pp. 45 a 142; P. CONTE. y P. MAISTRE DE CHAMBON. *Procédure pénale*, Paris, Dalloz, 2002, pp. 12 y 13.

en Estados Unidos el mito continúa siendo vigente[32]. OSAKWE, por ejemplo, afirma:

> El sistema adversarial (acusatorio) moderno es solamente un paso histórico más allá del sistema de venganza privada y todavía retiene algunas de sus características. En contraste a ello, el sistema inquisitivo comienza históricamente allí donde el sistema adversarial detuvo su desarrollo. Está alejado, en el tiempo, dos pasos respecto del sistema de venganza privada. Por lo tanto, desde el punto de vista de la antropología jurídica, es históricamente superior al sistema adversarial[33].

Para ESMEIN y los académicos que lo siguieron, la conclusión reza que el sistema acusatorio es una forma "primitiva" de justicia, desarrollada a partir de "la fase mitológica de la mente humana"[34] que, sin embargo, continúa existiendo en Inglaterra y en Estados Unidos. Lo que se logró en el *Code d'instruction criminelle* (CIC) francés de 1808 y sus imitaciones es una tercera y más moderna "híbrida" etapa de desarrollo: el procedimiento *mixto*, que combina la eficiencia e interés por la verdad propia del método inquisitivo con la igualdad de armas del acusatorio.

El primer problema con esta ortodoxia que opone el sistema "acusatorio" angloamericano con el procedimiento "mixto" continental consiste en que, como los académicos notaron crecientemente, no es ya útil ni de gran ayuda categorizar modelos procesales de acuerdo, simplemente, con su *forma de inicio*. La forma de inicio representa una característica distintivamente periférica y, ya que no representa a las características estructurales centrales de

---

30 Cfr. por ejemplo A. A. DALIA y M. FERRAIOLI. *Manuale di diritto processuale penale*, Padova, CEDAM, 2001, pp. 21a 25; A. NAPPI. *Guida al codice di procedura penale*, Milano, Giuffrè, 2001, pp. 4 a 21.

31 J. M. RIFÁ SOLER y J. F. VALLS GOMBAU. *Derecho procesal penal*, Madrid, Iurgium, 2000.

32 E. LUNA. "A Place for Comparative Criminal Procedure", *Brandeis Law Journal*, 2003, vol. 42, n.° 4, pp. 277 a 327, 295.

33 C. OSAKWE. "Modern Soviet Criminal Procedure: a Critical Analysis", *Tulane Law Review*, vol. 57, n.° 3, 1983, pp. 439 a 601, 447.

34 ESMEIN. Ob. cit., p. 7.

los sistemas penales, tiende a oscurecer mucho más de lo que ilumina. Por lo tanto, existen fuertes razones para hacer clasificaciones con base en algunos aspectos más centrales del procedimiento. Según LANGBEIN, por ejemplo, el *Inquisitionsprozess* es definido esencialmente por las características gemelas *Offizialmaxime* (control oficial de todas las fases excepto del acto inicial) y *Offizialprinzip* (investigación judicial) que fueron desarrolladas en la jurisprudencia alemana[35]. Ya que las formas privadas y públicas de iniciación del proceso coexistieron por siglos dentro del mismo procedimiento, la visión de LANGBEIN debe preferirse claramente. También tiene la ventaja de capturar no sólo las leyes esenciales del *Inquisitionsprozess*, sino también su defecto más fundamental: la combinación de los roles de investigador y juez en la misma persona. De manera equivalente, el procedimiento acusatorio en Inglaterra fue severamente socavado por reformas en el siglo XVI y no sobrevivió ningún vestigio significativo de la institución de la persecución de la corona en el siglo XIX. En Estados Unidos, el sistema de fiscalías de distrito siempre implicó una iniciación oficial del procedimiento.

El segundo problema del enfoque del desarrollo consiste en que carece absolutamente de bases en la realidad histórica. Esto conduce inevitablemente a considerar la tercera fuente de confusión, la *falacia acusatoria*. Esta particular confusión parece haber surgido en relación a la falta de comprensión del modo dominante de juicio en el mundo angloamericano, que no es acusatorio sino más bien *adversarial*. Los términos no son, como se supone frecuentemente, intercambiables. Adversarialidad, como forma de juicio, no tiene casi nada que ver con la antigua tradición acusatoria y fue, en cambio, un procedimiento radicalmente nuevo desarrollado en Inglaterra en el siglo XVIII[36]. La adversarialidad introdujo en la temprana Inglaterra industrial un juicio basado en un conjunto de derechos legales del debido proceso con los que el imputado estaba envestido, como la presunción de inocencia, el derecho a guardar silencio, el derecho a examinar a los testigos, etc. Profundamente inspirado en el

---

35 LANGBEIN. Ob. cit., pp. 130 a 132.
36 Cfr. R. K. VOGLER. *Paths of Justice. A World View of Criminal Procedure*, Aldershot, Ashgate, en prensa.

pensamiento de la Ilustración y especialmente en la obra de JOHN LOCKE, esta
nueva forma de juicio fue inventada por abogados litigantes en Inglaterra entre
1730 y 1770[37]. Es anterior a la obra de los *philosophes* franceses y conformó las
bases prácticas sobre las que se erigieron las grandes declaraciones de derechos
humanos, por ejemplo, la Carta de Derechos estadounidense y la Declaración
de los Derechos del Hombre francesa. Por primera vez se trataba de una forma
de juicio penal articulada en el lenguaje de los derechos, en la cual el ciudadano
acusado era puesto en un nivel de equidad con el poder soberano del Estado (y
no, como en el sistema "acusatorio", a nivel de la víctima acusadora). Inspiró
a los revolucionarios de la Asamblea Constituyente francesa que lo adoptaron
en su totalidad en 1791, sólo para constatar, posteriormente, que la mayoría de
sus previsiones relativas al debido proceso serían abrogadas por NAPOLEÓN en
su retorno, con el CIC, a muchas de las previsiones autoritarias del *Code Louis*
de 1670. Fue un modelo que influyó en la reforma progresiva y humanitaria
a través de Europa en el siglo XIX y que fue forzado a una fría salida durante
los oscuros años de las dictaduras europeas del siglo XX.

III. LA TRADICIÓN ADVERSARIAL

La adversarialidad, por lo tanto, debe ser considerada un producto esencial de
la Ilustración europea con muy poco en común con el procedimiento acusatorio
de la alta Edad Media. Tiene sus orígenes en el desarrollo de la economía capitalista en Inglaterra y no es coincidencia que haya sido creada por los mismos
abogados del *common law* que representaron a los empresarios en el mismo

---

37 J. H. LANGBEIN. "The Criminal Trial Before the Lawyers", *University of Chicago Law Review*, 1978, vol. 45, pp. 263 a 316; ID. *The Origins of the Adversarial Criminal Trial*, Oxford, OUP, 2003; S. LANDSMAN. "A Brief Survey of the Development of the Adversary System", *Ohio State Law Journal*, 1983, vol. 44, n.º 1, pp. 713 a 39; ID. "The Rise of the Contentious Spirit: Adversary Procedure in Eighteenth Century England", *Cornell Law Review*, 1990, vol. 75, n.º 1, pp. 497-609; J. M. BEATTIE. "Scales of Justice: Defence Counsel and the English Criminal Trial in the Eighteenth and Nineteenth Centuries", *Law and History Review*, 1991, vol. 9, pp. 221 a 267; A. N. MAY. *The Bar and Old Bailey: 1750-1850*, Chapel Hill, University of North Carolina, 2003.

país que tomó la delantera de la Revolución Industrial. Es esencialmente una aproximación de libre mercado al sistema penal, basado en la negociación individual, libertad de contratar y en el concepto de un individuo portador de derechos. Como lo observa perceptivamente KAGAN, la adversarialidad es el producto de la tensión entre el ideal de equidad de la Ilustración y un sistema político fragmentado que no es lo suficientemente fuerte como para producir un cambio social de tal radicalidad[38]. Además está profundamente marcado por la retórica antiautoritaria del protestantismo angloamericano.

Como tal trajo consigo, por primera vez en la historia de la civilización, un lenguaje de los derechos humanos y de protección que se convirtió en el discurso dominante en el derecho penal en los años finales del siglo XX. La adversarialidad, como metodología, puede ser definida empíricamente a nivel del derecho y a nivel de la ideología. En lo relativo a sus propósitos prácticos, presupone un espacio público en el cual el Estado debe justificarse a sí mismo y justificar sus acciones ante sus ciudadanos; además, le otorga un rol central, en la organización del sistema penal como un todo, a su fase decisiva de juicio. Para lograrlo, y para prevenir la existencia de resoluciones burocráticas de importantes materias probatorias, son esenciales los mecanismos de protección tales como el derecho a guardar silencio, el derecho a tener un abogado, la existencia de un procedimiento preliminar adversarial y que la carga de la prueba corresponda a la acusación. Su técnica característica es la declaración voluntaria de culpabilidad (*guilty plea*) y la negociación de la pena (*plea bargain*) que representan la cualidad transaccional de su dinámica esencial. La adversarialidad no es una concepción estática sino que ha experimentado un número de evoluciones significativas en los últimos dos siglos, a medida que se ha ido adaptando a diferentes condiciones sociales y políticas[39].

Finalmente, la ideología de la adversarialidad puede ser considerada como representativa de un concepto muy diferente acerca de la averiguación de la verdad que el empleado por el modelo inquisitivo. El método inquisitivo mo-

---

38 R. A. KAGAN. *Adversarial Legalism: the American Way of Law*, Cambridge, Mass., Harvard University Press, 2001.
39 Cfr. VOGLER. Ob. cit.

derno, al menos desde el *Code Louis* de 1670, ha estado asociado con el enfoque cartesiano del método científico, en el cual un investigador único, provisto de un conjunto de herramientas forenses y de técnicas experimentales, está investido del poder para conducir un búsqueda irrestricta de la verdad. Por el contrario, la adversarialidad abreva en una tradición intelectual completamente diferente. En este método, como lo expresó Lord Eldon, "la verdad es mejor descubierta a través de poderosas manifestaciones a ambos lados de la cuestión"[40]. Es un método relativista y comparativista. Los académicos continentales, como Weigand, frecuentemente han menospreciado el concepto de "verdad procesal" de la adversarialidad, que imagina "que la verdad aparecerá como un brillante rayo de luz producido por la tensión entre dos polos opuestos"[41]. Pero esta complejidad dialéctica es seguramente el fuerte del método adversarial. Mientras que el método inquisitivo gozó de un renacer en su popularidad al final del siglo XIX, cuando estuvo asociado con el positivismo científico y la modernidad, ha sufrido el oscurecimiento correspondiente con la crítica relativista de tales métodos en la época contemporánea. En efecto, en la posmodernidad, la postura escéptica de la adversarialidad y su negativa a sucumbir a las tentaciones de una única guía narrativa en el juicio pueden contribuir a explicar su popularidad actual[42].

IV. CRÍTICA POSITIVISTA Y DECADENCIA

Entre los desarrollos tempranos de la adversarialidad y su florecimiento actual existe un período oscuro de nuestra historia colectiva en el cual, durante la primera mitad del siglo XX, el resurgimiento del método inquisitivo tuvo casi aceptación universal. El movimiento positivista, que se transformó en el enfoque

---

40 Citado en J. S. Silver. "Equality of Arms and the Adversarial Process: a New Constitutional Right?", *Wisconsin Law Review*, 1990, vol. 4, pp. 1007 a 1041, p. 1035.
41 T. Weigend. "Truth, the Jury, and the Adversarial System: is the Criminal Process about Truth?: a German Perspective", *Harvard Journal of Law & Public Policy*, 2003, vol. 26, n.° 1, pp. 157-73, p. 159.
42 J. D. Jackson. "Theories of Truth Finding in Criminal Procedure: an Evolutionary Approach", *Cardozo Law Review*, 1988, vol. 10, n.° 3, pp. 475 a 527, 504 a 527.

dominante en las grandes conferencias penales del período, estuvo fuertemente implicado en el colapso del ideal adversarial durante este período[43]. Quizás el teórico más destacado del movimiento haya sido el jurista y criminólogo italiano RAFFAELE GAROFALO (1851-1934). Su *Criminologia* (1885) ofreció una importante crítica de lo que él consideraba un peligroso incremento de las características adversariales en el sistema penal en toda Europa, sosteniendo que ello conspiraba contra el uso científico del derecho penal como método de defensa social: "la teoría dominante y el derecho judicial que se configuró como una derivación de ella parecen existir con el propósito de proteger al delincuente de la sociedad antes que a la sociedad del delincuente"[44].

Por el contrario, GAROFALO abogaba fuertemente por la existencia de un secreto riguroso durante la investigación previa al juicio "para la averiguación de la verdad"[45], insistiendo en que permitir el conflicto adversarial reduciría al juez al papel de "una marioneta danzante con dos adversarios que tirarían de las cuerdas alternativamente"[46]. Manifestó particular desprecio respecto de los ataques retóricos de los abogados que estaban a favor de la completa publicidad de cada etapa del procedimiento, de principio a fin. Su colega ENRICO FERRI (1856-1929), quien publicó su influyente *Sociologia criminale* en 1884, lanzó un ataque igualmente inflexible a la adversarialidad, a la que describió como "una competencia grotesca e insincera entre la acusación y la defensa destinada a prevenir o asegurar una absolución"[47]. En lugar de estas "luchas de fuerza, manipulaciones, declamaciones y artilugios legales que transforman todo juicio penal en una cuestión de suerte", el procedimiento penal debería ser una "investigación científica", conducida por un juez con conocimientos de biología, psicología y psicopatología, con el fin de determinar a qué "clase antropológica" pertenece el imputado[48].

---

43   Sir L. RADZINOWICZ. *The Roots of the International Association of Criminal Law and their Significance*, Freiburg, Max-Planck Institute, 1991.

44   R. GAROFALO. *Criminology*, Montclair, Patterson Smith, 1968, reimpr. de la trad. de 1914, p. 338.

45   Ibíd., p. 344.

46   Ibíd., p. 345.

47   E. FERRI. *Criminal Sociology*, New York, 1897.

Las críticas impulsadas por GAROFALO y FERRI encontraron eco, en la escuela positivista alemana, en VON JHERING y KANTOROVICZ. VAN HAMEL, el decano de la reforma "progresiva" del sistema penal europeo del período, anunció en 1905 que una vez que el sistema penal se viera liberado de los obsoletos conceptos de "culpa, crimen y castigo", a favor de la defensa social, "todo será mejor"[49]. Hay relaciones directas entre estas perspectivas y el totalitarismo europeo. FERRI mismo redactó el proyecto de un código de procedimiento penal para MUSSOLINI[50]. EVGENY PASHUKANIS, el entusiasta propulsor soviético del nihilismo jurídico y de la defensa social, que fue adoptada por STALIN para justificar la masacre extrajudicial de los *kulaks* entre 1929 y 1933[51], estaba también fuertemente influido por FERRI y por VON HAMEL[52]. Como señaló RADZINOVICZ:

> Es doloroso percibir cómo los dos "imperios del mal" compartieron algunos de los despojos de los productos finales de la doctrina criminológica moderna. Los soviéticos importaron de la escuela positivista, para su primer código penal, los conceptos de "responsabilidad legal", de "estado de peligrosidad" y de "medidas de protección social", otorgándoles gran extensión, mientras que los componentes del darwinismo social y el sistema de "medidas de seguridad" [...] estuvieron entre los primeros en ser adoptados –y por supuesto, expandidos sin compasión– por los legisladores nazis[53].

En 1929, los soviéticos lograron deshacer todas las reformas adversariales promulgadas por el zar NICOLÁS II en 1864 y reemplazar su sistema penal por

---

48 Ídem.
49 P. BEIRNE y R. SHARLET. *Pashukanis: Selected Writings on Marxism and Law*, London, Academic Press, 1980, pp. 123 a 124.
50 Finalmente rechazado.
51 R. SHARLET. "Pashukanis and the Withering away of Law in the USSR", en FITZPATRICK (ed.). *Cultural Revolution in Russia 1928-1931*, Bloomington, Indiana University Press, 1984, pp. 169 a 188; E. HUSKEY. "Vyshinskii, Krylenko, and the Shaping of the Soviet Legal Order", *Slavic Review*, 1987, vol. 46, n.° 3, pp. 414 a 428, 415 y 416; J. HOSTETTLER. *Law and Terror in Stalin's Russia*. Chichester, Barry Rose, 2003.
52 BIERNE y SHARLET. Ob. cit., pp. 123 a 124.
53 RADZINOWICZ. Ob. cit., p. 91.

la máquina de matar inquisitiva que constituyó el arma preferida de Stalin durante el Gran Terror[54]. Entre 1933 y 1936, los nazis llevaron a cabo una reconstrucción inquisitiva similar en Alemania[55] y en Italia un nuevo código fascista, el *Codice Rocco* de 1930, fue descripto como "impregnado con la idolatría de la autoridad"[56]. Los siguieron España en 1936 y Francia en 1940 y 1941, mientras que Latinoamérica no se quedó demasiado atrás. Para ese entonces, la adversarialidad estaba absolutamente extinguida en Europa continental y en la mayoría de las regiones del mundo fuera de Gran Bretaña, América del Norte y el *Commonwealth* británico.

V. EL RETORNO DE LA ADVERSARIALIDAD

En la posguerra, el primer país europeo que intentó un acercamiento importante a la adversarialidad fue Alemania. La Ley de Unificación de 1950 restauró elementos del debido proceso que habían sido eliminados por los nazis desde 1933, y el § 136a de la Ley de Enjuiciamiento Criminal (*Strafprozessordnung*) otorgó protección frente a los abusos de los interrogatorios. Aunque la Ley de Reforma del Procedimiento Penal de 1964 reforzó el rol de la defensa técnica, no fue sino a partir de 1976 que ocurrieron los grandes cambios. En ese año, Alemania abolió la magistratura de investigación y asignó el deber de persecución al fiscal[57]. La etapa previa al juicio fue considerada, a partir de allí, una etapa adversarial de recolección de pruebas.

---

54 R. CONQUEST. *The Great Terror. A Re-assessment*, London, Hutchinson, 1990; HOSTETTLER, Ob. cit.

55 R. MILLER. *Nazi Justiz: Law of the Holocaust*, Greenwood, 1995; M. STOLLEIS. *The Law under the Swastika: Studies on Legal History in Nazi Germany*, Chicago, University of Chicago, 1998.

56 M. CAPPELLETTI, J. H.MERRYMAN y J. M. PERILLO. *The Italian Legal System. An Introduction*, Stanford, Stanford University Press, 1967, p. 112, nota 8. Cfr. también el discurso del Presidente de Italia en la Columbia University, citado en L. J. FASSLER. "The Italian Penal Procedure Code: an Adversarial System of Criminal Prosecution in Continental Europe", *Columbia Journal of Transnational Law*, 1990, vol. 29, pp. 245 a 278, 249, nota 20.

57 A. S. GOLDSTEIN y M. MARCUS. "The Myth of Judicial Supervision in three 'Inquisitorial'

En España, el procedimiento autoritario vigente bajo el régimen de FRAN-
CO sobrevivió hasta las grandes reformas de la Ley de Enjuiciamiento Criminal
que siguieron a la Constitución de 1978. A partir de ese momento, la "presunción de inocencia" fue garantizada en todas las etapas del procedimiento
por el artículo 24.2 de la Constitución[58]. A pesar de ello, son en definitiva los
jueces los responsables de reunir las pruebas y conducir el juicio, y la carga
de la prueba reside en la acusación[59]. El derecho a ser oído equitativamente
y los derechos de defensa están protegidos por el artículo 24 de la Constitución, mientras que el artículo 17 delinea las fundamentales categorías de los
derechos asequibles durante el arresto[60]. El debate acerca de la introducción
progresiva de más elementos adversariales en el procedimiento español fue
intenso[61]. LUCIANO VARELA, el "notorio" adversario del sistema inquisitivo
de *instrucción*[62], escribió: "también recordaba el desconocimiento de algún
país culto en el que la persona que decide qué, cuándo y cómo se investiga
sea la misma que puede resolver si existen motivos suficientes para sentar a
un individuo en el banquillo"[63].

FAIRÉN GUILLÉN respondió afirmando que la introducción de más adversarialidad en la etapa previa al juicio conduciría directamente al "totalitarismo"[64].

Systems: France, Italy, and Germany", 87 *Yale Law Journal*, 1977, vol. 87, pp. 240 a 283,
   249, 261 a 264.
58 J. L. VÁZQUEZ SOTELO. *"Presunción de inocencia" del imputando e "íntima convicción del
   tribunal"*, Barcelona, Bosch 1984; J. L. GÓMEZ COLOMER. *El proceso penal español para no
   juristas*, Valencia, Tirant lo Blanch, 1993, p. 255.
59 STC 229 del 1.º de diciembre de 1988.
60 R. K. VOGLER. "Spain", en C. BRADLEY (ed.). *Criminal Procedure. A Worldwide Study*,
   Durham, Carolina Academic Press, 1999, pp. 361 a 393.
61 Cfr. por ejemplo J. MONTERO AROCA. "El principio acusatorio. Un intento de aclaración
   conceptual", en *Justicia*, 1992, vol. IV, pp. 775 a 788; T. AMANTA DEU. "Principio acusatorio: realidad y utilización (lo que es y lo que no)". *Revista de Derecho Procesal*, vol. 2,
   pp. 265 a 291.
62 En castellano en el original (nota d. trad.).
63 V. FAIRÉN GUILLÉN. "Ley del jurado de 22 de mayo de 1995 y modelo inquisitivo. Un
   apunte", *Revista de Derecho Procesal*, vol. 1, 1996, pp. 7 a 31, 18.
64 Ibíd., p. 19.

En Italia, el procedimiento del modelo fascista del *Codice Rocco* estaba centrado en un procedimiento secreto previo al juicio, conducido por jueces, que todavía estaba en vigencia en 1988. Hasta que la Corte Constitucional introdujo, en una serie de decisiones entre 1965 y 1972, derechos de defensa rudimentarios[65], la instrucción era completamente cerrada. No existía ningún derecho a participar, ni tampoco notificación al imputado ni defensa técnica.

La influencia norteamericana de posguerra, tanto política como ideológica[66], promovió un interés en el juicio adversarial, pero no fue sino en 1988 que ocurrió un progreso significativo. El nuevo modelo de procedimiento que entró en vigencia el 24 de octubre de 1989 fue ampliamente proclamado como un adelanto que resolvía, según se pensaba en ese momento, "las tensiones existentes en el proceso penal de manera más exitosa y más racional que el sistema norteamericano sobre el cual estaba basado"[67].

La instrucción fue abolida completamente y fue reemplazada por una "investigación preliminar". Al igual que el modelo alemán de 1975, la etapa previa al juicio es conducida bajo la vigilancia de un juez "de la etapa previa al juicio" (*giudice per le indagini preliminari, gip*) que casi no tiene funciones de investigación[68]. La función del juez examinador fue abolida. Todas los pasos procesales fundamentales –por ejemplo, requisas o detenciones durante la etapa previa al juicio– deben ser autorizadas por el *gip*, y es responsabilidad de la fiscalía, que trabaja con la asistencia de la policía judicial, el reunir las pruebas de cargo en todo los casos. Sin embargo, el investigador siguió siendo un juez[69], el juez de la etapa de juicio retuvo su obligación personal de "buscar

---

65 W. T. PIZZI y L. MARAFIOTI. "The New Italian Code of Criminal Procedure: the Difficulties of Building an Adversarial Trial System on a Civil Law Foundation", *Yale Journal of International Law*, 1992, vol. 17, pp. 1 a 40, 5; FASSLER. Ob. cit., p. 250.

66 Ibíd., p. 273.

67 Ibíd., p. 275.

68 Artículos CPP 326 a 437.

69 E. GRANDE. "Italian Criminal Justice: Borrowing & Resistance", *American Journal of Comparative Law*, 2000, vol. 48, n.° 2, pp. 227 a 260; W. PIZZI y M. MONTAGNA. "The Battle to Establish an Adversarial Trial System in Italy", *Michigan Journal of International Law*, 2004, vol. 25, n.° 4, pp. 429 a 466, 447.

la verdad"[70], y la limitada cantidad de negociaciones de penas no contribuyó en nada a reducir la pasmosa acumulación de casos[71]. Según GRANDE, esto no era verdadera adversarialidad sino "Poco más que una imitación acústica en la que la mezcla de elementos 'adversariales' con otros viejos elementos que no lo son produjo efectos diametralmente opuestos a los esperados"[72].

Todavía más daño fue infligido en el carácter adversarial del procedimiento por parte de la Corte Constitucional en 1992[73], y la reafirmación gradual de principios inquisitivos fue ampliamente considerada como la concesión, para Italia, "de lo peor de ambos mundos"[74]. Sin embargo, el Parlamento italiano respondió vigorosamente con la reforma constitucional de 1999 (*Riforma del giusto processo*) enfatizando la igualdad de derechos de las partes para ofrecer pruebas ante un juez imparcial, al igual que otras protecciones propias del debido proceso[75]. En el año 2001, estas previsiones fueron también incluidas directamente en el Código de Procedimiento Penal[76]. Desde ese período, la Corte Constitucional concedió que "el cuadro normativo ha cambiado radicalmente"[77]. Si GRANDE tiene razón en su pesimismo respecto de la adversarialidad, o si las consideraciones más recientes y optimistas de PIZZI y MONTAGRA deben ser preferidas, se sabrá con más claridad, sin duda, con el paso del tiempo.

La inclinación de Francia hacia la adversarialidad ha sido considerablemente más extensa. Francia tomó un paso decisivo para terminar con el carácter secreto e inquisitivo de la etapa previa al juicio en 1897, cuando las llamadas reformas Constans permitieron por primera vez a un abogado presenciar (pero permaneciendo en un rol pasivo) la *instruction* conducida por el juez investi-

---

70 GRANDE. Ob. cit., p. 237; PIZZI y MONTAGRA. Ob. cit., p. 448.

71 Ibíd., pp. 437 a 445.

72 GRANDE. Ob. cit., p. 232.

73 Sentencias 24/1992, 254/1992 y 255/1992.

74 GRANDE. Ob. cit., p. 251.

75 PIZZI y MONTAGRA. Ob. cit., pp. 460 a 462.

76 Ibíd., pp. 462 a 465.

77 Ibíd., p. 466.

gador, e inclusive le permitieron consultar el *dossier*[78]. Desafortunadamente, esto tuvo el efecto de adelantar el foco principal de la investigación aún más, hasta el interrogatorio policial del sospechoso (conocido como *garde à vue*) que era secreto, burocrático y que carecía casi enteramente de derechos. Esta tendencia se vio reforzada por las reformas promulgadas durante el período de Vichy, que fortalecieron más todavía el autoritarismo del procedimiento.

En el período de posguerra, una serie de comisiones influyentes, más notablemente la de DONNEDIEU DE VABRES en 1949[79] y la de MIREILLE DEL-MAS MARTY en 1990, propusieron reformas generales basadas en el principio adversarial. Esta última comisión reportó, de manera muy controvertida, que el procedimiento criminal francés era violatorio de las normas de derechos humanos universales a distintos niveles. Pero recién en 1993 se introdujeron reformas muy limitadas, relativas a los derechos a un debido proceso, en la *garde à vue*. El ministro de Justicia de ese entonces anunció: "Me regocija ver a mi país reunirse con la comunidad de naciones civilizadas. Esta reforma es una verdadera revolución"[80]. Sin embargo, la preponderancia del juez examinador en la etapa previa al juicio en delitos graves permaneció inalterada. La Ley Guigou del 15 de junio de 2000[81] intentó incluir la presunción de inocencia dentro del sistema ofreciendo otras garantías del debido proceso y la notificación de los derechos al imputado, así como también un nuevo preámbulo al Código de Procedimiento Penal, anunciando inequívocamente que el "procedimiento penal debe ser equitativo y adversarial". Sin embargo, el sistema francés sigue siendo el más obstinadamente inquisitivo de Europa Occidental. GUINCHARD y BUISSON lo caracterizaron como "mixto pero predominantemente inquisitivo"[82]. Además, la Ley Perben 2 contra el crimen

---

78 J. PRADEL. *L'Instruction préparatoire*, Paris, Editions Cujas, 1990, pp. 32 a 35.

79 Ibíd., pp. 37 a 39.

80 *Le Monde*, 21 de diciembre de 1992, p. 6. Sin embargo, las críticas de la *garde à vue* no se terminan con las reformas de 1993 y 2000. Cfr. Amnesty International, [http://web.amnesty.org/library/eng-fra/index].

81 Cfr. J. PRADEL. *Les dispositions procédurales de la loi du 15 juin 2000 sur la présomption d'innocence - deux années d'application*, Paris, Dalloz, 2003.

organizado, que fue promulgada en febrero de 2004, mientras que por un lado instituía un sistema "americanizado" de declaraciones voluntarias de culpabilidad (*guilty pleas*) y de negociación de penas (*plea bargains*) para delitos con penas menores a cinco años, introdujo una "increíble regresión"[83] al retirar significativos derechos procesales para los imputados de delitos de crimen organizado o terrorismo. El ex ministro de Justicia ROBERT BADINTER sostuvo que toda la liberalización lograda en el año 2000 estaba siendo socavada[84].

El juicio inquisitivo a la manera de STALIN floreció en Rusia hasta el final de los años 80[85]. El poder abrumador de la fiscalía soviética, cuya principal responsabilidad era más bien la vigilancia que la acusación, aseguraba que el juicio tuviera un carácter enormemente inquisitivo, ya que la prueba de cargo tenía que ser requerida por el juez que presidía la audiencia[86] y la defensa era pequeña y controlada por el partido. Siguiendo el advenimiento de la administración reformadora en 1985, la Conferencia del Partido Comunista de la Unión Soviética en 1988 convocó a una "regulación socialista de derecho de Estado" que incluía la adversarialidad (Res. 4.ª), y esta propuesta fue repetida, en 1990, en la influyente *Concepción de la reforma judicial*[87]. El artículo 123 (3) de la Constitución rusa de 1993 pretendía introducir la adversarialidad, pero solamente en la etapa de juicio. Siguió un largo período de reacción en el que otros intentos de reformas procesales fueron impedidos por la procuraduría,

---

82 GUINCHARD y BUISSON. Ob. cit., pp. 45-142.

83 *Libération*, 11 de febrero de 2004.

84 *Le Monde*, 28 de enero de 2004.

85 P. H. SOLOMON. *Soviet Criminal Justice under Stalin*, Cambridge, Cambridge University Press, 1996, p. 453.

86 C. KRASNOKUTSKI. "Human Rights in Transition: the Success and Failure of Polish and Russian Criminal Justice Reform", *Case Western Reserve Journal of International Law*, 2001, vol. 33, pp. 13 a 69, 30.

87 S. J. REYNOLDS. "Jury Trials in Modern Russia", en P. H. SOLOMON (ed.). *Reforming Justice in Russia 1864-1996. Power, Culture and the Limits of the Legal Order*, Armonk, M. E. Sharpe, 1997, pp. 374 a 396, 376 a 398; P. J. DE MUNIZ. "Judicial Reform in Russia: Russia Looks to the Past to Create a New Adversarial System of Criminal Justice", *Williamette Journal of International Law & Dispute Reolutions*, 2004, vol. 11, pp. 81 a 122, 85.

y según Pomorski las previsiones constitucionales relativas al debido proceso, incluyendo la adversarialidad, no eran en la práctica más que "ficciones no mitigadas"[88]. Recién en el año 2002, con la promulgación del nuevo Código de Procedimiento Penal, se hicieron progresos reales en relación con una mayor adversarialidad. Aunque De Muniz describió el código como "un nuevo sistema de justicia adversarial"[89], otros comentaristas han sido más escépticos, señalando que el artículo 15 del código prevé solamente que "la acusación y la defensa tienen iguales derechos ante el tribunal", y no en el procedimiento en su totalidad. Diehm describió al nuevo sistema como "híbrido"[90] y, como admitió Yelena Mizulina, jefa de la comisión redactora, no existen normas acerca de la existencia de investigaciones paralelas de la defensa en la etapa previa al juicio[91]; por otro lado, el uso de tortura por parte de los investigadores, de acuerdo a Amnesty International en 2004, siguió siendo "virtualmente rutinaria"[92].

Este patrón se repitió en muchos países del Este europeo recientemente liberados. Las reformas relativas a la adversarialidad a nivel constitucional, logradas durante los impetuosos días posteriores al colapso del poder soviético, en muchos casos no han sido todavía incorporadas a los códigos de procedimiento. Muchos reformistas añoraban el retorno a sus modelos presoviéticos de procedimiento penal, que estaban basados casi universalmente en el CIC francés. La respuesta a la existencia de todopoderosas *prokuratura* en muchos países, especialmente en Hungría[93], Polonia[94] y otros Estados de la región[95],

---

88 S. Pomorski. "Justice in Siberia: a Case Study of a Lower Criminal Court in the City of Krasnoyarsk", *NCEER Working Papers*, 2001.

89 De Muniz. Ob. cit., pp. 101 a 102.

90 J. W. Diehm. "The Introduction of Jury Trials and Adversarial Elements into the Former Soviet Union and other Inquisitorial Countries", *Journal of Transnational Law and Policy*, 2001, vol. 11, n.° 1, pp. 1 a 38. 4.

91 *Novaya Gazeta*, 16-18 de abril de 2001, p. 8.

92 [http://web.amnesty.org/report2004/nu-summary-eng].

93 B. Busch, J. Molnar y E. Margitan. "Criminal Law, the Law of Criminal Procedure, and the Law of Corrections in Hungary", en S. Frankowski y P. B. Stephan (eds.). *Legal Reform in Post-Communist Europe. The View from Within*, Dordrecht, Martinus Nijhoff, 1995, pp. 233 a 256, 254.

consistió en votos a favor de la reintroducción del juez investigador. En lugar de ser considerada como un ataque contra la "adversarialidad", que era un requisito impuesto por las respectivas constituciones, esta supervisión judicial fue considerada (a pesar de los lamentables antecedentes acerca del bajo nivel judicial y el alto nivel de corrupción en los regímenes previos) como la garantía crucial de los derechos del imputado. Rumania, por ejemplo, retornó a su antigua adhesión al procedimiento francés, mientras que Albania, de manera coherente con sus preferencias presoviéticas, promulgó un código que refleja el modelo italiano de 1988-1989[96].

Igualmente, la introducción del derecho a contar con un abogado defensor[97] significó muy poco en un contexto en el que faltaban abogados calificados. Como lo expresa BÁRD:

> Por supuesto, el cambio hacia un tipo de procedimiento adversarial genuino presupone que las partes tengan las habilidades profesionales; particularmente presupone la gran calidad del desempeño de la función de los abogados. Al incluir este aspecto en el análisis, las chances de que un sistema adversarial funcione correctamente son relativamente bajas [...] La abolición de [...] las garantías heredadas claramente del tipo inquisitivo de procedimiento inevitablemente debilitan la posición del imputado[98].

Un rápido incremento en la tasa de criminalidad en el despertar del *"shock capitalista"* impuesto luego del fin del dominio soviético, conjuntamente con

---

94 A. WASEK y S. FRANKOWSKI. "Polish Criminal Law and Procedure", ibíd., pp. 275 a 308, 304.

95 K. BÁRD. "Trial and Sentencing: Judicial Independence, Training and Appointment of Judges, Structure of Criminal Procedure, Sentencing Patterns, the Role of the Defence in the Countries in Transition", *European Journal of Crime Criminal Law and Criminal Justice*, 1999, vol. 7, n.° 9, pp. 433 a 447.

96 Ibíd., p. 440.

97 Ibíd., pp. 442 y 443; J. H. SIEGELBAUM. "The Right Amount of Rights: Calibrating Criminal Law and Procedure in Post-communist Central and Eastern Europe", *Boston University International Law Journal*, 2002, vol. 20, n.° 1, pp. 73 a 124, 96 a 100.

98 BÁRD. Ob. cit., pp. 443 y 444.

un prolongado cinismo acerca de la legalidad[99], contribuyó también a obstruir el proceso de reforma, a pesar del estímulo activo de Estados Unidos y de los países donantes de Europa Occidental[100].

   Lo que intentó demostrar este texto es que los movimientos tendientes a establecer la adversarialidad en Europa continental y en América Latina no están asociados ni recientemente ni específicamente con la hegemonía de Estados Unidos. Por el contrario, el cambio contemporáneo hacia la adversarialidad es, en muchos sentidos, un intento de reencontrarse con la gran tradición de la Ilustración que fue interrumpida por el positivismo jurídico y que alcanzó su nadir a mitad del siglo xx. El lento retorno a la tradición del debido proceso adversarial no puede ser alcanzada de manera súbita y requiere el concienzudo restablecimiento de tradiciones de independencia entre los abogados, la conformación de instituciones y cambios de actitudes a todos los niveles en el sistema de justicia penal, especialmente en la policía, fiscalía y magistratura, ya que estos se sienten especialmente vulnerables ante los cambios. No obstante, el éxito final significaría el desarrollo a nivel global más importante en el afianzamiento de la cultura de los derechos humanos en más de medio siglo.

---

99 Siegelbaum. Ob. cit., p. 88.
100 L. Hammergren. *Donor-supported Reforms of Criminal Justice Systems*, Washington, The World Bank, 2001, [http://www1.worldbank.org/publicsector/legal/donor.htm].

KLAUS VOLK

Los principios del proceso penal y la sociedad posmoderna: contradicciones y perspectivas[*]

Una guerra es "la continuación de la política con otros medios"[1]. Ella no varía los fines de la política. Desde que se volvió a hablar de guerra, también se habla nuevamente de venganza y represalia. Si éstos son los objetivos de la política, tendrán influencia sobre la política jurídica y la política criminal.

Desde la época de la reforma de los años 60, venganza y represalia fueron conceptos mal vistos, los parias de toda teoría penal moderna. Pero ahora nuevamente son términos que se pueden usar sin problema. Esto tiene incidencia sobre el proceso penal. El derecho penal y el proceso penal están mucho más unidos entre sí que la guerra y la política[2]. El proceso penal no es otro medio de continuar la política criminal, sino que es el único medio de hacer visibles y darles efectividad a los conceptos de la política criminal.

Viéndolo así, en derecho penal nunca hay paz. En las últimas décadas, exactamente este punto fue aprovechado para sus fines por un grupo de interés de la política jurídica. Se habló de nuevas "armas" que debían ser incluidas en el "arsenal" de la policía. Se escuchó hablar mucho de guerra y poco de paz. Continuamente se habló de la "lucha contra los delitos organizados", del enemigo interno, diciendo que éste tiene mucha fuerza y que sólo puede ser atacado armándose y modificando el proceso penal. Más eficiencia, menos consideraciones jurídico-estatales; más para las víctimas, menos para los autores; etc.

Ya en 1985 JAKOBS mencionó el "derecho penal del enemigo"[3], y él mismo utilizó esta expresión nuevamente en 1999 en Berlín durante la jornadas sobre "La ciencia jurídico-penal alemana antes del fin del milenio"[4]. El derecho

---

* ÁNGELA DE LA TORRE BENÍTEZ, mag. iur. comp. de la Universidad de Bonn, Investigadora adscrita al Centro de Investigaciones en Filosofía y Derecho de la Universidad Externado de Colombia (trad.).

1 CARL VON CLAUSEWITZ. *Vom Kriege*, 1832.

2 Cfr. SALDITT. *Schlüchter-GS*, 2002, pp. 65 y ss.

3 En *ZStW* 97, 1985, pp. 751, 756 y ss., 783 y s.; críticamente SCHULZ, en *ZStW* 112, 2000, pp. 659 y ss.; sobre el "derecho del enemigo" en el contexto de las medidas de seguridad jurídicas globales después del 11 de septiembre, cfr. DÜX, en *ZRP* 2003, pp. 189 y ss.

4 Así también reza el título de la publicación de las memorias, München, C. H. Beck, 2000.

penal del enemigo es guerra, guerra contra los enemigos de la sociedad. La visión apocalíptica de Jakobs no es peligrosa porque amenace convertirse en realidad. El peligro se encuentra en el hecho de que Jakobs exige aislar el derecho penal del enemigo y preservar, por separado, el "derecho penal del ciudadano" como liberal y jurídico-estatal. No debemos admitir esta división en dos del proceso penal. Un Estado de derecho no debería crear un derecho especial para ser aplicado al enemigo. Debe seguir fiel a los valores fundamentales de un Estado de derecho, incluso frente a los enemigos de este Estado de derecho, es decir, tratarlos de forma correcta y justa en un proceso que está obligado a la búsqueda de la verdad y debe tener como objetivo la paz jurídica. Esos valores fundamentales del procedimiento penal no pueden depender de contra qué persona se está llevando el proceso penal.

No quiero profundizar en esta controversia sobre guerra y paz en la política criminal de nuestra sociedad, sino tan sólo intentar realizar un inventario. ¿En qué situación se encuentra nuestro proceso penal y sus valores fundamentales, tanto ideales como reales? ¿En qué modelos se orienta el legislador? Los principios fundamentales del proceso penal siguen nominalmente inalterados: verdad, justicia y paz jurídica[5]. En su significado interno y en su interrelación, sin embargo, se ha dado un cambio sutil. Quiero hacer visible este cambio y destacar, al mismo tiempo, en qué puntos nuestro proceso penal tiene o le faltan elementos democráticos, en qué puntos el acusado ha ganado o perdido derechos o autoridad.

I. VERDAD

La doctrina pura alemana sigue ateniéndose al concepto de la verdad material. Entiende la verdad como la concordancia de una idea de un suceso con el suceso real. Como esta verdad existe, la doctrina dice que tan sólo hay que encontrarla y que es la tarea del tribunal buscar la verdad y reconstruirla de la

---

5   Sobre los fines del proceso penal cfr. Volk. *Strafprozessrecht*, 3.ª ed., 2002, § 3; Roxin. *Strafverfahrensrecht*, 25.ª ed., 1998, § 1.

forma más exacta posible[6]. Esta doctrina establece que es incompatible admitir disposiciones sobre la verdad, en otras palabras, acuerdos consensuales sobre eso que ha ocurrido. Ni la realidad ni la verdad están a disposición. De igual manera, según esta doctrina, no se puede imponer al tribunal ni el objetivo ni el alcance de la búsqueda de la verdad. En la doctrina predominante, la posición en contra rechazada es descalificada simplemente como verdad formal, la cual puede ser tolerada en el proceso civil, pero no puede ser admitida en el proceso penal.

Se empieza a concebir en Alemania que, en primer lugar, no existe esa contradicción entre la verdad "real" y una verdad "solo formal"; en segundo lugar, se comete un error al ligar demasiado estrechamente el concepto de verdad con la búsqueda de oficio de la verdad, y, en tercer lugar, no es inferior el valor de justicia de otros enfoques de la verdad. No quiero detallar demasiado estos tres puntos, pero sí por lo menos comentarlos brevemente.

Sobre el primer punto: también la así llamada verdad material es formalizada de múltiples formas[7]. Esto se debe, por ejemplo, a la formalidad del procedimiento, a que tan sólo puedan utilizarse determinados medios de prueba de determinada forma. La doctrina en Alemania siempre ha estado orgullosa de la "formalidad" del proceso y destaca el valor de la forma para la protección de los intereses de los que están implicados en el proceso. Este orgullo obviamente la hizo ciega para la "formalidad" de la verdad, la cual se encuentra unida a la formalización del procedimiento. Además se distorsiona la verdad por medio de numerosas garantías jurídicas, como por ejemplo las prohibiciones de prueba, que se interponen en el camino de la indagación de toda la verdad. Ellas nos obligan a no tomar conocimiento de partes de la realidad y a dejarlas a un lado en la búsqueda de la verdad. También esto resulta en una verdad formal.

Sobre el segundo punto: el trabajo de establecer los hechos reales se puede dejar a las partes. Para ello, el sistema inquisitorio no es fundamental-

6   Sobre esta teoría de correspondecia entre la verdad y sus problemas, cfr. VOLK. *Wahrheit und materielles Recht im Strafprozess*, 1980.
7   Cfr. VOLK, en *Salger-FS*, 1995, pp. 411 y ss.

mente más adecuado que un *adversarial system*. En Alemania la institución del interrogatorio cruzado (contradictorio) está prevista en la ley, pero sólo en el papel. No tiene el más mínimo significado práctico. En la *common law* se considera como "the greatest legal engine ever intended for the discovery of the truth"[8]. En el proceso penal alemán no se confía en el interés propio de suministrar información y de controlar las informaciones de la contraparte. La búsqueda de la verdad es tarea del Estado.

Sobre el tercer punto: durante mucho tiempo en Alemania se le dio muy poca importancia al lugar que ocupa el valor procesal del *fairness*[9], el cual puede nivelar algunos déficits de verdad y puede garantizar una sentencia justa en total. Se ha transfigurado y se le ha dado un valor absoluto al concepto de verdad material, sin percatarse que en el caso de la verdad se trata tan sólo de un factor de una cuenta integral de costo-beneficio. Siempre se ha destacado que la verdad no se puede indagar a cualquier precio, porque se deben considerar otros valores garantizados jurídico-estatalmente. Pero se siguió considerando que el camino hacia la justicia y la paz jurídica pasa únicamente por la verdad material.

Mientras tanto se discute igualmente sobre muchos elementos de una "justicia procesal" como sobre la disposición de los implicados en el proceso sobre la materia y el resultado del proceso. Esta disposición, el *deal*, pertenece a la realidad de todos los días en el ámbito justicia; sin embargo, sigue siendo un punto controvertido y no se ha madurado desde el punto de vista dogmático[10]. Los enemigos del discurso y del consenso se quejan del derrumbamiento de los principios del proceso penal. Pasan por alto que en el derecho material hay un desarrollo comparable. También aquí se acerca el tradicional *civil law* al *common law*, en tanto que elementos y formas de pensar del *case law* se sitúan de forma paralela a la sistemática clásica del pensamiento jurídico

---

8 Wigmore. *On Evidence*, t. 5, 1974, p. 32.
9 Cfr. Jung, en *GA* 2003, pp. 191 y ss.
10 Cfr. sobre esto Volk. *Strafprozessrecht*, § 30; Weigend, en *NStZ* 1999, pp. 57 y ss.; Henrichs y Schmitt. *Kriminalistik*, 2003, pp. 616 y ss.; desde el punto de vista del práctico, Amelung, en *StraFo* 2001, pp. 185 y ss., y Weider, en *StraFo* 2003, pp. 406 y ss.

continental europeo. Conforme a esto, cambia también la relación entre juez y legislador. La responsabilidad por la solución justa de los casos particulares se traslada progresivamente de la ley al tribunal. Hay un cierto paralelo entre la individualización que se da en el derecho material y la privatización que se percibe en el derecho procesal. Los asuntos esenciales se desarrollan en el microcosmos de los casos particulares, y cada vez están determinados menos por las pautas que rigen el programa del sistema como macrocosmos (paralelamente observamos una esquematización del proceso penal en casos rutinarios y asuntos de bagatela[11], que suprime cada particularidad del caso individual y también le da igual tratamiento a casos desiguales; en este lugar no puedo profundizar sobre este síntoma de una peligrosa división en dos del proceso penal, uno para casos particulares y uno para casos de masas).

II. JUEZ LEGO[12]

En el *adversarial system*, sobre el cual estábamos hablando, se distingue, a diferencia del modelo inquisitivo, de forma más exigente entre *fact finding* y *decision making*. Esto es simpático. No se puede negar que un juez que haya dirigido la indagación ya no puede resolver el caso con plena imparcialidad. Pero es una cuestión totalmente distinta si la decisión debe dejarse en manos de legos. No estoy de acuerdo con esto por muchos motivos[13]. No quiero denominar la participación del lego como un elemento democrático dentro del proceso penal, porque su colaboración no tiene consecuencias palpables. Yo ni siquiera considero esta participación como una hoja de parra democrática, porque no hay puntos débiles que el Estado de derecho deba cubrir recatadamente con esta hoja. Por otro lado, no es nociva la colaboración de jueces legos en el juicio oral mientras no se duerman y con ello quede vulnerable la sentencia.

---

11 "Sobre la tensión entre economía del proceso y *fair trial* en las acortaciones del proceso" cfr. AMBOS, en *Jura* 1998, pp. 281 y ss.

12 Sobre el desarrollo jurídico-histórico en Alemania, cfr. EBERT, en *Jura* 1996, pp. 242 y ss.

13 VOLK, en *Dünnebier-FS*, 1982, pp. 373 y ss., así como ZRP 2004, p. 63; de foma general KÜHNE, en ZRP 1985, pp. 237 y ss.

III. ETAPA INVESTIGATIVA Y JUICIO ORAL

El juicio oral es el punto máximo de cualquier proceso penal. Así es en todo el mundo, sin importar si el modelo desarrollado es inquisitorio o contradictorio. El juicio oral debe esta posición destacada en realidad también a su carácter simbólico. Muchas veces ya han caído los dados antes de que empiece. Sin darnos cuenta, hemos retrocedido un paso, hacia la Edad Media. En esa época había el llamado "día jurídico finito", un juicio oral y público, que en efecto sólo era la puesta en escena de una sentencia ya encontrada. Los juicios orales actuales no se diferencian mucho de estos juicios de la Edad Media, en los casos en que haya habido arreglos anteriores el juicio. Pero sí hay una diferencia esencial, la cual es completamente irrenunciable. En la época del antiguo proceso inquisitorio, era un mismo juez el que dirigía la indagación y luego dictaba la sentencia. Tal como todos sabemos, estas funciones fueron separadas desde el movimiento de la reforma del siglo xix, y deben seguir separadas. Tan sólo la estricta separación de las funciones del fiscal acusador y del juez puede garantizar que el juez no confirme sus propios prejuicios (tal como lo acabamos de mencionar, sigue siendo lo suficientemente sospechoso que el juez dirija la indagatoria y el juicio oral). Únicamente la separación de ambas partes del proceso en indagación y juicio oral puede garantizar que dos instituciones independientes entre sí deban coincidir para alcanzar una condena y, sobre todo, que el inculpado dentro del juicio oral tenga participación en la presentación de pruebas y pueda ejercer influencia sobre ellas, que pueda examinar las pruebas y exigir una confrontación directa con los testigos de cargo.

En este lugar empiezan las rupturas y los problemas. El juicio oral hace mucho dejó de ser lo que se había imaginado el legislador, a saber, el lugar en donde se producen las pruebas. De hecho, esto se da mucho antes: en la etapa investigativa. En el juicio oral a menudo ya sólo se re-producen las pruebas. Ya no podremos cambiar que la parte esencial de la obtención de las pruebas, de hecho, haya sido trasladada del juicio oral a la etapa de instrucción. La pregunta es cómo debemos manejar esta situación[14].

---

14 Cfr., sobre la reforma del proceso investigativo, RIESS, en *Schlüchter-GS*, 2002, pp. 15 y ss. Así como SCHÖCH, ibíd., pp. 29 y ss.

IV. ORALIDAD E INMEDIATEZ[15]

La separación en etapa investigativa y juicio oral significa para el fiscal acusador que él debe ocuparse dos veces de las pruebas. En la etapa investigativa, debe intentar encontrar las pruebas para un suficiente indicio de criminalidad, y, en el juicio oral, debe presentar nuevamente estas pruebas y combinarlas de tal manera que convenzan al tribunal de la culpa del acusado. La mayoría de las pruebas se debilitan con el tiempo. Las pruebas materiales pueden conservarse. Sin embargo, las pruebas personales se desvanecen como los recuerdos de los testigos. No es de sorprender que el fiscal acusador quiera conservar rápidamente sus declaraciones para luego hacer uso de estas "conservas" en el proceso (las actas de interrogatorios anteriores). Pero estas "conservas" son, al igual que las conservas en la vida real, únicamente reservas para una emergencia.

Los principios de la inmediatez y de la oralidad exigen permitir que los testigos se presenten. Aquí, en el juicio oral, el acusado puede atacar por primera vez a los testigos. Este derecho, de ser confrontado con los testigos, es la verdadera razón para el postulado de la inmediatez. Mientras que anteriormente en Alemania los principios de oralidad e inmediatez eran considerados como elementos de la búsqueda de la verdad, se empieza a imponer la idea de que están más estrechamente ligados a los derechos de defensa del inculpado.

Por ello están especialmente amenazados. En un modelo de proceso inquisitivo, que confía en la indagación de la verdad por oficio, los derechos de los acusados, que garantizan una influencia sobre el descubrimiento de la verdad, son de por sí una cuestión dudosa y siempre corren el peligro de ser eliminados. Lo mismo vale para el rol de la defensa y su margen de maniobra.

---

15 En general sobre las partes núcleo irrenunciables en el proceso penal, WEIGEND, en *ZStW* 113, 2001, pp. 271 y ss.; desde la perspectiva europea, DANNECKER, en *ZVglRWiss* 97, 1998, pp. 407 y ss.; acerca del cambio de funciones de máximas del proceso penal cfr. ESER, en *ZStW* 104, 1992, pp. 361 y ss.

V. INVESTIGACIONES SECRETAS

Esto lo vemos, sobre todo, en la etapa investigativa. Se desarrolla de forma escrita y secreta, como en el proceso inquisitivo de tiempos pasados. El inculpado es –no podría ser otra cosa en el Estado de derecho moderno– no solamente un simple objeto de la investigación. Pero realmente no se puede afirmar que tenga derechos o posibilidades muy definidos de ejercer influencia sobre el proceso. Ni siquiera puede estar presente mientras que la fiscalía o la policía toman declaraciones de testigos y otros inculpados. Tampoco su defensor puede hacerlo. Si la fiscalía se ajusta a la letra de la ley, el acusado anda a tientas por largo tiempo. No sabe qué está sucediendo; no puede ejercer influencia sobre el ritmo y el cauce de la indagación. Sin embargo, no son pocos los fiscales que *praeter legem* le dan a la etapa indagatoria una estructura bastante cooperativa. Hacen partícipe a la defensa, desde el principio, en el esclarecimiento de los hechos y le permiten ver las actas. Sobre todo en asuntos de derecho penal económico esto es de provecho para ambas partes.

Esta cooperación desemboca casi siempre en un acuerdo sobre el transcurso del juicio oral y su resultado. Si ya hubo cooperación en la etapa investigativa, quedan pocas razones para confrontaciones y peleas en el juicio oral.

Este modelo informal del procedimiento, desarrollado por fuera de La Ley de Enjuiciamiento Criminal alemana (StPO), y que funciona bien, muestra cómo podría ser una reforma del derecho procesal. Actualmente, a la etapa investigativa secreta y escrita, que deja a los inculpados prácticamente sin derechos, le sigue un juicio oral, en el cual, de acuerdo a la intención de la ley, se deben presentar oral y públicamente las pruebas, mientras que en realidad éstas son tan sólo re-producidas, es decir, trasladadas de la etapa investigativa al juicio oral. Esto tiene que llevar necesariamente a conflictos, los cuales podrían ser evitados fácilmente si se le permitiera al inculpado participar ya en la etapa investigativa, o al menos ejercer allí un control.

En el momento en que se le reconocieran los derechos, esto llevaría a que en el juicio oral se pudiera disponer sobre el tema en litigio. En concordancia con la fiscalía, el inculpado podría poner parte de los hechos fuera de cuestión. Es claro que con ello el principio de la inmediatez se limitaría en gran medida. Pero esto le convendría al acusado, mientras que hoy en día las múltiples limitaciones existentes del principio de inmediatez (lectura de actas, etc.) más bien desfavorecen al acusado.

VI. DERECHO DE PRUEBA A INSTANCIA DE PARTE

Entre los derechos del acusado que le permiten ejercer influencia sobre la marcha y la dirección del juicio oral, éste es el más importante. Sin embargo, la historia moderna del derecho de prueba a instancia de parte es, en efecto, la historia de su desmonte. Siempre se ha discriminado como molesto y que requiere demasiado tiempo. Es comprensible que haya sido abolido en el procedimiento acelerado[16]. Lo que no se entiende es que haya sido abolido en muchos otros procesos ante los juzgados de primera instancia. Alguien que ha recibido una orden penal y no está de acuerdo con este procedimiento escrito, rápido y acortado, interpone oposición y luego tendrá un juicio oral normal de primera instancia ante el juzgado de instrucción. Pero esto no es lo correcto. En este proceso, el legislador abolió el derecho de prueba a instancia de parte. Esto es, medido en el gran número de casos que se gestionan a través de órdenes penales, un procedimiento escandaloso.

Actualmente, tal como quedó dicho, el derecho de prueba a instancia de parte es la posibilidad más definida del acusado para ejercer influencia sobre la marcha del proceso. Si se le abrieran este tipo de posibilidades en etapas anteriores del proceso, sería legítimo pensar en una limitación del derecho de prueba a instancia de parte en el juicio oral[17].

---

16 Este proceso sirve para que cuando estemos frente a contravenciones menores y medias en las cuales no hay problemas jurídicos y las pruebas son claras, se pueda sentenciar fácilmente; cfr. VOLK. *Strafprozessrecht*, § 33.

17 Para el aceleramiento del proceso sin limitación de la defensa desde el punto de vista del juez, NÜSSE, en *StraFo* 1996.

VIII. PROHIBICIONES DE PRUEBAS[18]

No todas las pruebas que se producen en la etapa investigativa pueden ser reproducidas en el juicio oral. Esto se evita a través de las prohibiciones de pruebas. El tema de las prohibiciones de pruebas tiene múltiples facetas y un número sorprendentemente alto de problemas sin resolver. Acá sólo puedo tratar algunos pocos aspectos.

Las prohibiciones de pruebas no sirven a los intereses del descubrimiento de la verdad. Algunas de ellas consiguen que no sean aceptadas pruebas dudosas (por ejemplo, confesiones conseguidas bajo coacción). Pero esto es sólo un efecto secundario de la protección de otros intereses (protección de la libertad de declaración en el arriba mencionado ejemplo de las confesiones realizadas bajo coacción). La mayoría de las prohibiciones de prueba son un obstáculo para el descubrimiento de la verdad. Ellas llevan a que en el proceso se compruebe otra verdad que la verdad "real"; son apropiadas para falsificar y distorsionar la verdad. Un Estado de derecho debe aceptar esto. Pero no lo hace con agrado. Los intereses que se trata de defender con las prohibiciones de prueba están siempre en peligro y prácticamente se encuentran bajo la presión de la devaluación. Esto vale, sobre todo, para el principio *nemo tenetur*. De esto hablaré en seguida. Por ahora nombro otro ejemplo: se ha encontrado un diario y se quiere aprovechar esta prueba. Pero la Corte Constitucional alemana considera que hay tres esferas de la personalidad: la social, la privada y la íntima. Si este diario es parte de la esfera íntima, quedará en secreto para siempre. En la esfera social, por otro lado, no hay secretos. Si el diario se atribuye a la esfera privada, hay lugar a una ponderación entre ese interés y los intereses de descubrimiento de la verdad. Entre más terrible sea el hecho y grave el reproche, menos peso tendrá el interés del sospechoso de poder mantener en secreto su esfera privada[19]. Este principio de la ponderación domina,

---

18 Cfr., sobre la prohibición de aprovechamiento, AMELUNG, en *Schlüchter-GS*, 2002, pp. 417 y ss.

19 Sobre el aprovechamiento de los registros de diarios con base en un caso de actualidad, cfr. ELLBOGEN, en *NStZ* 2001, pp. 460 y ss.

en últimas, toda la doctrina de las prohibiciones de pruebas y demuestra que todos los intereses protegidos a través de las prohibiciones de pruebas son vulnerables y están a disposición del tribunal.

Por otro lado, según la opinión dominante, no están a disposición del inculpado. Esto se desprende de la norma (§ 136a inc. 3.° parte 2 StPO) según la cual las declaraciones obtenidas antijurídicamente no se pueden utilizar, incluso en el caso de que el afectado lo acepte, basándose en el pensamiento base que toda prohibición de pruebas sirve, en últimas, a la protección de la dignidad humana sobre la que nadie puede disponer. Esto puede significar todo, pero no es obvio para nada. Hagamos de cuenta que un diario incautado no se pueda utilizar porque es parte del núcleo más interno de la personalidad (esfera íntima). Si el afectado quiere que se le dé lectura, para documentar lo desesperado de su situación antes del hecho, ¿por qué no se debe poder permitir la lectura? Otro ejemplo: el teléfono del acusado fue interceptado de forma ilegal, de manera que no se podrá usar las grabaciones de las conversaciones. Pero en una de estas conversaciones telefónicas el único testigo de cargo afirma que acabará con el acusado por medio de una declaración falsa y que para ello estaría dispuesto a jurar en falso. El acusado no va a entender que se persista en la prohibición de utilizar esta prueba para proteger su dignidad humana.

De hecho, todas las prohibiciones de pruebas giran alrededor de que las autoridades del procedimiento penal hayan conseguido ciertas informaciones de manera ilegal, o de informaciones legales cuya utilización violaría en primera instancia derechos del acusado que tienen un valor superior al interés por la búsqueda de la verdad. La pregunta decisiva es entonces: ¿quién tiene el derecho de dominio sobre esta clase de información? ¿Por qué razón debe ser, según la opinión general actual, siempre el Estado, aun en los casos en que haya obtenido estas informaciones de forma ilegal, y no el involucrado, de cuyo entorno proceden esas informaciones? El desarrollo podría tender a concederle autorización de disposición a este último (por lo menos cuando no haya terceros involucrados, tal como es el caso en el ejemplo de la interceptación telefónica). Todo esto aún está poco claro y es de fondo problemático[20].

---

20 Sobre la discusión cfr. el resumen en Volk. *Strafprozessrecht*, § 28.

Las prohibiciones de prueba tienen finalmente una función de prevención general. Para la autoridad del proceso penal no debe ser favorable utilizar medios ilegales. En Alemania se le da demasiado poca importancia a este aspecto de la garantía de la aplicación de un proceso correcto. Si al inculpado se le cedieran autorizaciones de disposición, lo correcto del proceso también estaría a su disposición. El inculpado en su caso individual, visto de forma aislada, podría beneficiarse del hecho de permitir utilizar una prueba obtenida ilegalmente, pero que a él le es favorable. El proceso como institución se perjudicaría si el valor de lo correcto se hiciera dependiente del resultado al que lleva.

Las prohibiciones de pruebas son en parte irrenunciables, porque sirven como sanción para contravenciones del derecho, que no podrían ser sancionadas de otra manera con medios procesales[21].

Aparte de esto, muchas prohibiciones de pruebas son una solución de paso dogmática para un problema que nace de la esquizofrenia del derecho. Un ejemplo: alguien que ha caído en bancarrota está obligado, según la ley, a darle información y explicación sobre el caso a sus acreedores, pero, por otra parte, hace uso del derecho a guardar silencio porque no quiere que recaiga sobre él la sospecha de haber llegado a la bancarrota de forma criminal. Como deudor debe hablar y como inculpado potencial puede callar. Esta situación esquizofrénica se soluciona inventando una prohibición de prueba. En el proceso civil se mantiene la obligación de cooperación y en el proceso penal, en el cual no se tiene que cooperar, no se puede utilizar en contra del deudor lo que él haya dicho. Es el principio *nemo tenetur*, el cual lleva a numerosas prohibiciones de prueba. Pero debido a que las prohibiciones de prueba son una cuestión molesta y obstaculizan la búsqueda de la verdad, no sorprende que el principio *nemo tenetur* se encuentre bajo presión como factor perturbador.

VIII. "NEMO TENETUR SE IPSUM ACCUSARE"[22]

Considero que este principio se sobreestima mucho en Alemania. Primero que todo y visto de forma práctica, el callar es una forma poco inteligente de defen-

---

21 El hecho de que el funcionario que obligue a punta de golpes a que el acusado confiese pueda ser castigado por lesiones físicas es de poca ayuda para el acusado en el proceso.

derse. Para mí, esta estrategia es, además, bastante sospechosa. Como sabemos, una confesión es tenida en cuenta como un elemento para la disminución de la pena. Parecería obvio deducir que si se rehúsa cualquier cooperación la pena puede aumentar; el simple hecho de que no se puede aplicar esta deducción no es un argumento suficientemente fuerte como para evitar la sospecha de que sí se ponga en práctica, de forma escondida y no comprobable. Pero dejemos a un lado estas consideraciones tácticas.

El significado del principio *nemo tenetur* es sobreestimado en primera medida porque el legislador en el derecho penal material se encarga de que el derecho a guardar silencio del acusado no se interponga en su condena. Especialmente en el derecho económico hay múltiples obligaciones para documentar procedimientos en los negocios, para guardar registros, llevar libros, presentar actas, etc. Visto desde la óptica del proceso penal, esto no es otra cosa que la obligación de recolectar pruebas contra sí mismo. Si todas las pruebas están sobre la mesa por escrito, se puede garantizar generosamente el derecho al silencio.

Para el legislador es tentador establecer una trampa de normas. A veces lo hace. Un ejemplo es el control de velocidad en los camiones. Está prohibido conducir demasiado rápido. Para asegurar el cumplimiento de esta norma y como prueba de su violación, se crea la obligación de registrar pruebas contra sí mismo y tenerlas a mano. Pero el legislador negará haber ordenado el control para asegurar pruebas y afirmará que sirve para la seguridad del transporte. Detrás de esto se esconde una pregunte interesante: ¿el legislador tiene la necesidad de inventarse esta clase de excusas o puede simplemente denominar abiertamente la "comprobabilidad" de un delito abiertamente como bien jurídico, el cual debe ser protegido penalmente?[23].

---

22 Cfr. de forma integral VERREL. *Die Selbstbelastungsfreiheit im Strafverfahren - ein Beitrag zur Konturierung eines überdehnten Verfahrensgrundsatzes*, 2001; resumen en *NStZ* 1997, pp. 361 y ss. y 415 y ss.

23 Eso nos llevaría al debate sobre el sentido del principio de la protección del bien jurídico, y con ello a dirigirnos hacia otro tema.

Además, el derecho a guardar silencio, por razones jurídico-materiales, no tiene ningún valor en el caso de delitos reales por omisión[24]. Quien no lleve libros de contabilidad será castigado. ¿Cómo pueden probar las instancias del proceso penal que algo no ha sucedido? Ya en el derecho romano se sabía: *negativa non sunt probanda*. Aquí se exige algo del Estado que nadie puede lograr, y por ello en consecuencia se exige algo del acusado que no se le puede exigir, a saber, su confesión o presentar descargos (mostrando los libros de contabilidad).

Abandonemos ahora el derecho material con sus efectos sobre el principio *nemo tenetur* y revisemos su alcance procesal.

IX. DERECHO A CALLAR Y OBLIGACIÓN DE COOPERACIÓN

Básicamente la regla *nemo tenetur* sólo tiene importancia para probar hechos internos[25]. El Estado puede conseguir –por medio de diversas medidas coactivas que el acusado debe soportar– pruebas materiales en reemplazo de la cooperación negada. Entonces, ¿por qué no puede conseguir también reemplazo para las declaraciones negadas con respecto a la parte interna del hecho? La justificación usual es que no puede haber conclusiones desventajosas deducidas del silencio del acusado, debido a que de esta forma se le estaría obligando indirectamente a hablar. Esto es correcto pero no convence. El anuncio de un allanamiento y embargo no es otra cosa que la amenaza de sobreponerse a la fuerza a la negativa de hacer entrega de lo que se está buscando, en otras palabras, es una coacción indirecta a entregar las pruebas. Considero que la verdadera razón para que no se puedan sacar conclusiones desventajosas del silencio de una persona tiene poco que ver con derechos humanos, derechos fundamentales y otros principios fundamentales del Estado de derecho. La razón es, simplemente, que conclusiones de este tipo nunca serán unívocas

---

24 A este respecto cfr. VOLK, en *Tröndle-FS*, 1989, pp. 219 y ss.

25 A este respecto cfr. VOLK. "Fünfzig Jahre Bundesgerichtshof", en *Festgabe aus der Wissenschaft*, t. 4, München, 2000, pp. 740 y ss.

y no tienen ningún valor verídico utilizable. No es de utilidad sacar estas conclusiones. Este es el núcleo pragmático del asunto. El reemplazo para el documento no entregado es el documento embargado. Pero el reemplazo para la declaración negada permanece desconocido. No se sabe qué hubiera dicho el inculpado, y no nos lo podemos ni inventar ni construir. Visto así, realmente no tiene importancia si al inculpado se le otorga el derecho a callar o, simplemente, se renuncia a sancionar el incumplimiento de un supuesto deber de decir la verdad. La sanción por el incumplimiento sólo podría ser que se fingiera la presentación de una declaración verídica: pero esta sanción no puede aplicarse, debido a que no se conoce la verdad. Uno tiene que llegar a esta verdad por medio de indicios (volveré sobre este punto más adelante). La confesión rehusada del dolo (y de toda la parte interna del hecho) no puede ser reemplazada por conclusiones que se deduzcan del silencio. A esto se reduce el significado práctico del principio *nemo tenetur* en el proceso.

Hay un paralelo teórico interesante. El núcleo asegurado del derecho a callar tan sólo comprende la garantía de no tener que declarar en contra de sí mismo y de no tener que confesar la propia culpa[26]. En el derecho anglo-americano el principio *nemo tenetur* se refiere únicamente a declaraciones verbales. En el derecho alemán se va mucho más allá, y de este principio se deriva la libertad de no tener que incriminarse uno mismo, sea cual fuere la forma, y de no tener que participar activamente en la comprobación de su propia culpabilidad, sea cual fuere el acto. Esta posición, a la larga, no se va a poder mantener internacionalmente. De hecho es de por sí problemática, porque no es siempre fácil separar una actividad propia de la tolerancia de una actividad ajena[27]. Hay otro aspecto adicional que no hemos tenido en cuenta hasta el momento. En el proceso penal contra personas jurídicas, aso-ciaciones, empresas no se puede invocar este privilegio para negar la entrega de documentos. Si es una junta directiva la que entrega los documentos re-queridos, ¿podría invocar que esos documentos sólo pueden ser utilizados en el proceso contra la empresa, pero no en el proceso contra la junta directiva

---

26 Literal g inciso 3.º artículo 14 IPBR.
27 No puedo detallar este punto acá.

personalmente? Una prohibición de prueba de este tipo no sería plausible. En Alemania todavía no existe la responsabilidad penal de personas jurídicas. Pero algún día la habrá, y en ese momento habrá que reflexionar nuevamente sobre el alcance del principio *nemo tenetur*.

Quiero concluir este punto con una reminiscencia histórico-jurídica. El principio *nemo tenetur se ipsum accusare* ya se aplicaba en el proceso inquisitorio del Medioevo. Nadie estaba obligado a iniciar un proceso contra sí mismo. Sin embargo, si el proceso ya estaba en marcha y se comprobaba la sospecha, el inculpado estaba obligado a decir la verdad y a confesar. Es decir, se aplicaba el principio literalmente sólo al inicio de un proceso. Ya no retrocederemos tanto la rueda de la historia. Pero estoy seguro que la interpretación ampliamente favorecedora que se le da hoy en Alemania no podrá sostenerse.

X. CARGA DE LA PRUEBA

Nadie está obligado a autoincriminarse. Según la interpretación tradicional alemana tampoco nadie está obligado a exonerarse. El inculpado no lleva ninguna clase de mérito probatorio en el proceso penal. No puede convertirse en una desventaja para él si un hecho no es comprobado (mérito probatorio objetivo) ni se puede exigir de él presentar ciertas pruebas (carga de la argumentación; mérito probatorio subjetivo). Esto es correcto, pero no la verdad total. En un sistema en el cual el tribunal debe comprobar la verdad por oficio, la aclaración de lo sucedido y la argumentación probatoria es, de hecho, función del tribunal. Pero el tribunal tan sólo incumple su obligación de aclaración en el caso de que no investigue puntos concretos, palpables que lleven a un desarrollo distinto de los hechos que son evidentes. Hay casos en que tan sólo el acusado puede nombrar esta clase de puntos de vista. Si no lo hace y guarda silencio, el tribunal mantiene la imagen que se ha formado de los sucesos. Se atendrá a la marcha regular de las cosas, al caso típico, a lo que sucede normalmente. Como se ve, en el derecho penal sí existe la prueba *prima facie* (a pesar de todas las diferencias que existen supuestamente entre la verdad formal del proceso civil y la verdad material en el proceso penal)[28].

---

28 Sobre la prueba *prima facie* en el proceso penal cfr. VOLK, en *GA* 1973, pp. 161 y ss.

El acusado no tiene la obligación de presentar pruebas, pero si no lo hace el resultado final será desfavorable para él.

XI. "IN DUBIO PRO REO"[29]

Es correcto, en efecto, que el acusado en Alemania en el proceso penal no lleva la carga de la prueba objetiva. Lo que quede sin aclarar no podrá tener consecuencias legales desfavorables para el acusado. Esto está garantizado por la regla *in dubio pro reo*. En el fondo se trata de una regla referente a la carga de la prueba. La doctrina alemana se niega a reconocer esto para evitar que una sentencia absolutoria se considere una carga para el Estado. Pero en cada proceso debe haber una regla jurídica para el caso de que algo quede no comprobado, es decir, una regla de carga de prueba, y esto es el principio *in dubio pro reo*.

Esta regla es claramente débil. Todavía en el siglo XIX se dividía en Alemania la carga de la prueba entre la prueba de inculpación y la de exculpación. Todavía hoy en día se encuentran reglamentaciones similares en el proceso penal anglo-americano. La doctrina estadounidense predominante no considera esto una infracción contra el principio *in dubio pro reo*, y también en la Alemania del siglo XIX se consideró que esta regla era conciliable con la división de la carga de la prueba.

Esta regla es débil, además, porque no establece en qué momento hay que dudar. Únicamente reglamenta qué debe suceder cuando hay duda. La regla es impotente contra un tribunal que se muestra convencido subjetivamente de una cosa.

Falla incluso en donde la ley no permite que se presenten dudas. La legislación moderna, sobre todo en derecho económico, resuelve los problemas de la comprobabilidad ya en el derecho material. Las característica de los hechos, cuya comprobación por experiencia causa problemas, simplemente son abolidas. Así sucedió, por ejemplo, con las formas especiales de la estafa, que

---

29 De forma extensa ZOPFS. *Der Grundsatz "in dubio pro reo"*, 1999; resumido: SOWADA, en *JR* 1997, pp. 57 y ss.

se agruparon alrededor del delito clásico de la estafa. En los casos de hechos de estafa en subvenciones, estafa en crédito y estafa por quiebra, el legislador renunció a determinar la característica del daño, porque ha sido demasiado difícil comprobar el daño y más aún el dolo del daño. Lo que no haya que comprobar, ya no puede crear dudas. Contra esta estrategia de minimizar los requisitos del hecho, estrategia cuya aplicación se encuentra en aumento, la regla *in dubio pro reo* es totalmente impotente.

PERSPECTIVA

Así retomo el aspecto con el cual empecé este artículo, es decir, la relación entre el derecho material y el procesal. Tal como lo acabamos de repasar, el derecho material determina el programa que debe ser desarrollado en el proceso. Esta obviedad ha llevado al malentendido profundamente arraigado de que el proceso tiene tan sólo una "función servil". Por largo tiempo, el derecho procesal se consideró únicamente como un instrumento, pasando por alto que tiene poder creador, que retroalimenta, por su parte, al derecho material y contiene estrategias propias de solución de los conflictos. Así, por ejemplo, en Alemania en derecho material no hay ninguna cláusula que permita solucionar el problema de la criminalidad de bagatela. Esto sucede exclusivamente en el proceso, y allí en la mayoría de los casos por disposición de la fiscalía. Las fiscalías en estos casos desarrollan política criminal por su propia cuenta, sin ninguna garantía por parte del legislador, sin un programa obligatorio y, de esta forma, sin una legitimación democrática.

Con el fin de poder ver y superar fallas de esta clase, es necesario ver el proceso como un circuito regulador. Toda persona que ha trabajado en la práctica sabe que en un proceso lo que importa es dominar el derecho procesal, mientras que el derecho penal material no desempeña el rol principal (y su parte general, el niño mimado de la ciencia jurídica penal alemana, no juega ningún papel o tan sólo uno secundario). Esto no tiene nada que ver con la "practica del día a día" y su rutina. Refleja las relaciones de poder de todas las áreas del derecho. Es en el proceso penal en donde un Estado muestra su poder y donde se ven las limitaciones a través del derecho. El derecho material está tan sólo sobre el papel. Es el derecho procesal el que interviene en la vida de los implicados.

Sobre lo posmoderno no he dicho nada, a pesar de que es parte del tema al que fui invitado. Para mí, los gruesos tomos de manuales de la parte general, tal como han sido cultivados sobre todo en Alemania, son como pirámides: de grandeza violenta y cerrados, terminados en su contenido y forma –y monumentos de una epoca que está terminando–. El derecho material de Europa, si es que alguna vez va a haber un derecho único, será más sencillo que el derecho alemán y no tan diferenciado. De esto se encargará en últimas el derecho procesal. Debe ser más fácil ponerse de acuerdo en Europa (e incluso más allá) sobre principios procesales comunes que sobre la dogmática del derecho material. Sobre esta convergencia de los diferentes principios tendrá gran influencia el *common law*, especialmente en el derecho de prueba. Habrá que reorientar el pensamiento en Alemania y, si lo veo bien, los primeros ya han empezado a hacerlo en las universidades y en el Tribunal Supremo Federal[30].

---

30 Sobre las reformas en el procedimiento penal alemán cfr. DÄUBLER-GMELIN, en *StV* 2001, pp. 359 y ss.; GALEN y WATTENBERG, en *ZRP* 2001, pp. 445 y ss.; SCHÜNEMANN, en *ZStW* 114 2002, pp. 1 y ss.; sobre las tendencias europeas en derecho penal material y formal cfr. LÜDERSSEN, en *GA* 2003, pp. 71 y ss.; JUNG, en *GA* 2002, pp. 65 y ss.; SCHÜNEMANN, en *StV* 2003, pp. 116 y ss.; sobre la fiscalía europea, KEMPF, en *StV* 2003, pp. 128 y ss.

JÜRGEN WOLTER

Dignidad humana y libertad en el proceso penal*

El año 1989 ha dado suficiente pie a meditar sobre la dignidad humana y la libertad en el proceso penal. Cuarenta años de la Ley Fundamental y de la jurisprudencia constitucional protectora de los derechos fundamentales[1]; 200 años de la Revolución Francesa y de la Declaración de los Derechos del Hombre y del Ciudadano[2]; aproximadamente 200 años de la Constitución de Estados Unidos de América con la *Bill of Rights* en forma de los primeros diez artículos adicionales[3]: 1789-1787 1791-1949, son los pilares históricos para una reflexión.

Si se atiende al estado de la jurisprudencia, de la ciencia y de los proyectos legislativos alemanes a principios de los años 90, la valoración que resulta no es alentadora. La dignidad humana y la libertad en el proceso penal están en retirada[4]. Hoy, igual que antes, su alcance no está claro. Ceden a menudo a la funcionalidad de la justicia penal, a la necesidad de seguridad de la población y a su llamado "derecho fundamental a la seguridad". El proceso penal ya no se concibe a sí mismo totalmente como Magna Carta para repeler o prevenir peligros para la libertad del afectado, sino que, muchas veces, es un instrumento para neutralizar los peligros para la justicia penal –aún más, para promover la prevención en el sentido de prevención de delitos–. El derecho procesal penal

---

* Título original: "Menschenwürde und Freiheit im Strafprozeß", en GEPPERT, KLAUS-DEHNICKE y DIETHER (eds.). *Gedächtnisschrift für Karlheinz Meyer*, Berlin, 1990, pp. 493 a 516. NURIA PASTOR MUÑOZ, doctora en Derecho Penal, Universidad Pompeu Fabra, Barcelona (trad.).

1   Este trabajo tiene en parte su origen en mi conferencia inaugural pública en la Universidad de Regensburg el 13 de julio de 1989 sobre "40 años de la Ley Fundamental - jurisprudencia constitucional y derecho procesal penal"; cfr., también, GRIMM, en *NJW*, 1989, p. 1305; KIRSCHHOF, en *JZ*, 1989, p. 453; SCHENKE, en *JZ*, 1989, p. 653.

2   Sobre ello, HOFMANN, en *JuS*, 1988, p. 841; ÍD., en *NJW*, 1989, p. 3177; STARCK, en *JZ*, 1989, p. 601.

3   BRUGGER. *Grundrechte und Verfassungsgerichtsbarkeit in den Vereinigten Staaten von Amerika*, 1987, pp. 104 y ss., 302 y ss., 454 y ss. (textos); STEINBERGER. *200 Jahre amerikanische Bundesverfassung*, 1987.

4   Cfr., sobre la idea de que la garantía de la dignidad humana abarca tanto un derecho a la libertad como un *derecho a la igualdad*, RICHTER y SCHUPPERT. *Casebook Verfassungsrecht*, 1987, pp. 71 y 75; cfr., además, los artículos centrales 2.° I y 3.° I GG.

entra a más tardar con la STVÄGE (Ley de Modificación del Enjuiciamiento Criminal) de 1989 en una fase de cambio radical. Pese a su inviolabilidad, la dignidad humana y la libertad son puestas en relación con las demandas de justicia penal y prevención. Así, al final, con ayuda del principio de proporcionalidad, la dignidad humana y la libertad son suprimidas, pues siempre hay formas de criminalidad grave, situaciones de sospecha de importantes dimensiones o intereses de prevención que hacen que la efectividad de la justicia penal y la seguridad de los ciudadanos, como intereses del bien común, parezcan más relevantes que la salvaguarda de la dignidad humana del individuo en un proceso penal liberal[5].

I. ALCANCE DE LA DIGNIDAD HUMANA EN EL PROCESO PENAL

A. FUNCIÓN DEL DERECHO PROCESAL DE GARANTIZAR LOS DERECHOS FUNDAMENTALES Y ORDEN OBJETIVO DE VALORES EN LA SECCIÓN DE DERECHOS FUNDAMENTALES

Con esta evaluación básica pesimista no deben infravalorarse los grandes servicios del Tribunal Constitucional Federal –en parte, también del Tribunal Supremo Federal y de la ciencia del derecho procesal penal– en la definición y el reconocimiento de la dignidad humana y la libertad indisponibles en el proceso penal. Hay que agradecer al Tribunal Constitucional múltiples impulsos para la consagración de la dignidad inviolable del hombre en el proceso penal. En este punto, el Tribunal Constitucional ha tenido presente tanto la función de defensa y el derecho al respeto, como la función de protección de los derechos fundamentales. Según el artículo 1.° 1 frase 2 de la Ley Fundamental (GG), no

---

5   Con más detalle, sobre todo esto, HASSEMER, en *Maihofer-Festschr.*, 1988, pp. 184, 204; cfr., también, KRAUSS, en *StrafV*, 1989, p. 315; SCHOREIT, en *DRiZ*, 1989, p. 259; ÍD., en *StrafV*, 1989, p. 449; STRATE, EN *DuR*, 1989, p. 245; ÍD., en *StrafV*, 1989, p. 406; WOLTER, en *StrafV*, 1989, pp. 358 y 371, con referencias a la STVÄGE de 1988 (estado, 3 de noviembre de 1988), que ha encontrado un sucesor en la STVÄGE de 1989 (estado, 26 de junio de 1989) (pp. 359 y 371, con referencias al giro de la represión hacia la prevención).

sólo es deber de todo poder del Estado respetar la inviolable dignidad humana, sino también protegerla[6]. Así, el Tribunal Constitucional ha reconocido la función del derecho procesal de garantizar los derechos fundamentales –función proveniente de la doctrina del derecho constitucional[7]– en el procedimiento judicial principal[8] y en el procedimiento de ejecución[9]. Aplicar esta función de protección de la libertad y de la dignidad también al proceso de instrucción y al procedimiento intermedio[10] es un paso coherente, teniendo en cuenta el orden objetivo de valores de la sección de derechos fundamentales de la

---

6 "Artículo 1.º GG (*Schutz der Menschenwürde*).
"(1) ¹ Die Würde des Menschen ist unantastbar. ² Sie zu achten und zu schützen ist Verpflichtung aller staatlichen Gewalt.
"(2) Das Deutsche Volk bekennt sich darum zu unverletzlichen und unveräußerlichen Menschenrechten als Grundlage jeder menschlichen Gemeinschaft, des Friedens und der Gerechtigkeit in der Welt.
"(3) Die nachfolgenden Grundrechte binden Gesetzgebung, vollziehende Gewalt und Rechtsprechung als unmittelbar geltendes Recht".
"Artículo 1.º GG (Protección de la dignidad humana).
"(1) ¹ La dignidad humana es inviolable. ² Respetarla y protegerla es deber de todos los poderes estatales.
"(2) El pueblo alemán declara los derechos humanos inviolables e indisponibles como fundamento de toda comunidad humana, de la paz y de la justicia en el mundo.
"(3) Los siguientes derechos fundamentales vinculan como Derecho directamente vigente a la legislación, al poder ejecutivo y a la jurisprudencia.
7 NIEMÖLLER y SCHUPPERT, en *AöR*, 107, 1982, p. 403.
8 *BVerfGE* 57, 274 y s.; 74, 371; más referencias en NIEBLER, en *Kleinknecht-Festschr.*, 1985, pp. 303 y ss.
9 *BVerfGE* 70, 307 y s.
10 WOLTER, en *SK-StPO*, 1986 y ss., n.º marg. 22 previo al § 151. (En Alemania, el proceso penal comienza con el proceso de instrucción (*Ermittlungsverfahren*), que es competencia de la fiscalía y en el que debe establecerse si hay suficiente sospecha de que un sujeto ha cometido un delito (§§ 151 y ss. StPO). Tras este procedimiento de instrucción, tiene lugar el procedimiento intermedio (*Zwischenverfahren*), en el que el tribunal competente para el proceso principal determina si hay que abrir tal proceso (§§ 199 y ss. StPO); en caso de que, según el tribunal, la sospecha de la comisión del delito sea suficiente, se abre el proceso judicial principal (*gerichtliches Hauptverfahren*). Cfr., al respecto, BEULKE. *Strafprozessrecht*, 7.ª ed., Heidelberg, 2004, § 1, n.º. marg. 2 [nota del trad.]).

Ley Fundamental, en cuyo corazón están la dignidad del hombre y el libre desarrollo de su personalidad[11]. En su función jurídico-objetiva, los derechos fundamentales sustraen a la intervención del poder estatal por lo menos el ámbito nuclear de sus espacios de libertad y proporcionan protección frente al peligro[12]. En el caso concreto, los derechos fundamentales, con su núcleo de dignidad humana, crean derechos de participación del afectado por el proceso penal frente al Estado, así como garantías jurídico-procesales[13]. La dignidad humana y la libertad en el proceso penal no solamente significan, en sentido negativo, la ausencia de coacción, sino también, en sentido positivo, la posibilidad jurídico-constitucionalmente garantizada de desarrollo de la personalidad y de autodeterminación[14].

---

11 *BVerfGE* 6, 40; 7, 205; 12, 53; 30, 39; 35, 225; 49, 56, 142; *BGHSt* 31, 299; ALEXY. *Theorie der Grundrechte*, 1986, pp. 18, 138 y ss.; HOFMANN, en *NJW*, 1989, pp. 3185 y ss.; PAEFFGEN. *Vorüberlegungen zu einer Dogmatik des Untersuchungshaft-Rechts*, 1986, p. 71; cfr., además, KRAUSS, en *SchwJT-Festg.*, 1985, p. 185; crítico, GRABITZ, en *AöR*, 98, 1973, p. 609; SCHENKE, en *JZ*, 1989, p. 657; SCHOLDERER, en *KJ*, 1987, p. 117.

12 HOFMANN, *NJW*, 1989, p. 3185; en este sentido, más claros: artículos 2.° EMRK; 4.°, 11 III AMMRK (publicado en *EuGRZ*, 1980, p. 435); 6.°, 17 II, 23 I, 24 I, 26 del Pacto Internacional sobre Derechos Políticos y de los Ciudadanos; sobre ello, NOWAK, en *CCPR-Kommentar*, 1989, art. 2.°, n.os margs. 20 y s., art. 17, n.° marg. 6; sobre la interpretación de los derechos fundamentales mediante el artículo 1.° II GG según el criterio de las convenciones, *BVerfGE* 74, 370; JARASS, en JARASS y PIEROTH. *GG*, 1989, art. 1.°, n.° marg. 12; sobre la exclusión del recurso individual (*Individualbeschwerde*) según el derecho alemán vigente en el ámbito del Pacto Internacional, KREY. *Strafverfahrensrecht*, t. 1, 1988, n.° marg. 161. (El *Individualbeschwerde* es un recurso que pueden interponer tanto los Estados miembros de la Convención Europea de Derechos Humanos como las personas físicas o jurídicas ante el Tribunal Europeo de los Derechos Humanos por la lesión de un derecho fundamental por parte de un Estado miembro. El recurso está regulado en el art. 34 EMRK. Cfr., al respecto, BEULKE. Ob. cit., § 1, n.° marg. 9 [nota del trad.]).

13 Cfr. GRIMM. *Recht*, Bern, 1988, pp. 41 ss.; ÍD., en *NJW*, 1989, p. 1308 (también sobre la idea de que los deberes de protección del Estado se derivan del contenido jurídico-objetivo de los derechos fundamentales, los cuales ya *de lege lata* no deben convertirse en totalmente "necesitados" en el sentido de un "mínimo procesal"; cfr., también, BREUER, en *BVerwG-Festg.*, 1978, p. 119, en otro contexto).

14 GRABITZ, en *AöR*, 98, 1973, pp. 608 y s.

B. DEBERES DE PROTECCIÓN DEL ESTADO Y PUESTAS EN PELIGRO DE LOS DERECHOS FUNDAMENTALES; MEDIDAS DE PROTECCIÓN JURÍDICO-PROCESALES

De nuevo, es gran mérito del Tribunal Constitucional haber hecho fructífera de diversos modos la idea del deber estatal de protección en el proceso penal, la cual surge, sobre todo, del artículo 1.º 1 frase 2, 2.ª alternativa GG. El Tribunal no solamente ha contribuido a que se abra camino el principio de *fair trial* que todo lo rige[15], sino que, más aún, ha concebido, por ejemplo, en el ámbito de la protección de la salud y la vida, la puesta en peligro concreta de estos derechos fundamentales (en caso de continuación de un proceso penal) como lesión de derechos fundamentales en sentido amplio[16]. Según esto, podría reconocérsele al testigo, más allá del § 53 de la Ley de Enjuiciamiento Criminal (StPO)[17], mediante un recurso directo a la Constitución partiendo del deber de asistencia procesal, un derecho a negarse a declarar, siempre que, en caso contrario, su intimidad se viera amenazada de modo concreto[18]. Además, como consecuencia del reconocimiento del "derecho a la autodeterminación informativa" (*informationelles Sebstbestimmungsrecht*), el Tribunal Constitucional ha anticipado aún más esta protección y ha exigido medidas de protección jurídico-procesales[19]. En realidad, esto no significa que haya que valorar los peligros (abstractos) ocasionados por el Estado a través de la adquisición de información y del tratamiento (automatizado) de datos como

---

15 *BVerfGE* 38, 111; 57, 275 y s.; 70, 307 s; ROXIN. *Strafverfahrensrecht*, 21.ª ed., 1989, § 11 V; HASSEMER. *Maihofer-Festschr.*, p. 198; ROGALL, en *SK-StPO*, n.ºs margs. 101 y ss. previos al § 133; relativizándolo, WOLTER, en *SK-StPO*, n.º marg. 54 previo al § 151.

16 *BVerfGE* 51, 346 s.

17 El § 53 StPO regula el alcance del derecho del testigo a negarse a declarar (nota del trad.).

18 *BVerfGE* 53, 374.

19 *BVerfGE* 63, 143; 65, 46; 67, 142; cfr., también, 49, 142; 53, 57; con más detalle, WOLTER, en *SK-StPO*, n.ºs margs. 90 y s. previos al § 151, con referencias; sobre el desarrollo posterior también fuera del ámbito de la adquisición de información y tratamiento de datos automatizados, *BVerfGE* 78, 84; BVerfG, *NJW*, 1988, p. 3009; crítico, ROGALL, en *GA*, 1989, p. 319.

lesiones de derechos fundamentales en sentido amplio, pero tales medidas de protección jurídico-procesales pretenden conducir, para la preparación de la audiencia jurídica y en interés de la protección jurídica anticipada[20], en especial, como directiva de comportamiento para el legislador, a que el control del juez de instrucción se fortalezca[21], a que se creen regulaciones sobre la vinculación a un fin de las informaciones, sobre la eliminación de datos, sobre la utilización de descubrimientos casuales, sobre la información al afectado[22], así como, en conjunto, a prevenir a tiempo la puesta en peligro de los derechos fundamentales y su pérdida de valor material.

C. objeto del proceso y "ámbito inviolable del desarrollo de la vida privada" ("teoría de las esferas")

Lo cierto es que, en lo que se refiere a la definición de la dignidad humana y del verdadero núcleo y contenido de dignidad humana de los derechos a la libertad[23], hasta ahora la jurisprudencia y la ciencia no han logrado desarrollar criterios vinculantes[24]. En esta materia, se remite con frecuencia a las peculiaridades de cada caso[25]. Sin embargo, con la teoría proveniente del libe-

---

20 *BVerfGE* 65, 46; Rogall, en *SK-StPO*, n.º marg. 113 previo al § 133.

21 BVerfG, *StrafV*, 1990, p. 2; Rudolphi, en *SK-StPO*, § 100, n.º marg. 9, § 110, n.º marg. 1; Welp, en *JZ*, 1972, pp. 423 y ss.; Wolter, en *Armin Kaufmann-Gedächtnisschr.*, 1989, p. 780; cfr., también, Amelung, en *NJW*, 1988, p. 1006.

22 Con más detalle, Rudolphi, en *SK-StPO*, n.º marg. 51 previo al § 94; Wolter, en *GA*, 1988, pp. 88 y s., 140 y s.; *StrafV*, 1989, pp. 369 y ss.

23 Sobre el contenido de dignidad humana del artículo 2.º y siguientes GG, el cual es esencialmente inherente en el sentido de los artículos 1.º y 79 III GG a todo derecho fundamental (nota 122) –aun cuando esté provisto de restricciones a los derechos fundamentales– Pieroth y Schlink. *Grundrechte, Staatsrecht* II, 5.ª ed., 1989, n.ºs margs. 377 y ss.; Wolter, *StrafV*, 1989, p. 364; *BK*-Zippelius, tercera revisión, 1989, art. 1.º I y II, n.ºs margs. 13, 19, 97.

24 Sobre la objeción de que tampoco hay que forzar esta tarea, Plagemann, en *NStZ*, 1987, p. 570; Pieroth y Schlink. Ob. cit., n.º marg. 435; cfr., también, Geppert, en *JR*, 1988, p. 474; Gössel, en *JZ*, 1984, p. 362; *BK*-Zippelius. Ob. cit., n.º marg. 38.

ralismo, según la cual el afectado no debe ser degradado a objeto del proceso ("fórmula del objeto")[26] y no se puede intervenir en su "ámbito inviolable de desarrollo de la vida privada" ("teoría de las esferas")[27], se ha logrado trazar una primera (vaga[28]) directriz[29]. Y la jurisprudencia del Tribunal Constitucional y del Tribunal Supremo ha precisado esta directriz con referencia a los casos de diversos modos: por ejemplo, en caso de la elaboración de cuadros de personalidad completos[30]; en caso de datos íntimos inexigibles o autoinculpaciones en el marco del tratamiento de la información[31]; en caso de una lesión humillante del honor[32]; en caso de instalación y utilización de aparatos

---

25 *BVerfGE* 30, 25; 34, 248; BVerfG, *StrafV*, 1990, p. 1; cfr., también, PETERS, en *DJT*, 1966, p. 157; RICHTER y SCHUPPERT. Ob. cit., p. 68.

26 *BVerfGE* 5, 204; 7, 205; 9, 95; 38, 114; 57, 275; 63, 143; LG Hannover, *StrafV*, 1986, p. 522; KRAUSS, en *SchwJT-Festg.*, p. 198.

27 *BVerfGE* 6, 41, 433; 27, 6, 350 y s.; 34, 248; 35, 220; 38, 320; 67, 144; 75, 380; BVerfG, *StrafV*, 1990, p. 1; *JZ*, 1987, p. 1119; BGH (Z), *NJW*, 1988, p. 1017; BGHSt 5, 332 y s.; 31, 299 y s.; BGH, *StrafV*, 1989, p. 390; BayObLG, *StrafV*, 1989, p. 523; Olg Hamm, *NStZ*, 1988, p. 515; KG, *NJW*, 1980, p. 894; LG Saarbrücken, *NStZ*, 1988, 424 y s.; A. ARNDT, en *NJW*, 1961, p. 900; DALAKOURAS. *Beweisverbote bezüglich der Achtung der Intimsphäre*, 1988, pp. 86 y ss., 268 y ss.; GEPPERT, en *JR*, 1988, p. 473; GÖSSEL, en *NJW*, 1981, p. 656; HERRMANN, en *Jescheck-Festschr.*, 1985, p. 1294; *KK*-Pelchen, StPO, 2.ª ed., 1987, n.º marg. 37 previo al § 48; ROHLF. *Der grundrechtliche Schutz der Privatsphäre*, 1980, pp. 225 y ss; RÜPPING, en *ZStW*, 91, 1979, p. 359; *LR*-Schäfer. StPO, 24.ª ed., 1988, § 97, n.º marg. 9, § 100a, n.º marg. 44. Sobre la "teoría de las esferas", nota 110.

28 BENDA, en *ARSP*, suplemento n.º 22 (1985), p. 27; VITZTHUM, en *JZ*, 1985, p. 206; cfr., también, *BVerfGE* 30, 25.

29 A este respecto sería inquietante restringir la "despersonalización" del hombre a un *tratamiento "con desprecio"* (sin embargo, en este sentido *BVerfGE* 30, 25 y s., con una argumentación adicional discutible; en contra, de opinión discrepante, 30, 39 y s.; cfr., también, 38, 114; ELLES, en *RuP*, 1988, p. 176, nota 32).

30 *BVerfGE* 27, 6 y s.; 65, 42; 67, 144; BENDA, en *Geiger-Festschr.*, 1974, pp. 36 y s.; ROGALL, en *GA*, 1985, p. 26; v. MANGOLDT, KLEIN y STARCK, *GG*, 3.ª ed., 1985, art. 1.º I, n.ᵒˢ margs. 63, 72; WOLTER, en *GA*, 1988, p. 141; *BK*-Zippelius. Ob. cit., art. 1.º I y II, n.º marg. 98.

31 *BVerfGE* 65, 46; 67, 144.

32 *BVerfGE* 75, 380; cfr., también, MAUNZ y DÜRIG. *GG*, art. 1.º I, n.º marg. 41; v. MANGOLDT, KLEIN y STARCK. Ob. cit., art. 1.º I, n.º marg. 70, art. 2.º I, n.º marg. 117; PIEROTH y SCHLINK. Ob. cit., n.º marg. 408.

de escucha en una vivienda[33]; en caso de aprovechamiento de las posibilidades técnicas de escucha en una vivienda (común) ("conversación en un lugar cerrado": *Raumgespräch*)[34]; en caso de provocación de una autoinculpación por teléfono aprovechando una relación de confianza e inobservando los §§ 100 a, b[35]; en caso de sonsacar información a un preso preventivo a través de un confidente[36]; según una interpretación discutida, también en caso de utilización de un detector de mentiras[37], así como en el de utilización de un diario o de notas de la misma naturaleza[38].

---

33 *BVerfGE* 65, 40; cfr., también, BENDA. *Gefährdungen der Menschenwürde*, 1975, pp. 17 y ss.; *ARSP*, suplemento n.º 22 (1985), p. 31; *Geiger-Festschr.*, pp. 29 y ss.; HASSEMER, en *Maihofer-Festschr.*, pp. 200 y ss.; MAIHOFER. *Rechtsstaat und menschliche Würde*, 1968, p. 127; ROHLF. Ob. cit., p. 161; §§ 163 III y s. del proyecto de trabajo del ministro Federal de Justicia (BMJ), 1986 (publicado en BULL. *Sicherheit durch Gesetze?*, 1987, pp. 238 y s.), pero, también, *AK*-Podlech, GG, 2.ª ed., 1989, art. 1.º I, n.º marg. 39; V. MANGOLDT, KLEIN y STARCK, art. 2.º I, n.º marg. 68, 70; restrictivamente, *LR*-Rieß, § 163, n.º marg. 45. Cfr., además, nota 89.

34 *BGHSt* 31, 299.

35 *BGHSt* 31, 308, bajo referencia a la conformidad del proceso con el Estado de derecho; FEZER. *Strafprozeßrecht*, 1986, caso 16, n.º marg. 22; críticamente, GÖSSEL, en *JZ*, 1984, p. 364; cfr. (sin embargo), también, Olg Hamm, en *NStZ*, 1988, p. 515, con notas de KREHL, *StrafV*, 1988, pp. 376 y s. (además, AMELUNG, en *NStZ*, 1988, pp. 516 y s.; J. MEYER, en *NStZ*, 1983, p. 468).
El § 100a StPO establece los presupuestos que legtiman a ordenar el control de las telecomunicaciones y el § 100b StPO, la competencia para ordenar el control o intervención de las comunicaciones (nota d. trad.).

36 *BGHSt* 34, 363 (abuso del medio coactivo de la prisión preventiva para un fin contrario a la regulación procesal en el sentido de los §§ 136a StPO, 163a IV frase 2; cfr., también, *KK*-Boujong, § 136a, n.º marg. 29; GEPPERT, en *JK*, § 136a StPO, n.º 3; *LR*-Hanack, § 136a, n.º marg. 47); con otra fundamentación, LG Hannover, *StrafV*, 1986, p. 522; REICHERT y HAMMER, en *JuS*, 1989, p. 448; STRATE, en *DuR*, 1989, pp. 246 y s.; WAGNER, en *NStZ*, 1989, p. 34 (engaño en el sentido del § 136a StPO; en otro sentido, I. ROXIN. *Die Rechtsfolgen schwerwiegender Rechtsstaatsverstöße in der Strafrechtspflege*, 1988, pp. 123 y s.; WOLTER, en *SK-StPO*, n.ºˢ margs. 124 y s. previos al § 151, con referencias y un planteamiento semejante de la solución; además, FEZER, en *JZ*, 1987, p. 998; GRÜNWALD, en *StrafV*, 1987, p. 471; KRAMER, en *Jura*, 1988, p. 523; ROGALL, en *SK-StPO*, § 136a, n.º marg. 55).

37 *BGHSt* 5, 335; queda abierto en BVerfG, *NJW*, 1982, p. 375; MAUNZ y DÜRIG. Ob. cit., art. 2.º I, n.º marg. 35; ROGALL, en *SK-StPO*, § 136a, n.º marg. 76.

También hay un amplio acuerdo en cuanto a que las infracciones de la prohibición de malos tratos y tortura del artículo 104 I frase 2 GG[39] y del § 136a StPO[40], así como la utilización de otros medios de investigación prohibidos por el § 136a[41] y que, en cuanto tales, son concebidos como plasmación del artículo 1.° I GG –a excepción de determinados casos de engaño[42]–, otras infracciones contra la presunción de inocencia, la cual se ha de deducir de los artículos 1.° I y 2.° I GG[43] o contra el principio *nemo tenetur*[44] menoscaban

---

38 LG Saarbrücken, en *NStZ*, 1988, p. 424; DAHS, HERDEGEN y WIDMAIER, en *DAV, Wahrheitsfindung und ihre Schranken*, 1989, pp. 130, 110, 37; DALAKOURAS. Ob. cit., pp. 204, 212 y ss.; GÖSSEL, en *NJW*, 1981, p. 656; HERRMANN. *Jescheck-Festschr.*, p. 1294; ROHLF. Ob. cit., p. 227, nota 188; WOLTER. *Armin Kaufmann-Gedächtnisschr.*, p. 769; (sobre la intervención del art. 4.° GG, AMELUNG, en *NJW*, 1988, p. 1002; en contra, ROXIN. Ob. cit., § 24 D.III.2.d); en otro sentido, BVerfGE, en *StrafV*, 1990, p. 1, con comentarios discrepantes de WOLTER, en *StrafV*, 1990, p. 175; BayObLG, en *NJW*, 1979, p. 2626; cfr. MANGOLDT, KLEIN y STARCK, art. 1.° I, n.° marg. 43; *BK*-Zippelius, art. 1.° I y II, n.° marg. 89; cfr., también, GEPPERT, en *JR*, 1988, p. 474.

39 "Artículo 104 GG (*Rechtsgarantie bei Freiheitsentziehung*) (1) [...] 2 Festgehaltene Personen dürfen weder seelisch noch körperlich mißhandelt werden".
"Artículo 104 GG (Garantía jurídica en caso de privación de libertad) (1) [...] 2 Las personas detenidas no deben ser maltratadas ni psíquica ni corporalmente".

40 El § 136a StPO prohíbe una serie de métodos de interrogatorio, entre los que se cuenta, por ejemplo, el maltrato, el agotamiento, la tortura, el engaño, la hipnosis, etc. (nota d. trad.).

41 LAMMER, en *ZRP*, 1989, p. 248; sobre el tratamiento de menor intensidad –en comparación con la tortura–, pero igualmente (extremadamente) lesivo del artículo 1.° I GG, inhumano, cruel y degradante artículos 3.° EMRK, 5.° II AMMRK, 7.° del Pacto Internacional (nota 11); NOWAK, (nota 11), artículo 7.°, n.os margs. 5 y ss.; y III.A.3.

42 Sobre el estado de la discusión, *LR*-Hanack, § 136a, n.os margs. 4, 16, 33, 35 y ss.; ROGALL, en *SK-StPO*, § 136a, n.os margs. 54 y ss.; WOLTER, *SK-StPO*, n.° marg. 123 previo al § 151.

43 HASSEMER, en *Maihofer-Festschr.*, p. 203; GRÜNWALD, *StrafV*, 1987, p. 457; WOLTER, *SK-StPO*, n.os margs. 26, 142, previos al § 151, con referencias; cfr., también, arts. 6 II EMRK, 8 II AMMRK, 14 II del Pacto Internacional.
Artículo 2.° GG (*Persönliche Freiheitsrechte*):
"(1) Jeder hat das Recht auf die freie Entfaltung seiner Persönlichkeit, soweit er nicht die Rechte anderer verletzt und nicht gegen die verfassungsmäßige Ordnung oder das Sittengesetz verstößt.

la inviolable dignidad humana[45]. Lo mismo ocurriría si, en un análisis de genoma ("huellas dactilares genéticas"), se descubriera el programa genético con ayuda de un minisatélite codificador[46], se impusiera una prohibición de contacto que excediera claramente los §§ 31 y siguientes y 34a EGGVG[47], o se le fijaran al afectado unas condiciones de prisión inaceptables[48].

"(2) 1 Jeder hat das Recht auf Leben und körperliche Unversehrheit. 2 Die Freiheit der Person ist unverletzlich. 3 In diese Rechte darf nur auf Grund eines Gesetzes eingegriffen werden".

"Artículo 2.º GG (Derechos personales a la libertad) (1) Todos tienen derecho al libre desarrollo de su personalidad, mientras no lesionen los derechos de otros y no infrinjan el orden constitucional o la ley moral.

"(2) 1 Todos tienen derecho a la vida y a la integridad física. 2 La libertad de la persona es inviolable. 3 En estos derechos solamente se puede intervenir con base en la ley".

44 HASSEMER y WOLTER. Ob. cit.; cfr., también, artículo 14 III g del Pacto Internacional; sobre la libertad de expresión GRÜNWALD. Ob. cit.

45 GRÜNWALD y HASSEMER. Ob. cit., incluyen también el principio *non bis in idem* del artículo 103 III GG (cfr., además, los arts. 8 IV AMMRK y 14 VII Pacto Internacional). El artículo 1.º 1 GG sería lesionado con seguridad si, de acuerdo con lo que establece el quinto artículo adicional de la Constitución estadounidense, a través de un proceso se pusiera a alguien en peligro para su cuerpo o su vida dos veces por el mismo delito; sobre el núcleo del artículo 103 III GG, PIEROTH, en JARASS y PIEROTH. Ob. cit., art. 103, n.º marg. 30; BK-Rüping, art. 103 III, n.º marg. 21.

46 KELLER, en *NJW*, 1989, p. 2269; RADEMACHER, en *StrafV*, 1989, p. 549; cfr., también, JUNG, en *MSchrKrim*, 72, 1989, p. 103; STERNBERG y LIEBEN, en *NJW*, 1987, p. 1246; STEINKE, en *NJW*, 1987, p. 2914; en sentido semejante, BK-Zippelius, art. 1.º 1 y II, n.º marg. 98.

47 Sobre ello, *BVerfGE* 49, 24; v. MANGOLDT, KLEIN y STARCK, art. 1.º 1, n.º marg. 46; JARASS, en JARASS y PIEROTH, art. 104, n.º marg. 5; BK-Zippelius. Ob. cit., n.º marg. 58.

Los §§ 31 y siguientes EGGVG establecen los presupuestos que se han de constatar para poder acordar una prohibición de contacto (§ 31), quién es competente para constatar que se dan los presupuestos (§ 32), la adopción de medidas para que se produzca la ruptura del contacto (§ 33) y los efectos jurídicos de la prohibición de contacto (§ 34) (nota del trad.).

48 Por ejemplo, en la Olg Hamm, en *MDR*, 1967, p. 1024 (tres presos en una celda de 23 metros cúbicos con aseo sin pared de separación ni ventilación); PIEROTHH y SCHLINK, n.º marg. 410; más referencias en NOWAK. Ob. cit., art. 10, n.ºs margs. 7 y ss.; v. MANGOLDT, KLEIN y STARCK, art. 1.º 1, n.º marg. 41 (acusado furioso en una jaula para fieras).

Por otra parte, también hay controversias sobre el alcance de la garantía de la dignidad humana en las que se debe entrar a continuación en este trabajo. En la actualidad, el foco de atención se centra en la sentencia del Tribunal Constitucional del "cuatro a cuatro" sobre la utilización de notas de la misma naturaleza que las de un diario, sentencia que también refleja el cuadro de opiniones existente en la jurisprudencia especializada y en la doctrina. Más desacuerdos hay, por ejemplo, en cuanto a la utilización del detector de mentiras, en cuanto a la duración extremadamente larga de la prisión provisional y del proceso penal como infracción del principio de *fair trial*[49], o en lo referente a las investigaciones secretas en viviendas con videocámaras y aparatos de escucha.

II. persecución penal pese al atentado contra la dignidad humana

Con independencia de estas discusiones sobre el margen de fluctuación de la garantía de la dignidad humana, hoy hay –incluso de modo predominante– numerosos intentos de admitir extensamente la persecución penal según el criterio de la proporcionalidad, aunque de ese modo se produzca deliberadamente una transgresión de la garantía inviolable de la dignidad humana o del ámbito inviolable del desarrollo de la vida privada[50]. Así, a pesar de su inviolabilidad, se relativiza la dignidad humana. Se desautoriza la jurispru-

---

49 Sobre la infracción del art. 1.° I GG, Wolter, en *SK-StPO*, n.° marg. 145 previo al § 151; en otro sentido, *BVerfGE* 53, 158, en el caso de un mandato de prisión mantenido durante más de doce años –principalmente no ejecutado–.

50 *BGHSt* 19, 331; 29, 25; 34, 401; KG, en *NJW*, 1979, p. 1669; cfr., también, *BGHSt* 14, 361 s.; BGHZ 27, 289 y s.; BGH (Z), en *NJW*, 1970, p. 1848; BayObLG, en *JR*, 1980, p. 434; LG *Aschaffenburg, StrafV*, 1989, pp. 244 y s.; Beier. *Geheime Überwachungsmaßnahmen zu Staatssicherheitszwecken ...*, 1988, p. 57, nota 133; Heinitz, en *JR*, 1964, p. 444; Krauss. *Gallas-Festschr.*, 1973, p. 388; Pieroth y Schlink, n.° marg. 435; Plagemann, en *NStZ*, 1987, p. 570; Schünemann, en *ZStW*, 90, 1978, p. 19, con la nota 30 ss.; Sternberg y Lieben, en *NJW*, 1987, p. 1245; Klöhn. *Der Schutz der Intimsphäre im Strafprozeß*, Diss., Göttingen, 1984, pp. 106 y ss., 274 y ss., 402.

dencia del Tribunal Constitucional sobre el ámbito nuclear de la privacidad[51]. Se modifica el contenido de dignidad humana de los derechos fundamentales conforme al artículo 2.° y siguientes GG, el cual es, según el artículo 79 III GG, inmutable[52]. Este fenómeno, francamente sorprendente[53], muestra la otra cara de la moneda, que, de entrada, se ha descrito como abandono del proceso penal liberal: la vuelta hacia la funcionalidad de la justicia penal en los casos de criminalidad grave, hacia la evitación de delitos, hacia la prevención, hacia la necesidad de seguridad de la población. Con este fin, se desarrolla un "derecho fundamental a la seguridad", se persigue la sujeción y la referencia a la comunidad del afectado en el proceso penal o se desplaza a un primer plano el derecho del afectado a un fallo penal justo y, en su caso, absolutorio.

A. EJEMPLOS DE LA JURISPRUDENCIA
Y DE LOS PROYECTOS LEGISLATIVOS

Las intenciones de los tribunales y de quien planifica las leyes en este punto son, en parte, de una importancia digna de aprecio. Para ellos, la cuestión es,

---

51 Es especialmente llamativo que las salas penales del BGH, del KG y del BayObLG no estén de acuerdo (cfr. referencias en las notas 26 y 53); además, la segunda sala del BGH ha dictado sentencias no libres de contradicciones en Bghst 29, 25 y 31, 299 –"conversación en un lugar cerrado" (*Raumgespräch*)– (a este respecto, los diferentes puntos de partida del art. 10.° o de los arts. 13 y 6.° GG no pueden ser decisivos: sea como fuere, en la *utilización* de los conocimientos entra en juego en cada caso el artículo 2.° I GG –DALAKAOURAS. Ob. cit., p. 91 y s.; ROHLF. Ob. cit., p. 91 s.; WOLTER, en *StrafV*, 1989, p. 364; igualmente, la cuestión es, sobre todo, el contenido de la dignidad humana de estos derechos fundamentales especiales según los arts. 1.° I y 79 III GG).

52 "Artículo 79 GG (*Änderungen des Grundgesetzes*) (1) [...] (3) Eine Änderung dieses Grundgesetzes, durch welche die Gliederung des Bundes in Länder, die grundsätzliche Mitwirkung der Länder bei der Gesetzgebung oder die in den Artikeln 1 und 20 niedergelegten Grundsätze berührt werden, ist unzulässig".
    "Artículo 79 (*Modificación de la Ley Fundamental*) [...] (1) [...] (3) Una modificación de la Ley fundamental a través de la cual se afecte a la organización de la República Federal en *Länder*, a la participación de los *Länder* en la legislación o a los principios formulados en los artículos 1 y 20 es inadmisible". (nota d. trad.).

53 Cfr., también, GEPPERT, en *JR*, 1988, p. 473; *JK*, 1988, § 261, n.° 7; GRAMSE, en *AnwBl.*, 1980, p. 437; PLAGEMANN, en *NStZ*, 1987, p. 570; ROXIN. Ob. cit., § 24 D.III.2.

por ejemplo, la lucha contra la criminalidad organizada (terrorista y de drogas), a la que se cree poder echar mano sólo con métodos de investigación secretos e informáticos, con la interconexión de datos entre la policía criminal, la policía de seguridad y la Oficina Federal de Protección de la Constitución (*Bundesamt für Verfassungsschutz*), con medidas preventivas como el suministro de información sin vinculación a un fin y con la utilización de agentes provocadores[54]. Y, sin embargo, la contención de los peligros (para la libertad) para los ciudadanos –en todo caso, en el proceso penal[55]– no puede llevarse a cabo bajo el estandarte de la prevención del riesgo y del aseguramiento de la existencia, así como de la lucha universal contra el delito, al precio de lesionar la dignidad humana y la libertad del individuo afectado por la persecución penal.

De lo contrario, se repetirán sentencias y se llevarán a la práctica iniciativas legislativas que son absolutamente incompatibles con la garantía de la dignidad humana y con el contenido de dignidad humana de los derechos fundamentales del artículos 2.º y siguientes GG, el cual es, como se dijo, según el artículo 79 III GG, inviolable. Hay que recordar la sentencia del *Kammergericht* (KG) según la cual la colocación y la sujeción lesiva de esposas (*Knebelketten*) en la muñeca –con el fin de tener un careo con el inculpado y para lograr que no finja la expresión de su cara– debería satisfacer el principio de proporcionalidad[56]. En realidad, en el caso concreto, no se empleó más coacción de la que era absolutamente necesaria para alcanzar el fin procesal –en un caso de sospecha especialmente fundada de los delitos más graves y de un importante estado de necesidad de prueba–. Sin embargo, la causación de sufrimientos importantes y escoriaciones, así como la imposición al imputado

---

54 Detalles en WOLTER, en *StrafV*, 1989, pp. 358 y ss., con referencias.

55 Es de otro modo en lo referente a los peligros para el medioambiente y para las generaciones futuras, así como en las puestas en peligro a través de la técnica genética fuera del proceso penal, a las que habrá que hacer frente solamente a través de drásticas restricciones de la libertad (STRATENWERTH, en *Maihofer Festschr.*, p. 584).

56 KG, en *NJW*, 1979, p. 1669; en contra, GRÜNWALD, en *JZ*, 1981, p. 428. (Las *Knebelketten* son una clase de esposas dotadas con un mango del que el agente que ha detenido al sujeto puede tirar, causándole dolor a este último en la muñeca –nota del trad.–).

de un comportamiento activo[57], menoscaban tanto las garantías inviolables de los artículos 1.° I y 104 I frase 2 GG como el principio *nemo tenetur*.

– Además, hay que hacer referencia al § 163g II StVÄGE 1988-1989, el cual persigue autorizar la escucha secreta de lo dicho en una vivienda de modo no público (en presencia de un funcionario que investiga de manera encubierta), o la toma de imágenes de medios de prueba abiertamente reconocibles –también de cartas exclusivamente personales y notas de la misma naturaleza que las de un diario– en una vivienda; y esto, pese a que el artículo 13 II GG[58] únicamente permite, en el campo represivo, el registro al descubierto[59].

– Aun menos se puede compatibilizar con la dignidad humana y el ámbito inviolable de desarrollo de la vida privada –también fuera de la vivienda– la toma secreta de fotos de comportamientos sexuales de dos personas desnudas no sospechosas en un reservado, para lograr la prueba de la responsabilidad de un tercero por fomento de la prostitución[60].

– También es sorprendente que la Tercera Sala del Tribunal Supremo considere que la grabación magnetofónica tomada secretamente para conseguir la prueba de voz y para poder realizar la comparación de voces en el proceso penal es una inobservancia del principio (inviolable) del *nemo tenetur*, pero que, a la vez, no excluya una regulación legal futura de estos métodos de investigación[61].

---

57 Cfr., también, LG Hannover, en *NJW*, 1977, p. 1111, sobre el llamado "detector sexual de mentiras"; en general, K. MEYER, en *JR*, 1987, p. 216.
58 "Artículo 13 GG (*Unverletzlichkeit der Wohnung*) (1) Die Wohnung ist unverletzlich. „(2) Durchsuchungen dürfen nur durch den Richter, bei Gefahr im Verzuge auch durch die in den Gesetzen vorgesehenen anderen Organe angeordnet und nur in der dort vorgeschriebenen Form durchgeführt werden".
"Artículo 13 GG (*Inviolabilidad de la morada*)
"(1) La morada es inviolable.
"(2) Los registros solamente pueden ser ordenados por el juez y, en caso de peligro inmediato, también por los otros órganos previstos en las leyes y solamente pueden ser llevados a cabo en la forma allí prevista" (nota del trad.).
59 Con más detalle, WOLTER, en *StrafV*, 1989, pp. 363 y s.
60 Cfr., sin embargo, BONARENS. *Dünnebier-Festschr.*, 1982, pp. 224 y s.
61 *BGHSt* 34, 50; en contra, correctamente, K. MEYER, en *JR*, 1987, pp. 216 y s.; cfr., también,

– Igualmente asombroso es que la Cuarta Sala del Tribunal Supremo, en su sentencia del diario, la cual ocupó después al Tribunal Constitucional, reconozca en realidad el ámbito exclusivamente personal y (a la luz del artículo 1.º I GG, así como de la teoría de las esferas del Tribunal Constitucional) inviolable de las notas de la misma naturaleza que las de un diario y que, sin embargo, por razón de los intereses predominantes de la persecución penal, admita su utilización sin el consentimiento del imputado[62].

– En esta línea se encuentra el hecho de que la Segunda Sala Penal del Tribunal Supremo, con base en el interés público en la investigación completa de la verdad en el proceso penal y en el mantenimiento de una administración de justicia propia de un Estado de derecho y funcional, autorice la utilización de las averiguaciones provenientes de una intervención telefónica (lícita), aunque esta última haya afectado "al que, en otro caso, sería el ámbito nuclear protegido del desarrollo de la vida privada", haya lesionado el ámbito secreto privado de la esposa del acusado y, así, haya menoscabado, en el caso concreto, el ámbito íntimo de una persona que no entraba en consideración ni como interviniente en el hecho ni como transmisor de informaciones[63]. Esta sentencia contradice en gran medida el voto particular posterior de la "conversación en un lugar cerrado" (*Raumgespräch*) de la misma Sala Segunda.

– Recordemos, sobre la base de este telón de fondo referido a los casos, los caminos dogmáticos seguidos para la persecución penal al precio del menoscabo de la dignidad humana y la libertad.

WOLFSLAST, en *NStZ*, 1987, p. 105; además, el comentario de BOTTKE, en *Jura*, 1987, p. 361; KÜHNE, en *EuGRZ*, 1986, p. 488.

62 *BGHSt* 34, 401; cfr., también, en *BGHSt* 19, 331 (más referencias, nota 49).

63 *BGHSt* 29, 25; en contra, HERRMANN. *Jescheck-Festschr.*, p. 1294; WOLTER. *Armin Kaufmann-Gedächtnisschr.*, pp. 767 y ss.; cfr., además, BOTTKE, en *JA*, 1980, p. 748; PRITTWITZ, en *StrafV*, 1984, pp. 308 y s.; WELP, en *Jura*, 1981, pp. 483 y s.

B. PONDERACIÓN DE LA "FUNCIONALIDAD DE LA JUSTICIA PENAL" CON LA PROTECCIÓN DE LA DIGNIDAD HUMANA, CONFORME AL PRINCIPIO DE PROPORCIONALIDAD

El primer punto de partida dogmático lo constituye la "funcionalidad de la justicia penal", la cual surge del principio del Estado de derecho, como decisivo contrainterés limitador de la libertad en un proceso protector de los derechos fundamentales[64]. Este interés en la persecución penal, provisto de rango constitucional, que obliga básicamente a una ponderación con los derechos fundamentales conforme al principio de proporcionalidad[65], ha de ser aceptado totalmente en el punto de partida[66]. Porque, sin una justicia penal eficaz, no se pueden imponer ni las normas de comportamiento del derecho penal material ni tampoco, entonces, los intereses preventivo-generales, no se puede restablecer la paz jurídica, no se puede conjurar el peligro de la justicia de propia mano y no se puede alcanzar la justicia como parte esencial del proceder conforme al Estado de derecho. No obstante, debe combatirse el peligro seriamente creciente de que, con ayuda del principio constitucional de una justicia penal eficaz, se restrinjan los derechos del inculpado[67]. Junto a una ponderación entre los intereses de la persecución penal y los derechos a la libertad[68], marcadamente favorable a los derechos fundamentales, es

---

64 *BVerfGE* 19, 347; 20, 49, 147; 32, 381; 33, 383; 34, 248; 38, 115 y s., 321; 39, 163; 41, 250; 46, 222 y s.; 49, 54; 51, 343 y s.; 64, 116; 77, 76; BVerfG, en *NStZ*, 1987, pp. 276, 419; *NJW*, 1988, p. 1075; *StrafV*, 1990, p. 1; *BGHSt* 31, 299; Rudolphi, en *SK-StPO*, n.° marg. 1 previo al § 94.

65 En general, *BVerfGE* 41, 108 y s.; Hesse. *Grundzüge des Verfassungsrechts der Bundesrepublik Deutschland*, 16.ª ed., 1988, n.os margs. 72, 317 y ss.; de modo semejante, Alexy. Ob. cit., p. 143 y ss., 152; con más detalle, Wolter, en *SK-StPO*, n.os margs. 27 y ss. previos al § 151 y ss. (allí, también sobre el principio *in dubio pro libertate*).

66 En otro sentido, Grünwald, en *JZ*, 1976, pp. 772 y s., quien pretende dejar intervenir al principio del Estado de derecho solamente *en favor* del derecho de defensa del afectado; en contra, Vogel, en *NJW*, 1978, p. 1217; Ziedler, *53. DJT*, 1980, I 23.

67 Hassemer, en *StrafV*, 1982, p. 275; Roxin. Ob. cit., § 1.B.II.

necesaria, sobre todo, la determinación clara de cuál es aquel ámbito de la dignidad humana que es inviolable frente a la averiguación de la verdad (cfr. con más detalle, III). A la luz de los artículos 1.° 1 y 79 III GG, no debe haber una investigación de la verdad al precio de la lesión de la dignidad humana y de la lesión del contenido de dignidad humana de los derechos fundamentales del artículos 2.° y siguientes GG[69]. Por tanto, en este ámbito, inviolable según los artículos 1.° 1 y 79 GG, no tiene lugar una ponderación de la libertad jurídico-constitucional del afectado con la funcionalidad de la justicia penal o con el derecho a que se haga justicia (cfr., también, III). Máximas de la instrucción, principio de legalidad, principio de culpabilidad, imposición del derecho penal material: estas reglas que rigen el proceso dejan de estar en vigor.

Si no se tomaran en consideración los derechos fundamentales indisponibles, así como la conservación de los artículos 1.° 1 y 79 GG, que son inviolables e inmutables, el afectado se convertiría en objeto del proceso. Se le transmitiría la sensación de que es entregado[70]. El proceso penal dejaría de estar en condiciones de imponer de modo creíble las normas de comportamiento jurídico-penales. El proceso penal perdería su dignidad, su cultura jurídica y su legitimidad[71]. El ciudadano sospechoso, al igual que el no sospechoso, debería temer, en tiempos de necesidad y de elevada criminalidad,

---

68 Con más detalle, WOLTER, en *SK-StPO*, n.[os] margs. 34 y ss. previos al § 151; sobre la "teoría de la interacción (*Wechselwirkung*)", *BVerfGE* 7, 208 y s.; 12, 124 y s.; 13, 325; 17, 117; 66, 150; 71, 214; *BGHSt* 26, 304; BayObLG, en *JR*, 1980, p. 433; sobre la *necesidad incondicional* de la restricción de la protección de los derechos fundamentales, *BVerfGE* 30, 20; *BGHSt* 31, 298.

69 BVerfG, en *NStZ*, 1984, p. 82; *BGHSt* 31, 309; *LR*-Hanack, § 136a, n.° marg. 3, con referencias; K. MEYER, en *JR*, 1987, p. 216; RIESS. *Schäfer-Festschr.*, 1979, pp. 170 y s.; cfr., también, *BGHSt* 14, 364 y s. El Tribunal Constitucional, en la sentencia del diario, remite, además, a la garantía del contenido esencial de los derechos fundamentales según el artículo 19 II GG (*StrafV*, 1990, p. 1; cfr., también, *BGHSt* 31, 299; con más detalle en III.7).

70 Cfr. MÜNCH, *GG*, 3.ª ed., 1985, art. 1, n.° marg. 15; MAUNZ y DÜRIG, art. 1.° 1, nota 28; cfr., además, art. 11 II, III AMMRK.

71 GEPPERT, en *JR*, 1988, p. 474; GRÜNWALD, en *StrafV*, 1987, p. 456 y s.; HASSEMER. *Maihofer-Festschr.*, p. 203; *KritV*, 1988, p. 343; E. MÜLLER, en *NJW*, 1981, p. 1804; RUDOLPHI, en *SK-StPO*, n.° marg. 3 previo al § 94; *LR*-Schäfer, introd., cap. 6, n.° marg. 7.

ser investigado técnicamente en su vivienda para el establecimiento de su responsabilidad o de la de terceros, ser espiado en su esfera íntima a través de investigadores encubiertos y confidentes, que sus cartas y diarios exclusivamente personales fueran examinados y utilizados, que su programa genético fuera descodificado y que se le tomaran clandestinamente pruebas de voz. Debería vivir con el temor constante de que sus sentimientos, impresiones y afectos fueran controlados por el Estado, de que se invadiera su derecho al silencio y su libertad de pensamiento[72]. El inculpado estaría tan poco seguro frente a los malos tratos con el fin de lograr el careo y la prueba de la responsabilidad, como frente a condiciones de prisión humillantes, frente a la lesión de la presunción de inocencia, frente a la coacción a la autoinculpación o frente a una doble sanción.

En especial, el ciudadano no podría adoptar medidas de protección contra los métodos de investigación técnicos clandestinos. O, cuando supiera de las medidas clandestinas –por ejemplo, en caso de una prueba de voz o en caso de intento de sonsacarle información a través de un confidente en la celda–, no podría decir palabra alguna, ni tener ninguna conversación personal. El derecho a la privacidad –esto es, el derecho a no ser molestado para encontrarse a sí mismo y para estar libre de las exigencias del mundo exterior[73]– sería menoscabado del mismo modo que el derecho a la comunicación y a la propia presentación. Este derecho a la autodeterminación social y a la propia presentación es afectado especialmente en caso de control técnico de la vida privada. Las informaciones adquiridas pueden ser guardadas a largo plazo, pueden ser reproducidas fuera de contexto y, ya por ello, en su caso, de forma adulterada, y pueden ser transmitidas de modo difícil de reconocer para el individuo[74]. La palabra "dinámica" efímera puede ser distorsionada en forma de una

---

72 Sobre la "libertad frente al temor", preámbulo de la AMMRK; A. ARNDT, en *NJW*, 1961, p. 898; STRATE, en *StrafV*, 1989, p. 410.

73 Referencias en la nota 31; cfr., también, AMELUNG, en *NJW*, 1988, p. 1005; MARCIC, en *Voegelin-Festschr.*, 1962, p. 393; BENDA. *Handb. des Verfassungsrechts*, 1984, p. 119, con referencias al derecho estadounidense; SÜSS, en *Lehmann-Festschr.*, 1956, p. 189 (sector de la vida privada que, normalmente, también está cerrado a los amigos íntimos); cfr. MANGOLDT, KLEIN y STARK, art. 2.º I, n.os margs. 64 y 116; *BK*-Zippelius, art. 1.º I y II, n.º marg. 97.

grabación de sonido[75]. Sólo por esa razón, el derecho no debería doblegarse completamente al desarrollo técnico[76].

En todo esto no hay que ignorar que la obtención de una autoinculpación de delitos cometidos como tal –por ejemplo, en el curso de una intervención telefónica lícita– todavía no se puede entender como lesión de la garantía de la dignidad humana[77] y que, en su caso, incluso hay deber de dar informaciones íntimas (§§ 68a StPO y 171b GVG). Para que existiera una lesión del principio *nemo tenetur* debería, más bien, haber coacción o engaño sobre el deber de declaración (pese al deber de informar sobre el derecho al silencio)[78]. Sin embargo, con independencia de ello, el contenido de dignidad humana de los artículos 2.° I, 10.° ó 13 GG[79] es afectado cuando, y debido a que, concurren clandestinidad o engaño de las autoridades de la persecución penal, la utilización de la técnica[80] o de investigadores encubiertos como "aparatos de escucha humanos", la penetración en la vivienda o en la esfera íntima fuera de la vivienda, la supresión de la libertad de comunicación o el peligro de la utilización de datos exclusivamente personales[81]. Los artículos 1.° I y 79 III GG

---

74 Cfr., también, *BGHSt* 31, 308; A. ARNDT, en *NJW*, 1961, p. 902; BÖKELMANN, en *JR*, 1971, p. 68; DALAKOURAS. Ob. cit., p. 31; KÜHL, en *StrafV*, 1986, p. 118; WAGNER, en *AK*-POLG Nordrhein-Westfalen (NRW), 1987, introd. A, n.os margs. 40 y s.

75 BGHZ 27, 288; 73, 123 y s.; *BGHSt* 14, 360.

76 *BVerfGE* 35, 227; BGH, *NJW*, 1966, p. 2354.

77 Cfr., también, *BGHSt* 33, 224; ROGALL, en *SK-StPO*, § 136 a, n.° marg. 50; ROXIN. Ob cit., § 25 IV 2 c; WELP. *Die strafprozessuale Überwachung des Post- und Fernmeldeverkehrs*, 1974, p. 60; en otro sentido, KÜHL, en *StrafV*, 1986, pp. 190 y s.

78 *LR*-Hanack, § 136a, n.os margs. 35 y ss.; *JR*, 1980, p. 434; ROGALL. *Der Beschuldigte als Beweismittel gegen sich selbst*, 1977, p. 181, p. 186; cfr., además, *BVerfGE* 65, 46.

79 "Artículo 10.° GG (*Brief-, Post- und Fernmeldegeheimnis*).
"(1) Das Briefgeheimnis sowie das Post- und Fernmeldegeheimnis sind unverletzlich".
"Artículo 10.° GG (*Secreto de la correspondencia, postal y de las telecomunicaciones*).
"(1) El secreto de la correspondencia, así como el postal y el de las comunicaciones son inviolables" (nota del trad.).

80 Las intervenciones nombradas también son más graves que la intervención telefónica en la restricción del artículo 10 GG (BEIER. Ob. cit., p. 36, nota 52).

81 Discrepa de esta oponión, *BVerfGE* 30, 47; voto particular de los cuatro jueces que no apoyaron la sentencia del diario del BVerfG (*StrafV*, 1990, pp. 3 y s.).

están destinados a evitar, en estos casos, que se dé comienzo a la ponderación de bienes y a la compensación con los intereses de la persecución penal.   •

C. "DERECHO FUNDAMENTAL A LA SEGURIDAD" ASÍ COMO "DERECHO A UN JUICIO JUSTO". LÍMITES CONSTITUCIONALMENTE INMANENTES A LOS DERECHOS FUNDAMENTALES Y VINCULACIÓN DEL INDIVIDUO A LA COMUNIDAD

Un segundo punto de partida dogmático lo constituye la tesis, que se divide en dos, según la cual, frente a los derechos fundamentales del afectado –inclusive el artículo 1.º 1 GG[82]–, hay, o bien un "derecho fundamental a la seguridad de la población", o bien un derecho de la generalidad y del mismo autor a un juicio justo, el cual "es exigido por el principio material de culpabilidad, enraizado, no en último lugar, en el artículo 1.º 1 GG"[83]. Esta argumentación, que es autónoma en cada uno de los dos casos, se dirige por igual a no oponer al núcleo de los derechos fundamentales del afectado por el proceso penal el principio del Estado de derecho, el cual es incoloro, va en dirección opuesta[84] y es, en su caso, de menor importancia, en la forma concreta de la "funcionalidad de la justicia penal". Más bien, según esta opinión, en consideración a la unidad de la Constitución, el orden común de valores protegido por ella, la imagen del hombre de la Ley Fundamental y la vinculación del individuo a la comunidad, se deben establecer límites constitucionalmente inmanentes a los derechos fundamentales[85] o se deben oponer derechos fundamentales

---

82 Sobre el carácter de derecho fundamental del artículo 1.º GG –no solamente en consideración al título del apartado y sin menoscabo del art. 1.º III GG– *BVerfGE* 1, 334; BGHZ 13, 338; BAGE 4, 28; BENDA, en *Hand.* Ob. cit., p. 111; PIEROTH y SCHLINK, n.º marg. 398; *AK*-Podlech, art. 1.º 1, n.º marg. 61; cfr.. MÜNCH. Ob. cit., art. 1, n.ºs margs. 27, 60; *BK*-Zippelius, art. 1.º 1 y 11, n.º marg. 26; también, MAUNZ y DÜRIG, art. 1.º 1, nota 4 y ss.

83 BVerfG, en *StrafV*, 1990, p. 2 y s. (voto particular de los cuatro jueces que apoyaron la sentencia del diario).

84 BVerfG, en *MDR*, 1985, p. 817; *NStZ*, 1987, p. 276.

85 Fundamentalmente, *BVerfGE* 32, 107 y s., sobre el art. 1.º 1 GG; V. MÜNCH, n.ºs margs. 56 y s. previos al art. 1.º.

iguales o prevalentes a los derechos a la libertad del afectado. En todo caso, así se relativiza y, al final, se suprime la protección de la dignidad humana, pese a su inviolabilidad.

Hay que oponerse enérgicamente a tales aspiraciones. En primer lugar, ni del catálogo de derechos fundamentales del artículo 2.º y siguientes GG, ni del deber de protección del Estado del artículo 1.º I frase 2 GG, se puede deducir un derecho fundamental a la seguridad de la población, que pudiera contraponerse a los derechos fundamentales del realmente afectado por el proceso penal[86]. Sorprendentemente, en los tiempos más recientes, el Tribunal Constitucional apoya esta perspectiva referida a la seguridad al colocar en el marco de la persecución penal represiva, junto a la "garantía de una persecución penal propia de un Estado de derecho y funcional", el deber del Estado de proteger "la seguridad de sus ciudadanos y su confianza en la funcionalidad de las instituciones estatales"[87]. Tal modo de ver las cosas es, en todo caso, válido, cuando la cuestión es –como, por ejemplo, en la prohibición de contacto[88]– la prevención de peligro concreto y, en esa medida, la seguridad pública. En cambio, en la persecución penal estrictamente represiva, tal ampliación del Derecho procesal penal, ajena al sistema, que ya está sancionada con el § 163d StPO[89], socaba la protección de la dignidad humana y de la libertad en el proceso penal, porque, en la lucha contra la criminalidad grave (organizada)

---

86 Sin embargo, en este sentido, Scholz y Pitschas, *Informationelle Selbstbestimmung und staatl. Informationsverantwortung*, 1984, pp. 111 y ss., 123, 175 y ss.; Sternberg y Lieben, *NJW*, 1987, p. 1246; en este sentido, también, Isensee. *Das Grundrecht auf Sicherheit*, 1983, pp. 33 y ss.; Robbers. *Sicherheit als Menschenrecht*, 1987, p. 231; Zeidler, *53. DJT*, 1980, I 24; en contra, Backes, en *KritV*, 1986, pp. 329 y s.; Denninger, en *KJ*, 1985, p. 217; 1988, pp. 2, 13 y ss.; *KritV*, 1986, p. 294 y ss.; Lisken, en *ZRP*, 1990, p. 16; Wolter, en *StrafV*, 1989, pp. 369 y 371.

87 *BVerfGE* 51, 343; BVerfG, en *NStZ*, 1987, p. 419; Zeidler. Ob. cit., cfr, también, *BVerfGE* 26, 222 y s.; Nr. I.2.II del anexo B de las RiStBV, referido a la búsqueda a través de los medios de comunicación.

88 *BVerfGE* 49, 54.

89 Asímismo, la amplia regulación de la StVÄGE 1988-1989; en otro sentido, además, § 101. Sobre el amplio problema de la *prevención del hecho punible* como principio del proceso del derecho procesal penal, Wolter, en *SK-StPO*, n.º marg. 37 previo al § 151.

–por ejemplo, en caso de utilización de agentes provocadores–, siempre hay intereses de la población en la seguridad que pueden contrapesar los intereses elementales en la libertad del afectado por el proceso penal.

Aún "más radicales" son las explicaciones del Tribunal Constitucional en su parte "fundamental" sobre la utilización de notas de la misma naturaleza que las de un diario. Según el Tribunal, dado que tales notas revelan circunstancias también idóneas para la exoneración (del autor o de terceros) y, por lo demás, podrían contener, según el § 46 II StGB[90], puntos de vista para la verificación de la culpabilidad y la determinación de la pena, incluida su vida pasada, y puesto que, por ello, existe una estrecha vinculación entre el contenido de las notas y la sospecha de un delito, se prohíbe, en consecuencia, la clasificación de los escritos en el ámbito absolutamente protegido del desarrollo de la vida personal. Y, al derecho restante del afectado al libre desarrollo de su personalidad, el cual surge del artículo 2.º I en relación con el artículo 1.º I GG, le pone límites su "derecho a un juicio adecuado a la culpabilidad en el sentido del artículo 1.º I GG". Según el Tribunal, en el caso concreto, la relación de tensión entre el derecho a la personalidad y el derecho a un juicio justo hay que resolverla, conforme al principio de proporcionalidad, a favor del interés en la persecución penal.

Como los cuatro jueces "derrotados por la ley del Tribunal Constitucional" de la sentencia del diario han explicado enérgicamente, estas tesis carecen de fuerza de convicción. En primer lugar, se muestra extraordinariamente problemático establecer, solamente con la "presunta relación del sospechoso con un hecho penal"[91] o bien con la "relación entre el contenido de las notas del diario y la sospecha de un comportamiento punible (cometido muchos meses después)"[92], aquella sujeción y referencia a la comunidad[93] del afectado que abren

---

90 El § 46 II StGB enumera los elementos que se deben tener en cuenta en la ponderación para la determinación de la pena. Entre ellos se cuenta la vida pasada del autor, su motivación y sus metas (nota del trad.).

91 Así, STERNBERG y LIEBEN, en *NJW*, 1987, p. 1245, sobre el análisis de genoma.

92 Así, BVerfG, en *StrafV*, 1990, p. 2 y s. (nota 82).

93 Fundamentalmente, *BVerfGE* 4, 15; 8, 329; 27, 7, 351 y s.; 30, 20; 32, 379; 33, 334, 376 y

una compensación según el principio de proporcionalidad entre los intereses individuales y el interés en la persecución penal. Con ello se renuncia a la garantía de la dignidad humana, aunque las informaciones del ámbito más íntimo de la vida de una persona en las que se basa –en este caso, las notas del afectado de la misma naturaleza que las de un diario sobre problemas que le atormentan y revelados en una "conversación" sin miramientos "consigo mismo"– no se ocupen de un delito cometido o planeado, sino que solamente pongan al descubierto las "raíces del hecho" y la "situación de tensión psíquica del autor"[94].

En esa medida, tampoco es posible dotar de límites constitucionalmente inmanentes al derecho fundamental incondicional a la dignidad humana, por consideración a la unidad de la Constitución, al orden común de valores protegido por ella y a la imagen del hombre de la Ley Fundamental, porque la vinculación –reconocida por la Ley Fundamental– del individuo a la comunidad, que también hace a los derechos fundamentales incondicionales accesibles a "determinados trazados de fronteras externas" definidos por la misma Constitución, no puede referirse fundamentando restricciones a la misma garantía de la dignidad humana como al valor más elevado de todo el sistema de valores de los derechos fundamentales. También el principio del Estado de derecho del artículo 20 III GG[95], coprotegido por el artículo 79 III

---

s.; 35, 39; 38, 115, 320; 50, 353; 56, 49; 65, 44; BVerfG, en *NStZ*, 1982, p. 253; SCHNAPP, en *JuS*, 1983, p. 853; crítico, *AK*-Podlech, art. 2.° I, n.° marg. 54.

94 El Tribunal Constitucional, con su referencia a los "prejuicios", *BVerfGE* 16, 201 y 17, 117, ignora, de todos modos, que también en estas sentencias las fronteras infranqueables del contenido esencial y el ámbito nuclear están claramente marcadas. Por otra parte, hay que admitir que el caso concreto del *StrafV*, 1990, p. 1, no está libre de *perspectivas preventivas* ("peligro de otros delitos") y que, en esa medida, requiere una consideración diferenciada (sobre ello, infra III.A.2; cfr., además, WOLTER, en *StrafV*, 1990, p. 179 y s.; allí, también, sobre la idea de que, frente a esto, el Tribunal debería seguir sosteniendo la inviolabilidad del diario, incluso cuando este último "solamente" informa sobre *delitos cometidos*). Sobre la distinción entre diario y notas de la misma naturaleza que las de un diario, GEPPERT, en *JR*, 1988, p. 474.

95 "Artículo 20 GG (*Bundesstaatliche Verfassung; Widerstandsrecht*) [...] (3) Die Gesetzgebung ist an die verfassungsmäßige Ordnung, die vollziehende Gewalt und die Rechtsprechung sind an Gesetz und Recht gebunden".

GG, existe en aras de la dignidad humana. La dignidad humana solamente es susceptible de restricción a través del aseguramiento de la dignidad de otra persona[96].

Por lo demás, el imputado no puede ser forzado –ni mediante un hacer activo ni (como en este caso) con base en un deber pasivo de tolerancia–, tampoco para su propia exoneración, a dar informaciones sobre su ámbito más íntimo de la personalidad. Con vistas al deber estatal de tutela del artículo 1.º I frase 2 GG, el afectado, en el ámbito exclusivamente personal, comprendido por la garantía de la dignidad humana, requiere protección frente a cualquier intervención coactiva o equivalente. De lo contrario, se suprimirían la libertad de monólogo y la libertad de pensamiento por el hecho de que el afectado haya formulado por escrito sus sentimientos, reflexiones y necesidades anímicas y, de este modo, haya abierto el peligro de la intervención estatal (sin embargo, en este sentido el Tribunal Constitucional con su argumentación "fundamental"). Ni plasmando por escrito de pensamientos en un diario, ni "dejando abierto" ese libro en la esfera privada de la vivienda, se renuncia al "espacio libre del Estado", espacio que no hay que entender de ningún modo en sentido "espacial" o "material"[97]. Si se quisiera considerar que el deber de la justicia de adquirir conocimientos sobre la estructura de la personalidad de un sospechoso, con el fin de establecer la culpabilidad y la determinación de la pena, es razón suficiente para permitir una penetración en el ámbito exclusivamente personal del hombre, se habría, al fin y al cabo, eliminado la distinción entre el ámbito nuclear indisponible con contenido de dignidad humana de los derechos fundamentales y su ámbito de ponderación. El

---

"Artículo 20 GG (*Constitución del Estado Federal; Derecho de resistencia*) [...] (3) La legislación está vinculada al orden conforme a la Constitución, el poder ejecutivo y la jurisprudencia, a la ley y al derecho".

96 Cfr., también, cfr. MANGOLDT, KLEIN y STARCK, art. 1.º I, n.º marg. 21; OTTO, en *Kleinknecht-Festschr.*, 1985, p. 330 y s.; PIEROTH y SCHLINK, n. marg. 413; WOLTER, en *Armin Kaufmann-Gedächtnisschr.*, p. 769; ZEIDLER, *53. DJT*, I 14; sobre el art. 4.º I GG, AMELUNG, en *NJW*, 1988, p. 1004.

97 DALAKOURAS, (nota 25), p. 204; DÜNNEBIER, en *MDR*, 1964, p. 967; en contra, BGHSt 34, 397; AMELUNG, en *NJW*, 1988, p. 1002; GEPPERT, en *JR*, 1988, p. 472.

ámbito inviolable del desarrollo de la vida privada y el alcance de la garantía de la dignidad humana no se pueden determinar según "qué intervenciones estatales en la esfera privada parecen necesarias, con miras al enjuiciamiento de la cuestión de la culpabilidad".

Estas palabras exhortatorias de los jueces constitucionales MAHRENHOLZ, BÖCKENFÖRDE, GRASSHOF y FRANSSEN no sólo deberían valer con referencia a la coacción a la entrega de informaciones exclusivamente personales, sino también respecto a la adquisición secreta de tales datos sin el conocimiento del afectado. De lo contrario, con las interpretaciones "fundamentales" del Tribunal Constitucional, nada hablaría en contra de admitir también la investigación en la vida íntima privada (en viviendas) con aparatos de toma de imágenes y de sonido, luces infrarrojas y microespías[98], o filmar comportamientos sexuales de no sospechosos para la prueba de la responsabilidad de terceros[99].

D. EXCLUSIÓN DEL EFECTO AMPLIO ("FERNWIRKUNG") DE LAS PROHIBICIONES DE UTILIZACIÓN DE PRUEBA; NUEVAS INVESTIGACIONES; DESCUBRIMIENTOS CASUALES; USO DE INFORMACIONES PARA FINES EXTRAÑOS

Finalmente, hay una serie de puntos de partida dogmáticos adicionales que relativizan de forma inadmisible la protección de la dignidad humana y de la libertad. Aquí solamente hay que bosquejarlos. Así, el Tribunal Supremo, en el caso de las celdas[100], excluyó, ciertamente debido a la infracción por parte de las autoridades del artículo 1.º I GG, y del § 136a StPO, la utilización directa de los conocimientos del confidente, aunque negó, con miras a una "lucha

---

98 Referencias en la nota 32; contra tales intervenciones, también, LG Saarbrücken, en *NStZ*, 1988, pp. 424 y s.; así, en el planteamiento, la *BVerfGE* 34, 248; 65, 40; en otro sentido, § 163g II frase 2 StVÄGE 1989.

99 Referencias en la nota 59; cfr., también, § 163g I Nr. 1 StVÄGE 1989. Sobre la obtención *no buscada* de informaciones del ámbito exclusivamente personal, cfr. los discutidos casos *BGHSt* 29, 25; 31, 299 (sobre ello, notas 50 y 62).

100 *BGHSt* 34, 364; cfr., también, *BGHSt* 27, 357; 32, 68, con comentarios de WOLTER, en *NStZ*, 1984, p. 276; en otro sentido, *BGHSt* 29, 244; LG Hannover, en *StrafV*, 1986, p. 522.

eficaz contra el crimen", tanto el efecto amplio de esta prohibición de prueba como la prohibición de la realización de investigaciones adicionales (o nuevas). A la luz de la inviolabilidad del artículo 1.° 1 GG, así como de los peligros de abuso, hay que oponerse a tal restricción de la protección de la dignidad humana[101]. La ventaja práctica que tiene este límite estricto también es importante, porque, desde un principio, consta que no se pueden utilizar medios de prueba en beneficio del afectado, lo cual tiene, por tanto, el "efecto previo" de prohibición de obtención de prueba[102] y no debe ser resuelto por primera vez al final del proceso de instrucción o del procedimiento principal[103].

Límites semejantes deberían ser válidos en el ámbito de la utilización de descubrimientos casuales, así como en el de la transmisión de datos del proceso penal a otras autoridades. En todo caso, en el ámbito del artículo 1.° 1 GG, debería existir para los intereses del proceso penal una prohibición estricta de utilización de descubrimientos casuales, así como del uso de informaciones para fines extraños. La StVÄGE 1988-1989 no contiene tales restricciones, sino que, más bien, asume la amplia jurisprudencia del Tribunal Supremo sobre la utilización de descubrimientos causales en caso de intervención telefónica, también para la búsqueda a través de un perfil (*Rasterfahndung*)[104], las grabaciones secretas en cinta magnetofónica, así como para las investigaciones encubiertas y, además, abre la posibilidad de la transmisión de todos los co-

---

101 Con más detalle, WOLTER. *Armin Kaufmann-Gedächtnisschr.*, p. 777 y ss.; *SK-StPO*, n.[os] margs. 205 a 207 previos al § 151, con referencias; cfr., también, ROGALL, en *SK-StPO*, § 136a, n.° marg. 94.

102 Cfr., también, FEZER, caso 16, n.° marg. 73; *JuS*, 1979, p. 37; GEPPERT, en *JR*, 1988, p. 474; PAULUS, en *JuS*, 1988, p. 876; WOLTER, en *SK-StPO*, n.° marg. 201 previo al § 151.

103 Sobre ello, DÜNNEBIER, en *MDR*, 1964, p. 967; GEPPERT. Ob. cit., HÄNDEL, en *NJW*, 1964, p. 1139.

104 La *Rasterfahndung* es la comparación automatizada de datos referidos a personas, los cuales se han obtenido para fines distintos de la persecución penal y que no están almacenados en documentos informáticos de las autoridades de la persecución penal. Esta actividad tiene el fin de determinar el círculo de personas que encajan en el perfil del sospechoso. Cfr. su base legal en los §§ 98a y 98b StPO. Sobre ello, cfr. BEULKE. *Strafprozessrecht*, § 12, n.° marg. 262 (nota del trad.).

nocimientos para la persecución de fines de precaución y prevención[105] (cfr., además, III.B).

III. SISTEMÁTICA DE LO "INDISPONIBLE EN EL PROCESO PENAL"

A. SEGÚN LOS ARTÍCULOS 1.° Y 79 III GG

Las consideraciones realizadas hasta ahora dependen totalmente de la capacidad de delimitar sistemática y dogmáticamente de modo claro el alcance de la garantía de la dignidad humana. Sin la concreción de las verdaderas máximas del proceso o de grupos de casos, ni la fórmula del objeto ni la tesis del "ámbito inviolable del desarrollo de la vida privada" determinan dónde está la frontera de los derechos no ponderables. Entonces, en caso de conflicto, estos últimos no podrían mantenerse libres de una consideración ponderada conforme al principio de proporcionalidad[106]. Por otra parte, existe el peligro de que los enunciados dogmáticos se confundan con las exigencias jurídico-políticas personales[107]. Esos riesgos solamente se pueden combatir a través de un concepto de dignidad humana tenazmente constreñido[108].

---

105 Con más detalle, WOLTER, en *StrafV*, 1989, p. 365 y ss.; *SK-StPO*, n.os margs. 174 y ss., 180 y ss., 193 previos al § 151.
106 HASSEMER, *Maihofer-Festschr.*, p. 198.
107 *BK*-Zippelius, art. 1.° I y II, n.os margs. 15 y s.
108 Cfr. MANGOLDT, KLEIN y STARK, art. 1.° I, n.os marg. 11 y ss., 20; JARASS, en JARASS Y PIEROTH, art. 1.°, n.° marg. 10; RICHTER y SCHUPPERT, (nota 4), p. 68; sobre la discusión sobre el derecho natural después de 1945, KÜHL, *Söllner-Freundesgabe*, 1990, p. 355 y ss.

1. PUESTA EN PELIGRO DE LOS DERECHOS FUNDAMENTALES
Y CONTRARIEDAD EXTREMA A LOS DERECHOS DEL HOMBRE.
OBTENCIÓN DE MEDIOS
DE PRUEBA A TRAVÉS DE PERSONAS PRIVADAS

Aquí también solamente hay que bosquejar los problemas sistemáticos[109]. De todos modos, se recomienda, desde un principio, tener en cuenta, junto a la forma "normal" de aparición de la lesión de la dignidad humana, contemplar "hacia abajo" la puesta en peligro de derechos fundamentales como lesión de derechos fundamentales en sentido amplio. Ésta entra en consideración en caso de bienes jurídicos fundamentales predominantes (peligro para la vida y riesgo de menoscabo grave de la salud: cfr. supra i.B; peligro de revelación del programa genético de la persona en el marco de un análisis de genoma). "Hacia arriba", hay que proponer la comprensión de la contrariedad extrema a la dignidad humana como un grupo independiente –no para restringir el efecto amplio de las prohibiciones de utilización de prueba o la obtención de medios de prueba a través de personas privadas con la subsiguiente utilización de los conocimientos por las autoridades de persecución penal–[110]. En esa medida, cada atentado contra la dignidad humana y cada lesión de derechos fundamentales en sentido amplio con relevancia para la dignidad humana deberían dar lugar a prohibiciones de utilización directa e indirecta de la prueba[111]. Lo decisivo es que la utilización deliberada de las pruebas obtenidas de ese modo

---

109 Con más detalle, Wolter, en *SK-StPO*, n.[os] margs. 141 ss. previos al § 151.

110 Cfr., sin embargo, Kleinknecht, en *NJW*, 1966, p. 1543; *KK*-Boujong, § 136 a, n.° marg. 3; Kleinknecht y Meyer, en *StPO*, 39.ª ed., 1989, § 136 a, n.° marg. 3; Nüse, en *JR*, 1966, p. 285, *KMR*-Paulus, en StPO, 7.ª ed., 1989, § 244, n.° marg. 535; Roxin, (nota 14), § 24 V; en cambio, como en este trabajo, Maunz y Dürig, art. 2.° i, nota 40.

111 Cfr., respecto a las pruebas obtenidas privadamente, *LR*-Hanack, § 136 a, n.° marg. 10; Otto. *Kleinknecht-Festschr.*, p. 330, con referencia a la idea jurídica del proceso penal; Rogall, en *SK-StPO*, § 136 a, n.° marg. 13, con referencias a la prevención general y la lucha contra la justicia de propia mano; Wolter, en *SK-StPO*, n.° marg. 137 previo al § 151, con referencias al "efecto frente a terceros (*Drittwirkung*) de la garantía de la dignidad humana" (sobre ello, infra 7), así como con más referencias al estado de la discusión.

representa normalmente una intromisión autónoma –incluso más grave– en los derechos fundamentales[112]. La contrariedad a la Ley Fundamental del acto estatal de utilización es constitutiva para la prohibición de utilización[113]. La utilización de tales pruebas es comparable a la utilización (ilícita) de un descubrimiento casual.

2. DEFENSA FRENTE A PELIGROS Y CONTRARIEDAD EXTREMA A LA DIGNIDAD HUMANA

La categoría de la contrariedad extrema a la dignidad humana es más bien de carácter preventivo-policial. Así, en caso de peligros directos para la salud y la vida de terceros –por ejemplo, en el caso de una toma de rehenes– se puede, excepcionalmente, por motivos de defensa frente a un peligro concreto, pasar por alto la garantía de la dignidad humana del afectado. Lo que está excluido en el marco de la persecución penal estrictamente represiva puede, por motivos de seguridad pública y defensa frente a peligros graves, conforme al principio de proporcionalidad, estar disponible[114]: por ejemplo, la imposición de una importante prohición de contacto[115]; la utilización de notas de la misma naturaleza que las de un diario[116], lo cual, en caso de que se den los correspondientes indicios, hace necesario un primer examen por el juez de instrucción lo antes posible[117]; la investigación técnica[118]. Sin embargo,

---

112 Cfr., también, *BGHSt* 14, 365; SCHMITT, en *JuS*, 1967, p. 25.

113 FEZER, caso 16, n.º marg. 70, con referencias.

114 De otra opinión, *AK*-Podlech, art. 1.º I, n.º marg. 73; completamente diferente, PIEROTH y SCHLINK, n.º marg. 418. De todos modos, en ambos lados se enfrentarían, constelaciones del artículo 1.º I GG (supra II.C).

115 Fundamentalmente, *BVerfGE* 49, 56, 58; cfr. MANGOLDT, KLEIN y STARK, art. 1.º I, n.º marg. 46.

116 AMELUNG, en *NJW*, 1988, p. 1005; GEPPERT, en *JR*, 1988, p. 472; OTTO. *Kleinknecht-Festschr.*, p. 330 y s. –sin tener en cuenta el § 139 II StGB–.

117 Cfr., también, BVerfG, *StrafV*, 1990, p. 2 y s.; WOLTER, en *StrafV*, 1990, p. 176.

118 OTTO, en el lugar citado; cfr., también, la concepción jurídica presente en el art. 13 III frase 1 GG; en el planteamiento, también, *BGHSt* 14, 361.

se debería poner el límite, en el sentido de una frontera infranqueable y no susceptible de ponderación, en el "mínimo ético", es decir, en los casos de contrariedad extrema a la dignidad humana. El Estado no puede reclamar para sí el derecho a defender por medio de la tortura frente a los peligros para el cuerpo y la vida de otros –tampoco en el caso de delitos imprevistos–[119].

3. DERECHOS A LA VIDA Y A LA SALUD, LIBERTAD AMBULATORIA E IGUALDAD. DERECHO AL TRATAMIENTO CON DIGNIDAD HUMANA COMO SUJETO DEL PROCESO

Dejando de lado los grados nombrados (puesta en peligro de derechos fundamentales; contrariedad extrema a los derechos del hombre), en la sistematización de la dignidad humana hay que partir, ante todo, del contenido de dignidad humana de los derechos clásicos de los artículos 2.° II y 3 I GG[120]. Los derechos a la vida y a la salud representan los bienes constitucionales más elevados (arts. 2.° II frase 1 y 104 I frase 2 GG; § 136a StPO; arts. 2.° I EMRK, 4.° I AMMRK y 6.° I Pacto Internacional). Su menoscabo en forma de tortura así como de trato cruel, humillante e inhumano (arts. 3.° EMRK, 5.° II AMMRK y 7.° Pacto Internacional) supera incluso el umbral de la contrariedad extrema a los derechos del hombre. Las correspondientes prohibiciones rigen sin restricciones, según todas las convenciones. No ceden ante las situaciones de necesidad (art. 15 II EMRK).

---

119 Cfr., sin embargo, ALBRECHT. *Der Staat - Idee und Wirklichkeit, Grundzüge einer Staatsphilosophie*, 1976, p. 174; en contra, HASSEMER, en *KritV*, 1988, p. 343; ISENSEE, (nota 79), p. 46; *AK*-Podlech, art. 1.° I, n.° marg. 70.El descubrimiento de todo el programa genético de la persona se puede considerar perteneciente a la contrariedad extrema a la dignidad humana, pero no sin más el *disparo mortal buscado* (con más detalle, WOLTER, en *SK-StPO*, n.° marg. 139, 146 previos al § 151; *BK*-Zippelius, art. 1.° I y II, n.° marg. 71; cfr., también, los arts. 2.° II frase 2 GG, 2.° II a EMRK; FROWEIN, en FROWEIN y PEUKERT, *EMRK*, 1985, art. 2.°, n.° marg. 11).

120 "Artículo 3.° GG (*Gleichheit vor dem Gesetz*) (1) Alle Menschen sind vor dem Gesetz gleich".
"Artículo 3.° GG (*Igualdad ante la ley*) (1) Todos las personas son iguales ante la ley". (nota del trad.).

Establecer un "vínculo" entre el derecho a la identidad e integridad físico-psíquica y el derecho a la libertad ambulatoria según el artículo 2.° II frase 2 GG promete ventajas sistemáticas. Aquí, en continuación y ampliación de los artículos 5.° I, II AMMRK y 10.° I del Pacto Internacional, se pueden clasificar las siguientes lesiones de la dignidad humana –cfr. supra I.C con referencias– (en la medida en que no se haya ya afectado el contenido de dignidad humana de los derechos clásicos): condiciones indignas de prisión; prohibiciones de contacto que superan claramente los §§ 31 y siguientes y 34a EGGVG; duración excesivamente larga del proceso como infracción del principio de *fair trail*; agotamiento y tortura según el § 136a StPO; lesiones humillantes del honor; infracciones de la presunción de inocencia o del núcleo del *non bis in idem*.

4. DERECHOS A LA PRIVACIDAD Y A LA PROPIA PRESENTACIÓN (COMUNICACIÓN. AUTODETERMINACIÓN INFORMATIVA)

El derecho a la privacidad, que también abarca la libertad frente al temor de ser investigado, es realzado especialmente en los artículos 8.° EMRK, 11 II AMMRK y 17 del Pacto Internacional. A este contexto también pertenecen los derechos a la libertad de pensamiento, de conciencia y religiosa (arts. 4.° GG, 9.° EMRK, 12 AMMRK y 18 Pacto Internacional). Los artículos 1.° I y 79 III GG, en relación con los artículos 2.° I y 13 GG, son menoscabados en caso de registro de viviendas y celdas de prisión con ayuda de la técnica o de confidentes –cfr. también, supra I.C con referencias–; en caso de utilización del detector de mentiras o de la hipnosis (§ 136 a StPO); en caso de la administración de medios (§ 136a StPO); en caso de utilización de diarios y de informaciones genéticas; en su caso, en la lesión del principio *nemo tenetur*. El derecho a la privacidad también puede ser menoscabado en público o en la esfera social no exclusivamente personal, de manera que se lesione la dignidad humana[121].

---

121 DALAKOURAS, (nota 25), p. 39; FROWEIN, en FROWEIN y PEUKERT, (nota 109), artículo 8, n.° marg. 6; ROHLF, (nota 25), p. 54; cfr., también, *BK*-Zippelius, art. 1.° I y II, n.° marg. 81. Con esta perspectiva, se logra reducir la debilidad principal de la verdadera "teoría de las esferas" (WOLTER, en *SK-StPO*, n.° marg. 134 previo al § 151).

Un elemento esencial del moderno derecho a la propia presentación, comunicación y autodeterminación (informativa) es que, habitualmente, se abandona la esfera privada y secreta exclusivamente personal[122]. En el sentido de lesión del contenido de dignidad humana de los derechos fundamentales, pertenecen aquí (cfr. supra I.C), por ejemplo, la prueba secreta de voz, la provocación de autoinculpaciones, la elaboración de cuadros de personalidad completos; el levantamiento de la audiencia jurídica, así como la no concesión de la asistencia, de los derechos de participación y de la igualdad de oportunidades en casos extremos de un proceso desleal; en su caso, la prohibición de engaño del § 136a StPO. El campo previo del derecho a la propia presentación en forma de derecho a la autodeterminación informativa ha de ser asegurado a través de medidas de protección procesales (supra I.B).

5. RENUNCIABILIDAD Y COMPENSACIÓN DE LAS MANIFESTACIONES DE LA DIGNIDAD HUMANA

Aquello que, según el artículo 1.º GG, es indisponible no es susceptible de ponderación. Tampoco se puede consentir eficazmente a una lesión de la dignidad humana, aunque sí se puede renunciar "reduciendo la transgresión" –por ejemplo, en caso de utilización de un detector de mentiras para la exoneración[123] o en caso de entrega de un diario a las autoridades de la persecución penal[124].

---

122   Sobre el "juego de conjunto" de los derechos a la privacidad y a la propia presentación, EVERS. *Privatsphäre und Ämter für Verfassungsschutz*, 1960, p. 1; ROHLF, (nota 25), p. 55 y ss., p. 240; RICHTER y SCHUPPERT, (nota 4), p. 78; más referencias en WOLTER, en *SK-StPO*, n.º marg. 132, 136 previos al § 151. A este respecto, las *teorías de la comunicación y de los roles* no pueden verse aisladamente, puesto que no ofrecen un fundamento teórico para los casos en los que el afectado se retira del ámbito público y no otorga ningún valor a la propia presentación (DALAKOURAS, [nota 25], p. 44 y ss.).

123   AMELUNG, en *NStZ*, 1982, p. 38 s.; cfr. MANGOLDT, KLEIN y STARK, art. 1.º I, n.º marg. 20; *BK*-Zippelius, art. 1.º I y II, n.º marg. 39, 86; sin embargo, también, *LR*-Hanack, § 136 a, n.º marg. 56; ROGALL, en *SK-StPO*, § 136 a, n.ºs marg. 75 y s.

124   *BGHSt* 34, 400; AMELUNG, en *NJW*, 1988, p. 1002 s.; PLAGEMANN, en *NStZ*, 1987, p. 571; GEPPERT, en *JK*, 1988, § 261, Nr. 7.

Las lesiones pueden ser compensadas: la autoinculpación de la comisión de un delito obtenida por la fuerza puede ser neutralizada a través de la prohibición de utilización de la prueba[125]; la infracción del principio *non bis in idem*, a través del cómputo de la primera pena[126] –desde luego, sin que a través de ello desaparezca como tal la transgresión de la dignidad humana–.

6. GRADUABILIDAD PESE A LA INDISPONIBILIDAD DE LAS MANIFESTACIONES DE LA DIGNIDAD HUMANA

Las manifestaciones de la dignidad humana no son susceptibles de relativización (supra II) y, a menudo, tampoco son graduables (por ejemplo, la presunción de inocencia; el *nemo tenetur*; la prohibición de tortura). Sin embargo, en gran parte es posible una graduación de las lesiones de derechos fundamentales, según el alcance, la intensidad, el área, el grado de engaño, la persona afectada (inculpado-no sospechoso), según el proceder represivo o preventivo del Estado (por ejemplo, en caso de toma secreta de imágenes; en caso de recopilación de datos; en la duración del proceso; en otras infracciones del principio del *fair trial*; en las lesiones del honor, etc.). Según la configuración del caso, las investigaciones y métodos pueden ser lesivos para la dignidad humana y "solamente" desproporcionados y, por ello, menoscabar normalmente el contenido esencial del derecho fundamental[127], o adecuados y, por ello, admisibles. Una transgresión de un derecho fundamental puede, según el caso concreto, ubicarse en el nivel de los artículos 1.° I y 79 III GG o en el nivel, que está "por debajo", del derecho fundamental especial[128]. Las restricciones a los derechos fundamentales como, por ejemplo, en los artículos 2.°, 10.° y 13 GG no deben ocultar que hay casos extremos con relevancia para

---

125 *BVerfGE* 56, 50.

126 *BGHSt* 35, 60.

127 *BVerfGE* 27, 352; GRIMM, en *NJW*, 1989, p. 1308, pero, también, p. 1310; HERBERT, en *EuGRZ*, 1985, p. 333; HESSE, (nota 59), n.° marg. 332; JARASS, en JARASS y PIEROTH, art. 19, n.° marg. 7.

128 Cfr., también, cfr. MANGOLDT, KLEIN y STARCK, art. 2.° I, n.° marg. 65.

la dignidad humana que, desde un principio, son inaccesibles a un examen de los límites del derecho fundamental, incluida la ponderación con los intereses de la persecución penal.

7. SISTEMÁTICA DEL EFECTO FRENTE A TERCEROS ("DRITTWIRKUNG") DE LOS DERECHOS FUNDAMENTALES

En la medida en que la garantía de la dignidad humana basta y en la medida en que los derechos fundamentales del artículo 2 y siguientes GG participan, con su contenido de dignidad humana, en la protección del artículo 79 III GG, al final solamente hay que recurrir al artículo 1.º I GG. El artículo 1.º I GG contiene un derecho fundamental. Solamente así se hace justicia a su destacada posición sistemática en la sección de derechos fundamentales y a su inmutabilidad según el artículo 79 III GG. El afectado podría defenderse contra leyes modificadoras de la Constitución, que no tienen en cuenta la dignidad humana, con el recurso constitucional[129]. En tal caso, el artículo 1.º I GG desarrolla –de modo distinto a los derechos fundamentales subsiguientes– un efecto frente a terceros absoluto[130]. Según el artículo 1.º I frase 2 segunda alternativa GG, el Estado está obligado, con vistas a las relaciones entre los ciudadanos, a proteger la dignidad humana en su totalidad[131]. Pero entonces, las autoridades de la persecución penal, en el marco de un proceso penal que garantiza los derechos fundamentales (supra 1.A), no podrían construir sobre una la lesión de la dignidad humana existente en la obtención privada de medios de prueba (supra 1).

En la medida en que, en la persecución penal, aparecen en el horizonte, junto al artículo 1.º GG, derechos fundamentales especiales del artículo 2.º

---

129 El *Verfassungsbeschwerde* es un recurso extraordinario regulado en los §§ 90 y siguientes. BVerfGG. (nota del trad.).
130 Cfr. MANGOLDT, KLEIN y STARCK, art. 1.º I, n.º marg. 16 y ss., con referencias; BK-Zippelius, art. 1.º I y II, n.º marg. 35; cfr., también, *BVerfGE* 30, 16 y s.; cfr. MÜNCH, art.1.º, n.º marg. 33; de otra opinión, JARASS en JARASS y PIEROTH, art. 1, n. marg. 9.
131 Va más allá el Pacto Internacional; cfr. NOWAK. Ob. cit., art. 2.º, n.ºs margs. 20 y s.; art. 17, n.º marg. 6.

II y siguientes GG o las manifestaciones especiales del derecho general a la personalidad del artículo 2.º I GG (por ejemplo, el derecho a la privacidad, incluidos los derechos a la propia imagen y a la palabra no dicha en público; derecho al tono de voz; derecho a la propia presentación y a la autodeterminación informativa), se trata de derechos fundamentales gemelos[132]. Siempre que se afecte al contenido de dignidad humana de estos derechos fundamentales según el artículo 79 III GG, las consideraciones sobre las restricciones a los derechos fundamentales u otros límites a estos derechos son superfluas y fracasadas. Los derechos fundamentales, en la medida en que participan en la protección del artículo 79 III GG, deben permanecer no ponderables e indisponibles (supra II). Ciertamente, en estos casos, en los derechos fundamentales que son, en principio, restringibles, se lesiona simultáneamente, por ejemplo, según los artículos 2.º y 13 GG, su contenido esencial[133]. Sin embargo, este recurso al artículo 19 II GG[134] es sistemáticamente contradictorio, porque concierne al núcleo de los derechos fundamentales que no son no ponderables y porque no todos los derechos fundamentales pueden derivarse de la dignidad humana[135]. La garantía del contenido esencial tampoco es abarcada por el artículo 79 III GG[136]. En esa medida, los artículos 13, 2.º II ó 2.º I GG, pese a su "especialidad", entran en consideración como derechos fundamentales complementarios de rango secundario, excepcionalmente libres de restricciones, que concretan el artículo 1.º GG. La *lex specialis* es el derecho fundamental de la dignidad humana.

---

132 Cfr. MANGOLDT, KLEIN y STARCK, art. 2.º I, n.ºs margs. 11, 39 y s., 65.

133 Cfr., también, BVerfG, *StrafV*, 1990, p. 1; BGHSt 31, 299; PIEROTH y SCHLINK, n.º marg. 350; *BK*-Zippelius, art. 1.º I y II, n.ºs margs. 13, 20, 114.

134 "Artículo 19 II GG (*Einschränkung von Grundrechten*) [...] (2) In keinem Falle darf ein Grundrecht in seinem Wesensgehalt angetastet werden".
"Artículo 19 II GG (*Limitaciones de los derechos fundamentales*) [...] (2) En ningún caso se puede afectar a un derecho fundamental en su contenido esencial".

135 Cfr. MANGOLDT, KLEIN y STARCK, art. 1.º I, n.º marg. 20; cfr. MÜNCH, art. 1.º, n.ºs margs. 37, 61; *BK*-Zippelius, art. 1.º I y II, n.º marg. 114; de otra opinión, MAUNZ y DÜRIG, art. 1.º I, nota 8, art. 2.º I, nota 34.

136 BENDA, *Handb.*, p. 112.

Distinto es el caso cuando "por debajo" de la verdadera garantía de dignidad humana, por ejemplo, se afecta y, en su caso, se lesiona, el derecho general a la personalidad según el artículo 2.° 1 GG[137]. Como derecho fundamental solamente es aplicable el artículo 2.° 1 GG. El artículo 1.° GG, al que normalmente se recurre adicionalmente como línea rectora jurídico-objetiva en el orden de valores de la sección de derechos fundamentales, únicamente obliga a estrechar los amplios límites del artículo 2.° 1 GG en lugar de o junto con el principio de proporcionalidad[138]. Si la ponderación del derecho fundamental del artículo 2.° 1 GG con los intereses de la persecución penal conduce, según el criterio del principio de proporcionalidad en relación con el artículo 1.° 1 GG, a la inadecuación del proceder estatal, entonces hay efectivamente una lesión del artículo 2.° 1 GG y normalmente, al tiempo, una violación de su contenido esencial (supra 6), pero no un menoscabo de la dignidad humana según el artículo 1.° 1 GG. La garantía del artículo 1.° GG está esencialmente limitada a casos especialmente graves.

CONCLUSIÓN

En todo esto hay un extenso acuerdo con KARLHEINZ MEYER. Su clara solución al discutido caso del Tribunal Supremo Federal (BGH) de una muestra de voz tomada secretamente en cinta magnetofónica dice: "La complementación de la ley considerada admisible por el BGH y ya exigida por la parte interesada fuerza al acusado al silencio absoluto. De ese modo, se menoscaba directamente su dignidad humana"[139].

---

137 Sistemáticamente oscura, *BGHSt* 31, 299.
138 Cfr, también, *BVerfGE* 47, 357, sobre el recurso al artículo 1.° GG para la concreción de la garantía del contenido esencial; además, por ejemplo, *BVerfGE* 65, 44, sobre la reducción de los límites del artículo 2.° 1 GG con ayuda del principio de proporcionalidad –a deducir del artículo 1.° y ss. GG–.
139 *JR*, 1987, p. 217.

KNUT AMELUNG. Nació en 1939, estudió Derecho y Sociología en las universidades de Friburgo de Brisgovia y Gotinga, en Alemania, y Lausana, en Suiza. Realizó su doctorado en Derecho en 1971. De 1975 hasta 1977 fue consejero científico y profesor de Derecho Penal en la Universidad an der Ruhr de Bochum. De 1977 hasta 1992 fue profesor ordinario de Derecho Penal, Derecho Procesal Penal y Sociología del Derecho en la Universidad de Trier. Allá mismo fue decano de la Facultad de Derecho y presidente de la Asamblea de la misma Universidad. En 1985 fue becario de la Stiftung Volkswagenwerk en la Universidad de Columbia de New York. En julio de 1992 tomó la catedra de Derecho Penal, Procesal Penal y Teoría del Derecho en la Universidad de Dresde, donde también fue decano. Sus áreas de interés son los principios del derecho penal, las relaciones entre el derecho penal, el derecho del estado y el derecho administrativo, también con relación a la culpa médica, así como la protección de los derechos fundamentales en el proceso penal. Ha publicado numerosos artículos en revistas especializadas y libros. Es miembro de la Academia de Ética Médica de Gotinga y en el Consejo adjunto del Instituto Max Planck de Derecho Penal Internacional y Extranjero de Friburgo de Brisgovia.

ALBIN ESER. Nació en 1935, estudió Derecho en la Universidad de Tubinga y en la Universidad Libre de Berlín; es Doctor en Derecho de la Universidad de Würzburg y Máster en Derecho Comparado de la Universidad de Nueva York. Ha sido profesor de Derecho Penal Alemán y Comparado en las universidades de Bielefeld, Tubinga y Friburgo de Brisgovia. Fue director del Instituto Max Planck para el Derecho Penal Extranjero e Internacional. Fue juez asociado en las Altas Cortes Regionales de Hamm/Westfalen y de Stuttgart/Baden-Württemberg y juez en el Tribunal Penal Internacional de la ex-Yugoslavia en La Haya. Ha recibido el doctorado honoris causa de las universidades de Cracovia, Peruana Los Andes, y Waseda de Tokyo. Sus áreas principales de investigación comprenden el derecho penal alemán y comparado y la culpa médica. Ha sido miembro de la junta directiva de la *Association Internationale de Droit Pénal* y del *Managing Committee of the International Society for the Reform of Criminal Law.*

OLIVER K. F. KLUG. Nació en 1970, estudió Derecho en las universidades de Colonia (Alemania) y Lausana (Suiza). Realizó su doctorado en la Universidad de Colonia en el año de 1998. En este mismo año fue admitido para litigar ante el Juzgado de primera instancia y la Audiencia provincial de Colonia. De 1998 a 2000 trabajó con el bufete Abogados von der Heide, Dr. Koenen & Dr. Klug, en Colonia. Desde el año 2000 trabaja en el mismo bufete bajo la denominación Advogereon Abogados von der Heide, Dr. Koenen & Dr. Klug, en la misma ciudad. En el 2002 le fue otorgada la designación de abogado especializado en derecho laboral. En el 2003 fue admitido adicionalmente para litigar ante el Tribunal regional superior de Dusseldorf, Nordrhein Westfalen. Ha publicado libros en el área del derecho procesal penal en Alemania.

STEPHEN C. THAMAN. Es B. A., M. A. y J. D. de la Universidad de California, Berkeley. Doctor en Derecho de la Universidad de Friburgo, Alemania. Becario del Programa Fulbright en la Universidad Libre de Berlín y abogado de la Comisión Europea de Derechos Humanos en Estrasburgo, Francia. Profesor asociado del Instituto Internacional de Altos Estudios en Ciencias Penales en Siracusa, Italia, investigador del Instituto de Derecho y Estado de la Academia Rusa de Ciencias de Moscú, está vinculado a la iniciativa ABA para el Derecho Europeo Central y Oriental. Profesor de la Universidad de Saint Louis, en la cual es co-director del Centro de Derecho Internacional y Comparado, y director del programa de verano en Madrid, España. Autor de autorizados escritos en derecho procesal penal comparado, así como de diversas publicaciones al respecto en revistas y anuarios en Alemania, Francia, España y Rusia. Conferencista internacional. Autor de *Comparative Criminal Procedure: A Casebook Approach* (2002, Carolina Academic Press). Consultor de los trabajos preparatorios de los códigos de procedimiento penal de Rusia, Letonia, Georgia, Kyrgyzstan y Kazakhstan, así como en la preparación del sistema japonés de cortes mixtas. Ha trabajado también con la Organización para la Seguridad y Cooperación Europea, el PNUD, en la iniciativa ABA para el Derecho Europeo Central y Oriental y con el Gobierno de Estados Unidos en materias penales.

HEIKE JUNG. Estudió Derecho en las universidades de Heidelberg, Tubinga y Saarbrücken. En 1972 realizó su tesis doctoral y en 1976 su tesis de habilitación. Fue profesor de la Universidad de Hamburgo en 1976, y desde 1977 es profesor de la Universidad de Saarland en Saarbrücken; allí ha ocupado la cátedra de Derecho Penal, Derecho Procesal Penal, Criminología y Derecho Penal Comparado. De 1980 a 1994 trabajó como magistrado en la Audiencia provincial y en el Tribunal regional superior de Saarbrücken.

PETER RIEß. Nació en Hamburgo en 1932. Estudió Derecho en la Universidad de Hamburgo y recibió el título de Doctor en 1959 en la misma Universidad. De 1961 a 1969 se desempeñó como abogado y juez en Hamburgo, luego fue ponente de derecho procesal penal ante la Autoridad Judicial de la ciudad de Hamburgo. Desde 1971 hasta

1996 trabajó en el Ministerio Federal de Justicia, donde por último se desempeñó como Director General del Ministerio. En 1996 se jubiló. Desde 1982 es profesor honorario de Derecho Penal y Procesal Penal en la Universidad de Gotinga.

RICHARD VOGLER. Es profesor adjunto (*Senior Lecturer*) de Derecho en la Universidad de Sussex, donde imparte la cátedra de Justicia Penal Comparada y Criminología. Antes de realizar su tesis doctoral en la Universidad de Cambridge, trabajó por diez años como abogado defensor en Inglaterra. Ha sido consejero de justicia penal comparada para la BCCI/Justice Committee on Criminal Procedure presidida por Lord PHILLIPS, también para el Legal Action/Justice Committee on Lord Justice Auld's Report, para el British Council y el Gobierno de Georgia en su programa de reforma a la justicia penal. Tiene publicaciones en las áreas de justicia penal y policiva comparada y actualmente trabaja en un proyecto (publicación en el 2005) de la teoría e historia de la reforma a la justicia penal global.

KLAUS VOLK. Nació en 1944, estudió Derecho en la Universidad Ludwig-Maximilians de Múnich, donde obtuvo la nota de *summa cum laude* por su tesis doctoral en 1972. En 1976 terminó su tesis de habilitación, *venia legendi* en Derecho Penal, Procesal Penal, Criminología y Filosofía del Derecho. Desde ese mismo año ha sido catedrático en las universidades de Erlangen, Constanza y Múnich. Ha sido profesor invitado en las universidades de Berna (Suiza), Nápoles, Ferrara, Salerno, Urbino (donde obtuvo el doctorado *honoris causa* en el 2003) y Palermo (Italia) y ha sido investigador invitado del Law School Ann Arbor de Michigan. Ha litigado al mismo tiempo en derecho penal económico.

JÜRGEN WOLTER. Nació en 1943, se doctoró en el año 1971 en la Universidad de Gotinga bajo la dirección de CLAUS ROXIN. Desde 1993 regenta el Instituto de Derecho Procesal Penal Alemán y Europeo y Derecho Policivo de la Universidad de Mannheim. Realizó su tesis de habilitación en 1979 con RUDOLPHI en la Universidad de Bonn. Fue profesor de las universidades de Hamburgo, Heidelberg, Ratisbona y Bonn. Ha publicado sobre derecho penal, procesal penal y derecho policivo; algunos de sus trabajos han sido traducidos al español, p. ej., *Omisión e imputación objetiva en derecho penal* (Madrid, 1994; con GIMBERNAT y SCHÜNEMANN; 1995), *El sistema integral del derecho penal* (Madrid, 2004, con SILVA SÁNCHEZ y FREUND).

Editado por el Departamento de Publicaciones
de la Universidad Externado de Colombia
en septiembre de 2005

Se compuso en caracteres Ehrhardt de 12 puntos
y se imprimió sobre papel propalibros de 70 gramos,
con un tiraje de 1.000 ejemplares.
Bogotá, Colombia

Post tenebras spero lucem